「縁側」知の生成にむけて

多文化関係学という場の潜在力

多文化関係学会 編

明石書店

はじめに　「縁側」知の創出を目指して

　本書は、多文化関係学会の学会創設20周年記念事業の一環として編まれた。その主たる狙いは、2030年代に向けて多文化関係学的な探求の新たな可能性を拓くことにある。2011年、同学会の10周年記念出版として『多文化社会日本の課題——多文化関係学からのアプローチ』が出版され、（日本という社会文化的コンテクストに焦点を当てて）多文化関係学とはどういうものであるか、そのヴィジョンが提示された。同年、学会誌は初の特集号（編集責任者：田崎勝也先生）が編集され、「文化の媒介性」をテーマとして（多）文化にどのように迫るか、多領域からのアプローチが提案された。その後、多文化関係学的探求はどのような知を生み、継承し、発展させてきたのだろうか。学会創設20周年を迎えての本書は、いわばこの10年間の多文化関係学へのフィードバックといってもよい。

　私見を述べるならば、多文化関係学は「みんな違って、みんないい」というものになりつつあった。年次大会やインフォーマルな場で会員の間で交わされる会話では、どことなく閉塞感を覚えるといった声が聞かれるようになっていた。また、自分の研究報告をしても活発な議論に展開することが少ないという声もあった。多文化関係学では多様な視点、複合的なアプローチを標榜しながらも、実際にはそれが容易ならざるものであることが体現されていたともいえよう。つまり、学会が掲げる学際的、横断的な研究と、そこで生まれることが期待された「多文化シナジー」を起こすことに成功してきたかといえば、少なくともこの10年間を振り返ったときに、十分であったとはいい難い。

　本書の主な目的は二つある。第一に、学会創設10周年記念出版時から10年の社会文化的コンテクストの変遷をふまえつつ、その書で提起された多文化関係学的研究・教育の展開・発展に向けた課題に応答をすることである。上述

の『多文化社会日本の課題——多文化関係学からのアプローチ』の出版からの
この10年間は、国内外の社会生活に大きな変化があった。例を挙げるならば、
2010年代、日本は東日本大震災に見舞われ、「科学」的知識やその担い手であ
る専門家の信頼性が揺らぐことになった。他方で、研究が社会的営為である
ことが（改めて）前景化されるとともに、分野を越えて問題解決を志向する研
究連携が多数行われもした。社会的課題の解決を志向する多文化関係学にとっ
ては、その研究意義の文脈が（再）形成される機会となったともいえるだろう。
また、世界的な出来事でいえば、スマートフォンの登場と普及、これを背景と
したYoutube、Twitter、Facebook、Instagram等のデジタルコンテンツの流行は、
コンピューターを介したコミュニケーションの自然化とも呼べる事態を生じさ
せた。2020年代には、新型コロナウイルス感染症の蔓延により、さらなるデ
ジタル化の市民生活への浸透が進んでいる。読者諸氏が「（多）文化」をどの
ように捉えるにせよ、「文化」なるものが、人の営みから生み出されるという
点には多くの方が同意するだろう。そうであるならば、2011年に提示された
多文化関係学的なアプローチも、上述したような社会的変化を振り返り、再考
すべき点があるはずである。

　第一の目的に関連した第二の目的は、過去を継承し、現在を理解し、2030
年代の多文化関係学的研究・教育を想像/創造する（cf. 石井, 2011）ための「縁
側」の創出である。多文化関係学的研究では視座や方法論の収斂よりも「併存」
が重視される（松田, 2011）と同時に、その発展には関係者の対話を媒介する
共通の場を生み出していくことが求められる。「縁側」は日本家屋における内
と外との間に属し、外来の客は完全に家屋に入ることなく腰掛け、世話話をす
るといった相互関与が発生する場である。それは、ちょっと寄って、腰掛けて、
取り止めもない話をする、その取り止めもない話が地域住民の共有するコンテ
クストを形成し、さらなる対話・理解可能性を高めることにつながる。これは
学問的探求においても同様で、異なる学問分野がそれぞれの立場を尊重し、互
いが関与することを促す場があれば、学問的な知は、創造的なものとなり、さ
らに豊かなものになるのではないか。人類が直面している複雑な諸問題に対応
するため、「統合知」（cf. 石井編, 2022, p. 40）が必要とされている。そのような
知を生み出すために、複数の知が横断的に関わり合うことが求められている。

多様な学問分野を背景とする研究・教育・実践者が関与し、視座や方法論の多元性を担保したうえでの知の創出を目指す多文化関係学にも同じことがいえる。そしてその実現に向けて多様なアクターが関わり合う「縁側」を必要としている。多様な関心、アプローチ、方法間の「縁側」としての多文化関係学を遂行的に示し、かつ、多文化関係に心を寄せる方々が訪れ、（収載された論考と）対話し、新たなアイディアを想像/創造し、自らの研究・教育・実践へと帰っていく、「縁側」としての書籍を目指して、本書は編まれた。

本書の大まかな構成

　本書は、第Ⅰ部から第Ⅲ部からの三つの要素から成る。各部に含まれる論考については各部の編者による導入を参照していただくとして、ここでは各部が本書全体で担う役割を説明しておきたい。

　三つの論考から成る第Ⅰ部は、20周年に至る多文化関係学会のこれまでの歩みを大局的かつ批判的に振り返り、多文化関係学の現状と課題を整理する。ここで読者は、多文化関係学として構想されたものがどのようなトピックを扱い、どのような成果を結んできたのか（あるいはこなかったのか）、さらなる展開にどのような要素が必要になるのか、これらを把握できるであろう。

　続く第Ⅱ部には、具体的な多文化関係学的研究として、社会言語学、文化人類学、文化心理学、日本語教育学それぞれを主軸とした四つの多文化関係学的事例研究が含まれている。文化人類学者でコミュニケーション論者としても知られるグレゴリー・ベイトソンは「重なりとしての世界」という論考において視覚の例を挙げて、複合的な情報から新たな、別次元の情報が得られることを説明した。左右の目それぞれで対象を見るときには得られなかった情報が、両目を使うことで得られる、すなわち「奥行き」が得られる（ベイトソン，2022）。同様に、第Ⅱ部の著者たちの論考は、既存の学問分野と複合的なアプローチを志向する多文化関係学を掛け合わせることにより、「奥行き」としての新たな知を提示しようとする試みともいえる。また、第Ⅱ部の論考はそれぞれの著者が依拠する学問分野での文化へのアプローチを概説的に含んでいるため、読者は異なる分野が多文化関係にどのように接近しようとしているのかを（部分的ではあっても）学ぶこともできるだろう。そのため、読者自身の研究分野が隣

接するその他の分野とどのような点を共有しうるのか、あるいは逆に共有が難しいのかを整理する助けともなるだろう。

　第III部は、多文化関係学の未来を思索するための「トリガー」となるような論考を集めた。第I部と第II部が「これまで」に重きがあったとすれば、第III部は「これから」を問う志向性を有する。これまでの多文化関係学では看過されてきた対象を取り上げるもの、問われずにきた前提を問い直すもの、新たに展開しつつある分野からの示唆を提示するものなどを含め、読者を今後の多文化関係学的探求に向けた対話へ誘うことを試みる。終章の田崎論考では、本書収載の論考をふまえ、今後10年を見据えた多文化関係学の展望が示される。これまでの多文化関係学的研究が、複合的なアプローチを標榜しながらも、いわゆる質的研究に偏重していたこと（*cf.* 本書第1章）をふまえ、量的研究の視点からの多文化関係学の発展可能性も議論されている。

　本書完成にあたってご尽力いただいた関係者の方々へ感謝を表したい。まず、本企画へ論考を寄せていただいた執筆者に深く御礼申し上げたい。今回の編集にあたっては、単独でみれば加筆・修正の必要がないとみられる論考であっても、本企画趣旨に寄せて加筆・修正を執筆者にお願いすることがあった。いわば、学会による記念出版としてのまとまり、関連性をもたせようとする編集側の「エゴ」ともいえる依頼に対し、多くの執筆者には快く対応していただいた。執筆者の開かれた姿勢による対話なくして、本書の完成はありえなかった。心よりお礼申し上げる。本書の編集作業にあたって、執筆者でもある桃山学院大学の金本伊津子先生、神田外語大学の小坂貴志先生にご助言をいただいた。特に金本先生には、編集作業の過程で多大なお力添えをいただいた。ここに記してお礼申し上げる。最後に、明石書店株式会社代表取締役の大江道雅氏、編集担当の田島俊之氏には、厳しいタイムラインにもかかわらず、出版までの作業にご尽力いただいた。学術書出版にあたっての真摯な姿勢で、忍耐強く本書完成に伴走いただいたことに、深く感謝申し上げたい。

　2022年9月

　　　　　　　　　　　　　　　　　編者を代表して　　岡部大祐

引用文献

Bateson, G. (1979). *Mind and nature: A necessary unity.* Dutton. ［ベイトソン, グレゴリー（2022）. 佐藤良明 訳『精神と自然』岩波書店］

石井敏（2011）.「多文化関係研究・教育を学術分野に発展させるための潜在的課題」多文化関係学会 編『多文化社会日本の課題――多文化関係学からのアプローチ』（pp. 252-267）明石書店 .

石井洋次郎（編著）（2022）.『リベラルアーツと外国語』水声社 .

松田陽子（2011）.「パート 2　多文化関係学へのアプローチ」『多文化社会日本の課題――多文化関係学からのアプローチ』（pp. 17-24）明石書店 .

「縁側」知の生成にむけて──多文化関係学という場の潜在力 **目次**

I

継承と発展に向けて
多文化関係学のこれまでとこれから

多文化関係学の「これまで」と「これから」

岡部大祐（順天堂大学）

　本論集の第 1 部は、これまでの多文化関係学的な探求を批判的に振り返り、10周年記念論集（『多文化社会日本の課題——多文化関係学からのアプローチ』）で提起された多文化関係学的な探求への応答的論考 3 編を納めている。詳細は各論を精読していただくとして、以下各章について簡単な要約を行い、読者への案内としたい。

　論集のはじめを飾る石黒論考（第 1 章）は、上述の10周年記念論集の序論（抱井，2011；久米，2011；松田，2011）で打ち出された多文化関係学のアプローチに対し、この10年の学術的・社会的文脈の変化をふまえた批判的考察を付し、今後の展望を引き出すことを試みる対話的論考といえよう。論考は、上記の 3 名の著者が担当するそれぞれのパート（1、2、3）の論点を簡潔に整理し、現在（執筆当時）からの批判的考察を行うことをくり返す「二重奏形式」（p. 15）を採用した、まさに対話的なテクストとなっている。著者は、2000年代の社会的文脈に即して上記テクストを公平に評価したうえで、その後10年の変化を鑑みると十分に論じられていなかった点を提示している。それはたとえば、デジタル空間における多文化関係を扱うこと、「文化」以外の「社会」や「（多文化）共生」といった研究者・実践者の多くが無批判に前提としてしまっている概念の検討が必要であること（パート1）、「関係（性）」があくまでも人間中心にとどまっていること（パート 2）、課題解決に有用な新たな世界観の探求（ここではアクターネットワーク理論とその非還元の原理が例として挙げられている）、さらには、（ポスト）実証主義的文化研究も積極的に発信・議論可能な言説空間を確保していくこと（パート 3）といったものである。これらの整理をしたうえで、著者は、哲学的前提をはじめとする多文化関係学的研究の枠組をメタ・レベルから多角的に検討し整備するために、多様な研究分野を背景とする研究者の相互交流・相互学習・相互支援による多文化シナジーの共同生成が必要であることを提案する。

　第 2 章の原・海谷論考は、多文化関係学的研究・教育の発展の道筋を論じた石井（2011）を継承するものである。両著者は故石井敏先生に師事したコミュニケーショ

ン研究者であり、師の論を批判的に吟味し継承・発展させることを目指した、知・思想のリレーとも呼ぶことができるのが本論考である。原・海谷論考は、まず、石井（2011）の論の批評を通して、多文化関係学研究者・教育者が自身の持つ「ものの見方」や思想を継続的に検証することを提唱するとともに、多文化関係研究・教育が独自の学問として展開をしていくために必要な日本の思想研究や歴史・風土研究の促進を指摘する。論考後半では、多文化関係学を学術分野として発展させるために、研究者が「文化」「関係」といった用語の共通理解をもつことのみならず、（「共生」というよりは）「共存」を目的として多文化関係を考えていくこと、学際的アプローチに不可欠な研究者間の知見の共有のために図式モデル構築をしていくことの重要性が提案される。石黒論考と原・海谷論考がいずれも、個別の研究を超えたメタ・レベルの議論に目を向けることを論じており、それを理念的なものにとどめず、具体的な提案を行っている点には注目していただきたい。

　第3章の藤論考は、多文化関係学的な研究の特徴を隣接領域との関連で捉えようとする試みである。前の2章が理論的にこれまでの多文化関係学を考察するものであったのに対し、本章では関連学会の学会誌掲載の論文タイトルとキーワードをデータとして用いて経験的に論を展開している。具体的には、多文化関係学会と類似した研究テーマを扱っていると考えられる異文化コミュニケーション学会（SIETAR JAPAN）と異文化間教育学会それぞれの発行する学会誌『異文化コミュニケーション』『異文化間教育』に掲載された論文タイトルとキーワードについて、『多文化関係学』との比較を行っている。『多文化関係学』発刊から執筆時点までの学会誌からのタイトルとキーワードに計量テキスト分析を行った結果、他の二つに比して『多文化関係学』では「日本を基軸とした視点で異文化接触に関する研究を展開している」（p. 68）ことや、なんらかのモデルを活用した研究が特徴的であるということが推察されたという。これらの特徴は、第1章で石黒論考が指摘した質的研究アプローチに偏りがちであるという指摘とあわせて、多文化関係学的な研究

の傾向を理解する一助となる。著者の藤自身が述べるように、より緻密な分析が可能な部分はあるものの、近接領域の学会の動向と比較することによって、多文化関係学会およびそこで多文化関係学的な研究としてなされてきたことの特徴が浮かび上がってきているといえよう。

　本書収載の論考はそれぞれが独立した論考として完結しているため、読者は自身の関心に応じて読んでいただいてまったく問題ない。しかし、第1部の論考はいずれもこれまでの多文化関係学的な探求を俯瞰するものであり、その他の論考を有機的に結びつける補助線のような視点が得られるものと思われる。そのため、読者諸氏にはぜひ第1部の各論考を最初に読んでいただき、関心のある各論へ進んでいただければ幸いである。

引用文献

石井敏（2011）.「多文化関係研究・教育を学術分野に発展させるための潜在的課題」多文化関係学会 編『多文化社会日本の課題：多文化関係学からのアプローチ』(pp. 252-267) 明石書店.

抱井尚子（2011）.「パート3　多文化関係学研究と方法論」多文化関係学会 編『多文化社会日本の課題：多文化関係学からのアプローチ』(pp. 25-37) 明石書店.

久米照元（2011）.「パート1　多文化社会としての日本」多文化関係学会 編『多文化社会日本の課題：多文化関係学からのアプローチ』(pp. 9-15) 明石書店.

松田陽子（2011）.「パート2　多文化関係学へのアプローチ」多文化関係学会 編『多文化社会日本の課題：多文化関係学からのアプローチ』(pp. 16-24) 明石書店.

第1章

多文化関係学的アプローチの意義と
その展開
20周年現在からの批判的考察と提言

石黒武人（立教大学）

1.1　はじめに

　本章は、2011年9月に学会10周年を記念して上梓された『多文化社会日本の課題：多文化関係学からのアプローチ』の序章「多文化社会日本と多文化関係学的アプローチ」（pp. 9-37）について、学会発足から20年を経た現在の視点から、その内容を批判的に考察し、今後に向けた提言を試みるものである。考察の対象とした序章は、歴代会長経験者である、久米昭元氏、松田陽子氏、ならびに抱井尚子氏によってそれぞれ執筆された「パート1　多文化社会としての日本」、「パート2　多文化関係学的アプローチ」ならびに「パート3　多文化関係学研究と方法論」で構成される。この三つのパートは、2011年時点において「多文化関係学的アプローチ」がいかなるものかを論じた多文化関係学の中核的内容を示したものであり、これまで、そしてこれからの多文化関係学のあり方を考察する対象として、極めて重要かつ適切なテクストであるといえよう。

　考察の内容・手順は次のとおりである。まず、「多文化関係学的アプローチ」の目的と射程、研究アプローチならびに方法論が詳説されている三つのパートについて、その内容をそれぞれ要約し、2022年時点からみて、その内容を批判的に考察する。なお、本稿の論述のスタイルは、各パートの要約とその考察を交互に提示する二重奏形式であり、それを三つのパートでくり返す。考察では、2022年当初時点からみた多文化関係学的アプローチの意義、限界と今後のあり方について述べたい。

1.2　「多文化社会としての日本」という力点とその意義

1.2.1　多文化関係学的視点から日本社会を捉える意味（パート 1 の要約）

　パート 1（久米昭元氏著）では、まず、多文化関係学のねらいとその対象となる「多文化社会としての日本」の諸相が概説され、日本国内の多様な文化の存在が明瞭に示される。次に、多文化関係学的視点から、日本が国内外で直面している諸課題について考察が試みられている。ここでいう「多文化関係学的視点」とは、関連する複数領域の知見を援用し、多文化の関係性を多面的に捉える視点を指している。パート 1 では、少なくとも、歴史（学）的視点、主に社会学で議論される「同化主義 - 多文化主義という対立軸」の視点、ならびに近年欧米を中心に哲学者らによって議論されている「文化横断性」（transculturality）(*cf*. Benessaieh, 2010, Ivanova-Nyberg, 2019, Welsch, 1999) という三つの視点から、日本社会が考察され、その問題点と問題を解決するうえで取り組むべき課題が論じられている。

　まず、多文化関係学は「地球社会における多様な文化間の相互作用とそこから生じるさまざまな問題や課題に対して多面的かつ動的に考察し、それぞれの社会において文化的背景を異にする人々が互いにとって望ましい関係性を構築するための方途を探究する新しい研究分野」（久米, 2011, p. 9）であると説明されている。「それぞれの社会」の一つとして日本があり、日本は、「多文化社会」として位置づけられ、戦前から日本に住む韓国・朝鮮人や中国人、1980 年代以降に、東南アジア、中東、南米から来日したニューカマーといわれる外国人、そのほか、外国人社員・教員、スポーツ選手、芸能人、研修生、留学生などの多様な人々が生活する社会である、と述べられている。また、日本が多文化社会である理由として、北海道の先住民族であるアイヌの人々、薩摩藩の侵略を受け、明治になって日本に組み入れられた沖縄（琉球王国）の人々とその文化の存在を挙げている。加えて、国際結婚で生まれた子どもたち、帰国した中国残留邦人とその子どもたちの文化、さらには、同じ「日本人」という範疇のなかにも、地域、世代、ジェンダー、社会階層、また障がいの有無などによって文化差があるとし、「多文化社会としての日本」の諸相が示されている。なお、ここでいう「文化」は「一定の地域あるいは背景的属性の人々が共有している

生活様式ならびに価値観や思考体系」（久米，2011，p. 10）と定義されている。

　多文化社会としての日本を素描したうえで、久米は、先述した三つの視点から日本社会の課題について論じている。まず、歴史的視点から、太平洋戦争が取り上げられ、日本を中心とした「大東亜共栄圏」を構築するという当時の大義名分の下で行われた戦争が、実質的には自文化中心主義的思想に基づくものであり、アジア各国の人々、そして日本国民自体に膨大な数の犠牲者を出した点に言及している。そのうえで、その戦争に対する考究、反省が徹底しておらず、戦争をめぐる教育も十分とはいえない、という問題点を指摘している。

　次に、同化主義と多文化主義という対立軸の視点から、「単一民族神話」の再生産[1]について述べている。その神話が、日本人を一様にみる「日本人論」とともにくり返し語られ、その神話をもとに進められてきた政府の同化主義政策が、外国人をはじめとした社会におけるマイノリティーの人権が守られない状態を作り続けてきたという問題点を指摘している。その際、社会の多様な集団を対等に扱うべきだとする多文化主義との対比のうえで、上述のような日本政府の同化主義政策を批判している。

　先述した戦争という国家間の現象については、背後にお互いに対する歴史的記憶、偏見、利害や力関係といった要因が複雑に介在するため、友好的な関係を構築するのは容易ではないと述べ、また、政府の同化主義政策を打破するうえで理想的に見える多文化主義政策についても、実際の場では想定どおりには機能せずに、それを阻止する人々も現れるという難しさがあると述べている。このように、日本が抱えてきた国内外の問題についてさらに踏み込んで現実的、多面的に考察している[2]。

1　再生産（reproduction）とは、ベイカー＆エレス（2018, p. 192）によれば、「変革」（transformation）と対立する概念であり、変革的なディスコースは社会変革につながり、再生産のディスコースは、現状維持（たとえば、長期的に続く力関係）につながる談話である。

2　日本社会とはコンテクストが大きく異なるが、久米の記述内容と重なるのは、2022年2月24日に始まったロシアによるウクライナへの軍事侵攻である。どのような点で重なるかといえば、ロシアのプーチン大統領は、ウクライナとロシアが、その起源を同じくし、一つの民族であるというイデオロギーを自身の論文で開陳し、その後（歴史的事実としてある）ウクライナの独立国としての存在を軽視する形で軍事侵攻を実行した。プーチン氏の声明とそのロジックは、久米によるパート1における自文化中心主義的思想と同化主義的政策と合致する。また、この侵攻をめぐる両国や世界の国々の関係、歴史的記憶、偏見、利害、力関係などが複雑に絡み合っている点も一致しており、現状の分析・改善に向け、多領域の知見に基づく多文化関係学的アプローチの援用が推奨される。

　最後に、久米（2011）は、「文化横断性」という、自分らしさも「一つの文化だけでなく、複数の文化に影響を受けているとし、そのような個人が互いに他者の異質性・多様性を受け入れつつ関わっていくという考え方」（p. 15）を提示している。この考え方が、日本の多文化共生に取り組む活動にも徐々に反映され、多様な人々のアイデンティティに寄り添う支援を実現しようと、政府、自治体、NPO などが動き出していると述べ、10 周年記念出版当時（2011 年）の日本社会における新たな動き・変化について説明している。とはいえ、多文化共生の活動に反感をもつ人々もおり、多文化共生がスローガンとして盛んに用いられていたとしても、その実現には困難があるという。久米は、こうした問題解決の難しさをふまえ、多面的なアプローチから問題の解決を志向する多文化関係学という新しい分野が必要とされる背景を示した。

1.2.2　「多文化社会としての日本」と多文化関係研究の射程（パート 1 の考察）

　では、パート 1 について考察していこう。久米は、一定の集団によって共有される「生活様式ならびに価値観や思考体系」（久米，2011，p. 10）を「文化」として捉え、国内における多様な文化を取り上げ、「多文化社会としての日本」の姿を素描した。ここで久米（2011）が試みているのは、日本を「多文化社会」として捉える視点の前景化であるが、その背景には、おそらく、多くの読者にとって、日本社会を「多文化社会」として捉えること自体があまり一般的ではない、という認識があるからであろう。実際に、2020 年にも当時の現役閣僚が「2千年の長きにわたって一つの民族、一つの王朝が続いている国はここしかない」（垣花・遠山，2020，第 1 段落）と発言し、単一民族国家説に沿った見解が示された。このような象徴的な事例が示唆するのは、日本を「多文化社会」とする見方が、多様な文化的背景をもつ人々が集住する地域や一部の専門家などを除いては、2020 年代現在においても日本社会のなかでは十分に広がっているとは言い難い、ということであろう。

　「多文化社会としての日本」という見方には、パート 1 では明言されてはいないが、多文化関係学の根本思想としての「多様性の尊重」が反映されていると考えられる。多様性[3]を尊重する姿勢が、「単一民族国家説」や日本人を一様に語る種々の日本人論によって隠されてしまう国民国家内の多様な人々とそ

の文化を可視化する土台となっている。日本を「多文化社会」として位置づけることで、国内の多様性を可視化し、多様な文化間の関係性を研究する視座を担保している。この視座により、先住民族の人々のように、国によっては比較的見えづらい立場に置かれた人々とその文化を捉える姿勢を促し、多文化関係という枠組みに包摂される「文化」をより多様なものとすることができるといえよう。敷衍すれば、日本を「多文化社会」として捉えることによって、結果的には、世界のさまざまな社会における多様な文化にアクセスする視点を得られるのである。

　以上のことから、「多文化社会としての日本」というディスコース[4]は、国民国家という枠組みの影で見えづらくなってしまう諸文化とその担い手である多様な人々をその射程に収める形で多文化関係研究を文脈化し、推奨していると評価できる。また、パート 1 で提示された「文化横断性」（トランスカルチュラリティ）は、多文化社会で生きる個人をさまざまな文化の影響のなかで生きる文化的混淆体とし、また、社会における文化についても、複数の文化が相互に影響を与えつつ、形成される混淆体として、文化を微細かつ動的に捉える視点を提供する。この視点は、個人内のトランスカルチュラリティ（internal transculturality、Welsch, 1999, p. 201）に関する研究と理解の深化を文脈化し、同時に、社会的なレベル（国家、地域、組織など）においても、個人を取り囲む国や地域

3　「多様性」という言葉からさまざまな意味が想起されるだろう。一つの傾向として「多様性の尊重」という表現から、集団が共有している文化、すなわち集団的現象としての多様性よりも、個人の多様性、つまり、個人単位で人々を尊重するということを想起する読者も多いだろう。ここで言及している「多様性の尊重」というのは、個人の多様性、集団現象としての文化の多様性（一個人であっても、そのうちにさまざまな集団の文化があるという意味での多様性）、さらには、生物多様性なども視野に入れ、人々、文化、動植物、その他の事物、制度といったさまざまなものに関する多様性の尊重を原理的には指している。ここで難しいのは、他者、他生物、他文化へ危害を加えるような存在、行為を尊重するか否かという、多文化関係における倫理上の問題である。時代ごとに異なる文化を背景とする者のあいだで何が適切で何が適切でないかは、その意味が交渉されてきた。多様性の尊重と一口にいっても上記のような事柄が関わるが、ここでは、文脈上、同化主義政策に対して、文化や個人の多様性を尊重する立場を指しているといえるだろう。

4　ここでは、「ディスコース」の多くの定義がそうであるように、「文よりも大きい言語単位で、あるまとまりをもって展開した文の集合」（橋内, 1999, p. 4）であり、文脈のない言語形式の集合ではなく、コンテクスト化された言語使用である。したがって、ディスコースは、文よりも大きい言語単位（「日本」に関する記号の集まり）とコンテクストが一体となって提示されたものである。久米は、「多文化社会」というコンテクストのなかで、日本に関する記号の集まり（テクスト）を扱い、多くの日本人が想起しやすい「文化的に同質性が高い社会」という理解のコンテクストとは異なる形でコンテクストを設定し、「多文化社会としての日本」という新規なディスコースを意図的に生成した、と理解できる。

などにおいて諸文化が交錯し形成されるトランスカルチュラリティ（external transculturality、同上）をより精緻に理解することにつながる可能性がある[5]。以上のように、パート 1 は、文化の多様性を前景化する視座、ならびに文化横断性に基づいて個人と社会における多文化の関係性・混淆性を捉える視座が提示されている点が評価できる。

1.2.3　2022 年現在からみた新たな射程とコトバの再考

　多文化関係学が多様性の尊重を前提とし、多様な人々と文化を扱い、その相互影響関係を捉える理路を担保している点は極めて重要である。その意義を認めつつも、近年のデジタル・テクノロジーの急速な発達・普及やコロナ禍などの新たな事象を経た近年の動向もふまえ、2022 年時点の視点からみてパート 1 のテクストで十分に扱われなかった点について述べたい。まず、1 点目として、デジタル空間における多文化の関係性がある。とくに 2020 年に起こった新型コロナウイルスの感染拡大以降、人・モノの移動は制限された一方で、デジタル空間でのコミュニケーションの重要性が高まり、ソーシャル・ネットワーキング・サービスなどのデジタル・ツールを介し、人々の間で国家を超えて継続的かつ頻繁にコミュニケーションが行われ、文化（思考・行動・感情表出様式）が急速かつ世界的に広がる環境が生まれている[6]。この環境では、たとえば、コロナ以前から世界的な広がりを見せてきた新自由主義のようなイデオロギーが、社会のさまざまな場で競争と効率を重視した社会的実践[7]としてさらに浸透しやすくなった一方で、そうしたグローバルな文化[8]に抵抗するローカルな動きをデジタル・ツールを介して広い社会へ伝達することもできる。より一般

5　Internal transculturality と external transculturality の詳細は Welsch（1999）を参照されたい。

6　例として、TikTok の普及がある。TikTok とは、BGM 付きの短い動画を個人が作成し、インターネット上の動画共有プラットフォームに向けて配信できるアプリである。TikTok では、流行りのダンスを個人あるいは複数人で踊っている短い動画を作成、それを加工し、配信するといった行動様式が世界的に広がっている。

7　social practice の訳語であり、「言語によって媒介された構造的な（通常は制度的な）一連の行為のこと」（ベイカー＆エレス［澤田・澤田・澤田 訳］、2018, p. 218）である。グローバルな文化としての「新自由主義」に基づき、競争や効率を重んじた価値観・思考と合致する一連の言語的行為が人々によって行われる。たとえば、大学教育について語られる際に、競争・効率という観点から、経済・経営系の学部が文学部よりも重要視されることがある。

8　グローバルな文化は、前述のトランスカルチュラリティの観点でいえば、欧米で先に広がった文化（例：新自由主義）が日本、あるいは日本のある地域や組織においてそのローカルな文化と相互影響し合いながら、文化混交的な現象として人々によって経験されている可能性

化していえば、グローバルな文化がその土地土地で変容しつつ受け入れられたりする一方で、逆に、ローカルな文化が広域に発信され、それがグローバルに展開し、やや変容した形で受け入れられたりする、といった混淆的な文化現象もデジタル・コミュニケーションを通じて増加していると考えられる。人々に一定の思考・行動様式を促す SDGs（Sustainable Development Goals、持続可能な開発目標）もグローバルな文化として広がっているものの一例といえよう。デジタル空間を介して、文化的言説[9]が映像や音声とともに瞬時に共有され、再生産(再コンテクスト化[10]）される現在、デジタル空間における多文化関係の生成とその影響を注視すべきであろう。

　もう一つ、十分に言及されなかった点を挙げれば、多文化社会としての日本を理解、説明するコトバ[11]の問題である。つまり、コトバの意味について再考、考究を促すような視点が十分に提示されていない。パート 1 では、国民文化が複数交錯する状態のみならず、国民文化以外のさまざまな文化を包摂する「多文化」について論じられている。その点は 2020 年現在においても有用な知見である一方で、新しい視点から多文化の関係性を研究するうえでは、多くの研究者・実践者が前提とし、その意味を問い直すことが少ない「社会」や「共生」といった概念を再考する必要があるだろう。

　「多文化社会」というとき、「社会」は複数の文化集団、もしくは文化の担い手である人の集まりを指し、人を中心に議論を展開する傾向にあるが、「社会」を捉える起点を、たとえば、人ではなく、人以外の環境・自然、もしくは環境・

<hr>

が高い。たとえば、競争や効率を重視しつつも、土着の伝統的な上下関係も尊重され、両者のせめぎ合いのなかで、上下関係がある程度維持されたまま競争・効率が追求されるような構造が生成される形がありうる。

9　ある特定文化の思考・行動・感情表出様式や物理的産物が組み込まれ、ある一定の枠組みで提示された（たとえば、YouTube 動画）まとまりのあるメッセージを指している。動画はサイバー空間で次々に拡散していくため、その影響力は大きいと考えられ、現在は動画が加工され、事実とは異なる内容が「フェイクニュース」として問題化し、人々が認識する現実に作用している。

10　再コンテクスト化（recontextualization）とは、「テクスト（あるいはテクストの一部）がもともとあった場面（setting）やコンテクストから取り出されて、それとは別のコンテクストで用いられること」（ベイカー＆エレス，2018，pp. 182-183）である。再生産されるとしても、厳密には、時間的には以前とは異なる状況で再生産、つまり、再コンテクスト化され、再生産されるものの意味内容が微妙に変化しうる。

11　ここでは、「言葉」「ことば」とはせず、「コトバ」とカタカナ表記を用い、日常生活や研究で無意識に用いられることがある表現に注意を喚起したうえで、多様な領域や多文化が交錯する現場のニーズを反映するようなコトバとその意味を考究する重要性を強調する意図がある。

自然と人との関係に転換し、「社会」を捉え直してみると、人間中心的な見方とは異なる地平から「社会」のあり方を構想できるだろう。そのような学術的な試みとして、近年、マルチスピーシーズ民族誌（*cf.*里見, 2018）という分野では、人間を脱中心化する形で、動植物（たとえば、マツタケ）を起点に形成されているネットワークとして社会を捉える視点が示されている。具体的には、マツタケとそのまわりにある動植物、そしてマツタケを採集する人間（アメリカ・オレゴン州における東南アジアからの移民など）が織り成すネットワークとしての「社会」の民族誌（Tsing, 2012）を提示する研究例などがある。なぜ、このように人間を脱中心化し、「人間＝中心・その他＝周辺」という見方から離れ、その他のノン・ヒューマン（上記の例ではマツタケ）の行為主体性を認めつつ、ノン・ヒューマンと人間を含めたネットワークについて考える必要があるのか。それは、無意識に人間を中心に「社会」や「人間」を位置づける研究枠組みを相対化し、異なる視点から「社会」「人間」「多文化関係」といった対象について考え、研究する理路を開き、社会の問題に新たなアプローチで近接するためである[12]。

　同様に、「社会」といった日常的にもあたりまえに使われるコトバや、各専門分野で用いられる用語の問い直しは、対象となる現象の理解とそれに基づく研究に新しい視点・方法をもたらしうる。コトバの意味の再考は、原発事故後の社会や新型コロナウイルス感染拡大後の社会といった新しい状況をふまえて社会像を構想するうえで重要な学術営為だといえる。上述したマルチスピーシーズ民族誌では、コトバを定義する起点を人間に限らず、他の存在に変えることによって、「社会」の捉え方を変容させたといえよう。

　多様な専門分野の研究者と実践者が、コトバについて相互に議論を重ねることで創発的に新しいコトバの理解が生まれる可能性がある。しかしながら、各学域において、「定義はこうあるべき」といった観念がある。こうした学域による観念やその背景にある立場の違いが信念対立（西條, 2005）につながるのではなく、互いの違いをきっかけにして新たな可能性を育む場とされ、相互に

12　マルチスピーシーズ人類学のみならず、文化地理学などさまざまな分野で、「人間／自然」という二元論を相対化する人間中心主義からの脱却について言及されている（森, 2021）。マルチスピーシーズ人類学では、人間以外の「非人間」の行為主体性を認め、先住民族の調査などを介して、動物やモノと人間との関係性、コミュニケーションについても豊富な知見が蓄積されている（たとえば、マンガとその解説でマルチスピーシーズ人類学の知見を解説した奥野・シンジルト（2021）が導入としてわかりやすい）。

交流を続ける必要がある。この相互交流により、各学域の学術的営為が相対化され、新しい概念化のあり方・方法が創発されるのではないだろうか。多文化社会、多文化関係に関するコトバの再考、考究という視点は、学域間の継続的な相互交流があって促進されるものであるため、多文化関係学会に限らず、さまざまな学域間での交流の場が今後継続的に設定される必要があるだろう。

1.3　多文化関係学的アプローチ

1.3.1　多文化関係学のアプローチと三つの視座 (パート 2 の要約)

　「パート 2　多文化関係学へのアプローチ」(松田陽子氏著) においては、まず、課題の解決に向けて複数領域の知見を援用する学際的研究の有効性が述べられる。つぎに、多文化間の関係性を考察する視座として、(1) 複合的アプローチ、(2) 差異の根底にある共通項の探求、ならびに (3) 文化間の相互作用を捉える視点として、動態的な関係性、多文化関係で生成されるシナジー (相乗効果)、および二項対立的図式を超えて動態的に生成されるパワー関係[13] を捉える視点が示されている。

　多文化関係学が学際的研究を推奨する理由は、現実に人々が直面する問題の多くは、利害関係が絡み、対立や葛藤が経験される複雑なものであり、「一つのアプローチからだけでは、問題の本質に迫ることは難しく、(中略) その問題をどう解決するかということは、別の次元の問題が絡んでくる」(松田, 2011, p. 17) からである。そのため、問題・課題を明確にし、解決を志向する多文化関係学では、対象となっている問題・課題に関係する諸領域の研究者および実践者が協力する必然性があるというのである。松田 (2011) は、上述した解決志向を多文化関係学の使命としつつ、グローバル化や社会内部の多様化が進むなかで、どのような関係性、課題が新たに生み出されているのかを見出し、まだ

13　パワー (力) の関係は、人々の相互行為 (やりとり) を通じて維持、生成、変化させられる。たとえば、多様な国の学生が学び、英語で行われる「異文化コミュニケーション」の授業において、英語非母語話者の日本人教員は、異文化コミュニケーションに関する概念・理論の知識 (専門性) という点では、他の学生よりも優位に立ち、より大きなパワーをもつが、英語コミュニケーション能力という点においては、英語運用能力が教員よりも高い学生や英語母語話者の学生のほうが優位に立ち、より大きなパワーをもつ可能性がある。また、ある国の文化について事例を挙げる場合に、日本人教員よりもその国の出身学生のほうが、よりパワーをもつケースもある。このように、相互行為のなかで、パワー関係が動態的に生成される。

十分に行われていない研究を進めていく必要性についても論じている。

　多文化関係学の使命とその必要性を確認したうえで、次に、多文化間の関係性を考究するための三つの視座について順にその要点を整理したい。まず、(1) 複合的アプローチは「関係性を見る軸を、二項対立的な視点ではなく、多面的・重層的・複眼的・通時的にすることで、動的で多面的な関係性を捉えようとする」(松田，2011，p. 18) ものである。松田は、複合的アイデンティティ論[14]に触れ、日中双方の文化的バックグラウンドをもつ人を理解するうえで、日本人か中国人かといった二項対立的な図式での理解ではなく、場面や状況によってどちらがより強く意識され、コミュニケーションとしても体現されるかを捉えるアプローチを挙げている。加えて、複合的な見方を促す以下のような複数の視点に言及している。まず、関係するさまざまな国や文化の人々の観点から対象を捉える視点、次に、歴史的に国や文化どうしがいかなる関係性にあったのかという通時的な視点、また、二つの国・文化といった2軸ではなく、三つ目の軸を導入して比較する視点、さらには、それぞれの国の地域性、世代、ジェンダー、社会経済的背景、教育環境、組織による違いから関係性を捉える視点、最後に、国でなく人間へ分析単位を転換する視点を紹介している。加えて、ミクロ・メゾ（中間、組織）・マクロの三つのレベルへ、すなわち、個人、組織、社会集団、グローバル社会といったさまざまなレベルへ視点を移動し、「地図の縮尺」(松田，2011，p. 20：初代会長石井米雄氏が使われた比喩) を変えるように、現象を捉える重層的な視点が示されている。

　二つ目の視座である「差異の根底にある共通項の探求」は以下の考え方に基づく。文化的な行動パターンや価値観の差異に着目し、誤解が生じるメカニズムの解明や自文化への気づきを促すことは課題解決において重要である一方で、差異を理解するだけでは解決に至らないこともある。そのため、文化間の共通項とそれが伴う心情・目標ならびに関係者が得られるメリットを見出し、お互いが妥協できる点を同定することによって、従来とは異なる新しい解決方法を提示できる、というのである。その際、現象の一部分に着目して分析するアプ

14　複合的アイデンティティ論では、人々のアイデンティティの源泉を一つの要素（ここでは、中国人であること）に求め、「本当の私」や「唯一の確固たる私」を想定する本質主義的な見方ではなく、複数の源泉からくる複合的なアイデンティティが社会の権力関係などの影響を受けながら言語実践を通じて流動的に生成されることを示している（cf. Butler, 1990）。

ローチだけでなく、全体を捉えつつ分析するアプローチも必要であるという。なぜなら、部分としては異なっていても、全体としては共通点が潜んでいる可能性が高いからであると述べられている。

　加えて、いわゆる客観的・科学的アプローチに基づく研究のみならず、実体験を通して対象と関与しつつ、「情動や体得」（松田，2011，p. 22）といった感覚世界を解明するような研究や理論構築も求められていると主張されている。情動や体得といった研究しづらい対象は、科学的言説において周縁に置かれることが多いが、「文化の境界や周縁などマージナルな部分から光を当てることで、存在しているのに見えなかった部分が可視化される」（同上）と主張されている。課題解決を視野に入れ、多文化の関係性を捉える際に、共通項に注目する必要性があり、共通項を捉えるためには、部分だけでなく、全体から現象を捉えるアプローチ、さらには、後景化されがちな感覚世界[15]やマージナルな部分へ近接する試みが欠かせないという指摘がなされている。

　三つ目の「文化間の相互作用を捉える視座」は、文化間の関係性を、固定的なものではなく、お互いに影響し合う相互作用の動的な過程として捉える見方が示されている。異文化との接触により、相互作用が生まれ、それが継続すると、関わる文化に相互変容が起こる可能性があるという。そうした相互変容では、短期的には、コンフリクトが生じ、さまざまな問題が起き、効率性が落ちる一方で、長期的には、新たなシナジー（相乗効果）といったプラスの影響が生じるという可能性が指摘されている。そのため、動的な相互作用に着目し、多文化シナジーを解明する研究が望まれるという。その際、相互作用に介在するパワー関係を固定的ではなく、流動的に捉える必要性が強調されている。「支援をする側 / 支援を受ける側」といった非対称的なパワー関係は、コンテクストによってそのパワー関係が変わりうるものであるという。

15　マイケル・ポランニー（2003）が『暗黙知の次元』で説明するような内容が想起されよう。たとえば、技芸、職人、その他の生活・感覚世界で、言葉にすることが難しいような実践・知恵があり、それらを探究するためのアプローチが必要である。日本武術（居合術）の世界では、外見上は足が地面に接地していても身体が浮いているような感覚・状態を指し示す「浮身をかける」（黒田，1998，p. 76）という用語を用いたり、「座って座らず、立って立たず」（黒田，1991，p. 29）といった特殊な日常語を使用したりすることによって、自在に身体を操作するための暗黙知とそれに基づく技術を継承する方法がとられている。

1.3.2　関係性を捉える視点の拡張 (パート 2 の考察)

　では、パート 2 の内容について考察しよう。パート 2 で示された多様な視点は、多文化関係学を具体的に考えるうえで重要な羅針盤となる。ここでは、2022年時点からみて、その羅針盤に加えることができる視点について、多文化関係学の中心概念といえる関係性に焦点を当てつつ論じたい。

　村上 (1970) によれば、関係とは「複数個の存在物について、それを個別的にではなく、同時に把握しようとする際に、人間の認識が存在物の間に与える一種の形式をいう」(p. 152)。関係性はその形式がもつ性質である。人間どうしの関係でいえば、親疎関係、上下 / 対等関係、差別 / 被差別関係などを想起できる。多文化関係学で想定されている研究対象は、社会に存在する諸文化とそれらの文化を背景とする人々の間で動的に形成される関係性を指すことが多いだろう。パート 2 でも、「支援をする側 / 支援を受ける側」といった人間間のパワー関係が一例として挙げられた。また、こうした人間関係の区分けも流動的でけっして所与のものではなく、さまざまなコンテクストで変化するものであるとも指摘されており、この点は評価できる。なぜなら、新たな事態によって、新しい区分け・線引きが次々と生まれるのが常であるからである。新型コロナウイルス感染拡大後、「マスクをする人 / しない人」という新たに、そして明瞭に意識化された線引きも、新しい事態のなかで社会的に生成された関係性である。

　ただし、関係性を形成する主体、もしくはアクターとして前景化されているのは、「支援する側 / 受ける側」「マスクする人 / しない人」のいずれの場合も人間である。一方で、本節冒頭で示した村上 (1970) による関係の定義では、「人間」ではなく、「存在物」という表現で関係を形成する主体が表現されている。この定義は、研究者・実践者が陥りがちな、人間を中心に関係について考えるという暗黙の前提を相対化し、人間とは異なる存在物 (ノン・ヒューマン＝非人間)[16]などを起点に関係性を捉える視座を示唆している。ノン・ヒューマンは、近年

16　人間とは、異なる「モノ」に関する議論は、思弁的実在論 (cf. 岡本, 2021) などの分野で盛んに展開され、近年、グレアム・ハーマン (2017) は、『四方対象——オブジェクト指向存在論入門』(人文書院) のなかで、物理的なモノ (ダイヤモンドなど) に限らず、「架空の国」なども含めた「モノ」(対象) について論じている。多文化関係学の存在論・認識論について考えるうえでも興味深い見方が示されている。

話題になることが多い AI といった科学技術の象徴のような存在から、架空の
存在（例：想像上の動物）、異界の存在（例：精霊や神）、ならびに自然までをも
その範疇に含み、その範疇に依拠し、ノン・ヒューマンと人間が一定の関係を
形成しているものとして捉える立場がある（cf. 石黒, 2021）。この立場からすれば、
パート 2 における人間を中心に関係性を捉える射程は比較的狭いものであると
はいえまいか。

　というのも、近年、AI、スマートフォンといった事物が人々との関係のな
かで重要な意味を帯び、デジタル技術が組み込まれた事物が人々の生活を文
脈化し、大きな影響を与え、社会のあり方にも変化をもたらしている（cf. 鈴木,
2013）。多文化関係を捉えるときに、人と人の関係性のみを前景化してしまうと、
人と人の関係に大きな影響を与えている事物と人との関係性が後景化され、問
題・課題の複雑さを多面的に捉えようとする多文化関係学の志向性を十分に反
映できない。事物を含めて関係性を捉える視点は、ジェームス・ギブソン（1986）
のアフォーダンス、すなわち、環境が動物に情報を与え、一定の行為を促すこ
とにも関連している可能性があり、事物が人やその他の動植物に影響を与える
という側面は否定し難い。そのため、自然、環境、デジタルデバイスといった
ノン・ヒューマンを視野に入れた関係性へのまなざしと考究が、自然災害が多
く、かつ、事物どうしがインターネットでつながる IOT（Internet of Things）化
が進み、そうしたつながりが一体となって人間との関係を形成していく今後の
社会においては必要になってくる。

　関係性に影響を与えるアクターとしての事物を学術的に明示し、事物の影響
をふまえて多文化の関係性に関する研究を進めるうえで参照できる学知として、
ブルーノ・ラトゥールらを中心とする論客たちによって展開されているアク
ターネットワーク理論（Actor-Network Theory、ANT）がある。ラトゥール（2019）は、
人工物を起点に人を含めた異種混交的な要素の連関（アソシエーション）、ある
いは関係性を捉え、人間もその一部で意味を成すという。つまり、人間は脱中
心化されている。また、そうした関係性を構成する諸要素の意味は、所与のも
のというよりは、関係性のなかで変化していくと説明する。ANT においては、
アクターは、人間に限定されず、「差異を生み出すことによって他の事物の状
態に変化を与えうるものはすべてアクター」（久保, 2019, p. 49）である。ここで、

アイスクリームがアクターとなった企業の多国籍チームの事例を挙げて具体的に説明したい。チームの会合開始時に、メンバーの一人がお土産として買ってきたアイスクリームをメンバー全員で食べ、それによってコミュニケーションが活性化され、その後のメンバー間の相互理解が進み、メンバーどうしの関係がより良好なものへ変化したケースがある。アイスクリームは当初、単なる「お土産」であったが、多国籍チームとの連関・関係性のなかで、「コミュニケーションの潤滑油」もしくは「関係性の改善につながるもの」という意味も帯びている。このように、連関のなかにある諸要素の意味は関係性のなかで動的に生成されるものであり、固定化したものではない。その点で多文化関係学の動的な関係性の捉え方とも整合性がある。ただし、上記の例からもわかるように、多文化の関係性を考究するうえで、なんらかの差異をもたらし、他に影響を及ぼすアクターとして何が想定できるのかを、「文化」と「人」に限定されない、より広い観点から、多面的に考察する視点が求められているといえよう。

1.4　多文化関係研究の方法論

1.4.1　研究パラダイムと方法論的アプローチ (パート 3 の要約)

　「パート 3　多文化関係研究と方法論」(抱井尚子氏著) は、研究パラダイム、より具体的には、研究における存在論・認識論・価値論・方法論・レトリック (記述スタイル) について、Creswell & Plano Clark (2011) に依拠して概説したうえで、多文化関係研究における方法論的アプローチについて、パート 2 の多文化関係学的アプローチの三つの視座 (松田, 2011) をふまえ考察している。

　多文化関係学会には、さまざまな分野・立場を背景とする研究者・実践者が集まっており、多文化関係研究は、パート 1 および 2 の要約でも示されているように、主に人文社会科学における学際的アプローチの実践が期待されている。その際、人文社会科学研究における代表的な四つのパラダイム (表1-1) をふまえ、多文化関係学のあり方が示されている。

　四つのパラダイムとは、単一の現実を想定し、その現実を生み出す因果関係を仮説検証型の量的手法を用いて客観・中立的立場から探究する「ポスト実証主義的世界観」(以下略して実証主義 / 実証主義的世界観)、複数の現実を想定し、

表 1-1　研究パラダイム
抱井，2011，pp. 26-28 の説明に基づき筆者作成

世界観 （パラダイム）	存在論 Ontology	認識論 Epistemology	価値論 Axiology	方法論 Methodology	レトリック Rhetoric
ポスト実証主義	単一の現実	客観的な現実の把握	中立性	仮説検証タイプの量的研究	科学論文のフォーマルなスタイル
構成主義	複数の現実	相互構成的に現実を把握	研究者のバイアスを自覚	仮説生成タイプの質的研究	インフォーマルなスタイルも混在
参加型	政治的現実（権力関係、差別、社会的不公正）に焦点	問題を解決するために（研究対象者と研究者が）協働	研究者のバイアスは研究対象者と折り合いをつける形	調査のすべての段階で研究対象者が関わる形	アドバカシー（権利擁護）と問題状況の変革を促す表現
プラグマティズム	単一と複数両方の現実の可能性を認める	研究の目的に基づく適切な現実の把握	価値中立とバイアス両方の可能性を認める	量的・質的研究両方の利点を生かす形	目的に応じて、フォーマル、インフォーマルの双方もしくはいずれか

質的研究法を用いて、対象となる調査協力者の主観的な視点から現象の意味を探究する「構成主義的世界観」、現実の政治的側面に主に関心を向け、社会の問題状況の改善、解決を、調査協力者と研究者が協働、交渉しつつ探究する「参加型の世界観」、ならびに、目的遂行のために手段を選ばない現実的立場をとり、問題解決のため有効な現実の捉え方や研究方法を選択する「プラグマティズムの世界観」である。

　抱井（2011）は、多文化関係研究における方法論的アプローチの特徴として、まず、一つの研究のなかに、歴史学、社会学、心理学、言語学といった複数の分野の視点が重層的に交差しているという。これは、多文化関係学で扱われる対象が、複雑かつ重層的な利害関係や葛藤が絡むためであるとし、研究課題を明確化し、解決を志向する多文化関係研究の立場からすれば必然的な帰結であるという。

　次に、二つ目の特徴として、多文化関係学の鍵概念である文化を所与のものとして扱わず、社会的相互作用の過程において生成され、変化する動的なものとして捉える構成主義的な立場がある。また、その立場に関連する三つ目の特徴として、本質主義[17]に依拠した「男性／女性」といった関係性を二元論的に

17　ある集団の本質をひと括りで特徴づけ、その特徴（本質、エッセンス）が、その集団に属する一個人にそのまま当てはまる、とする見方である。たとえば、「日本人はみなシャイだ」といった見方がある。

捉える構図に対して慎重な立場がある。この立場では、社会で周縁化された人々の権利の要求であるアイデンティティ・ポリティックスを視野に入れ、対立軸のなかで動的に生成される権力の構造をより微細に捉える必要があると論じている。

　上記のように、抱井（2011）は、二元論的構図に批判的な姿勢を示し、また、社会的相互作用のなかで生成される（パワー関係を含めた）関係性を動的に捉える視座を多文化関係学の特徴といいながら、同時に、「一見矛盾するようではあるが」と前置きしつつ、二元論的視座の有効性や、「研究の目的や対象によっては文化本質主義的立場を採用することを否定しない柔軟性も必要」（抱井，2011，p. 30）であると述べる。これは、文化本質主義的立場に依拠して研究が行われることが多い実証主義的世界観をふまえ、付加的に述べられている。

　また、多文化関係研究の四つ目の特徴として、パワー関係における格差の是正、不平等の解消といった社会正義の希求という研究目的が直接的・間接的に設定される、という。これは、上述した参加型の世界観の範疇に入る。

　最後に、五つ目の特徴として、「文化」を静態的・安定的なものとして捉える文化本質主義的な立場に一定の評価を与えつつも、その限界を認識し、社会的不平等といった多文化共生を実現するうえで乗り越えるべき課題の研究に取り組むため、プラグマティックな立場をとることが述べられている。ここでプラグマティックな立場という場合、方法論の多様性を重視し、「量的研究と質的研究のどちらか一方に偏重することなく、双方の長所と短所を正確に理解し」（抱井，2011，p. 31）、研究の目的によって、いずれかを選択したり[18]、複数の方法を相互補完的に用いたりするという説明がなされている。

1.4.2　多文化関係学的アプローチのアポリアとその超克（パート3の考察）

　では、アレン F. レプコによる『学際研究』の内容を参照しつつ、パート3について考察を進めたい。レプコ（2013）は、人間社会の複雑さについて述べ、さらに、その社会が気候、地勢、歴史、文化的伝統、宗教信仰、紛争といっ

18　複数領域に依拠する研究を推奨する多文化関係学的アプローチで「いずれかを選択する」、つまり、「どれか一つを選択する」という言い方は混乱を招くかもしれない。たとえば、多国籍チームの研究を実施する際に、「実証主義」という一つの世界観を選択し、そのうえで、経営学の「チーム研究」、社会心理学の「リーダーシップ研究」、ならびに異文化コミュニケー

たものの影響を受け成立していると論じ、世界的飢餓、持続可能な資源の利用、テロリズムといった課題に向き合う必要性に言及している。そのうえで、「複雑な課題・対象・活動・システムについて十分に理解するには、複数の専門分野を用いることが求められる」（レプコ，2013，p. 33）とし、課題によっては、自然科学・社会科学・人文学のすべてが関係すると指摘する。多文化関係学的アプローチで推奨される、複数の学問的視点を援用しながら、複雑な問題を解決しようという試みは、レプコの見解と合致する[19]。その一方で、存在論・認識論・方法論・価値論・レトリックといった学術研究における一連の流れを考えれば、存在論・認識論が異なる学域の研究者／専門家同士の共同研究、あるいは、ある学域の研究者／専門家が自身の学域の知見と別の学域の知見を同時に用いる場合に、前者では、信念対立（西條，2005）を生み、後者では、複数の異なる存在論・認識論に依拠した知見が整合性に欠ける形で組み合わされ、不適切に用いられる事態を招く可能性がある。多文化関係研究は、こうしたアポリア（難問）を伴う。

　多文化関係学の重要概念である「文化」を一例として挙げても、実証主義的な世界観で比較的固定的に捉えられる「文化」と構成主義的世界観でより動態的に捉えられる「文化」とでは違いがあり、それぞれの立場を理解しつつ、研究のデザインを考えなければならない。そのため、野村（2017）が指摘するように、「社会諸学を横断するこうした存在論・認識論的パラダイムに親しむことで、異なるディシプリンに対する理解も促進される」（p. 35）ため、共同研究ならびに個人研究における諸知見の援用においては、異なるディシプリンへ理解を深める機会が必須であり、また、パラダイム／世界観の違いをふまえ、自身の領域横断的営為の妥当性を検討しなければならない。

ション学における「比較文化論」といった複数領域の実証主義的知見に依拠し、多面的に研究を進めることも可能である。つまり、常に必ず複数の世界観に同時に依拠するべきだというような硬直化した姿勢ではなく、研究の目的に応じて、適切な世界観にプラグマティックに依拠するということである。

19　多文化関係学的アプローチは、問題・課題の解決を志向するプラグマティックな研究となる傾向を有しており（抱井，2011）、その点で、人間の利害関係をも視野に入れ、「切迫した課題を解決するために、関連する専門分野のツールを利用する」（レプコ，2013，p. 260）という課題解決アプローチの学際研究と位置づけられる。そのため、「課題に関連する限り認識論的に遠い専門分野を利用することをいとわない」（レプコ，2013, p. 261）ため、場合によっては、上述のパラダイム間の違いに配慮せず、異なるパラダイムに基づく諸知見を不適切に使用する学術営為（paradigmatic confusion）に陥る可能性がある点に留意すべきであろう。

　さらには、多文化関係研究を構想・実施するにあたって、課題解決に有用で新たな視点をもたらすようなパラダイム / 世界観を模索することも必要であろう。たとえば、先述したアクターネットワーク理論は、社会の問題を実証主義的世界観に基づいた科学技術で乗り越えようとする立場と、科学の社会学、科学知識の社会学といった学域で提示されてきた知見、すなわち、構成主義的な立場から科学技術の意味が社会のなかで決定されるといった知見の双方を批判的に乗り越えようとする形で登場したものである（cf. 久保, 2019）。実証主義は、客観的に実在するある現象の原因を量的手法で解明する一方で、構成主義では、ある現象とその原因は、言語を中心とした社会的相互作用を介し生成される、といった説明をする。こうした二つの立場はどちらも、ある特定の対象（実証主義の場合は変数、構成主義の場合は社会的相互作用）に現象の成立要因を還元して説明する傾向をもつが、ANT は、こうした双方の立場による還元を放棄し、「非還元の原理」を採用する。つまり、ある現象は、「文化」などの所与のものに還元されるのではなく、諸要素の連関によって自らを形づくっていく、という発想である（久保, 2019）。

　非還元の原理はやや理解しづらいと思われるため、さらに説明してみよう。まず、前提として、諸学問では、ある現象を研究する際に、研究者が意識しているかいないかに関わらず、研究の構えがあり、ある一定範囲内の問題・課題や要因に着目し、その要因を明らかにするための「適切な」研究方法、結果の提示法や記述スタイルを用いる。つまり、研究対象となる現象やその原因を、その学問分野で当たり前化した一定の要因に還元し、説明する。例として、異文化コミュニケーションの分野であれば、異文化間における「成功事例」よりも、まず「問題」に着目する学問的傾向があり、問題の原因についてはまず「文化」で説明する /「文化」に還元することが多い。しかしながら、ANT は、非還元の原理に基づき、特定の領域で想起される一定の要素（たとえば、社会階層、ジェンダー）に現象の成立要因を求めず、それ以外のさまざまな要素に注意を向けるだけでなく、要素と要素のつながり、そしてそのつながりと別のつながりに着目し、それらのネットワークを現象の成立要因として捉えていく[20]。

　もちろん、この「非還元の原理」というもの自体も ANT の構えではないかという批判も想定される。その批判は妥当なものだが、ANT は、現象の原因

を選択された複数の変数で説明する実証主義でも、現象の成立要因を言語を介した社会的相互作用へ還元して説明する構成主義でもなく、また、社会的不公正や格差に着目する構えをもつ参加型（批判理論系）の世界観でもない、アクター間が織りなすネットワークに着目し、それを記述する独自の世界観を提示している[21]。こうした異なる研究の構えを手がかりに多文化関係の新たな捉え方、研究方法、結果の提示法、記述スタイルなどを工夫していくことが今後求められていくだろう。

　なお、多文化関係学会の学会誌『多文化関係学』に過去 20 年間掲載されてきた研究の背景にある世界観と研究方法を概観すれば、構成主義に基づく質的研究が大勢を占め、実証主義に基づく量的研究は極めて少ない[22]。この原因は、1990 年代後半からの質的研究ブームもあると考えられるが、多文化関係学的アプローチとして提示された構成主義的な論点、たとえば、文化、関係性を所与のものとして扱わず、動的なものとして捉えるといった論点の影響も大きいと考えられる。つまり、それは、固定的で静態的な文化を想定した、文化本質主義的かつ実証主義的量的研究が理論的に妥当性を主張しづらい言説空間であるといえよう。これは、多文化関係学的アプローチの根本思想ともいえる多様性の尊重に基づく方法論的多元主義とは相反するものである。したがって、20周年を機に、方法論的多元主義を実現できるような、学会の支柱といえる多文化関係学的アプローチへの補足と修正が必要なのではないだろうか。たしかに、抱井（2011）は、パート 3 において、量的研究・質的研究双方の活用を推奨し、研究の目的によっては、文化本質主義的研究の有用性も認めるというスタンスを言明している。ただし、多文化関係学的アプローチに関するテクストを、全

20　要因を構成するネットワークの同定だけでなく、その記述の仕方も従来のパターン化された記述の仕方では表現できず、新たな表現を工夫する必要が出てくる（ANT の詳細はラトゥール（2019）を参照されたい）。
21　構成主義における「構成」や社会構築主義における「構築」と ANT における「構築」の違いに関するより詳細な説明は、ラトゥール（2019）の pp. 165-175 を参照されたい。
22　2020 年に、学会の研究動向を理解する取り組みの一つとして、筆者は、学術誌『多文化関係学』の創刊号（2004）から第 15 号（2018）までの論文・研究ノートの全 78 件を調査した。創刊以来 5 年ごとの質的研究の割合を確認したところ、50%（2004 〜 2008）、77%（2009 〜 2013）、81%（2014 〜 2018）と年々その割合が増加している。方法は、フィールドワークが最も多く、次いでグラウンデッド・セオリー・アプローチ、談話分析、KJ 法、ライフヒストリー法、SCAT、ライフストーリー分析、シンボリック相互作用論などがある。質的研究といっても、構成主義に基づくものだけではなく、実証主義的な視点から実施されたものも散見される。

体として評価すれば、構成主義や参加型（批判理論）の世界観が優勢となる文脈が提示されている。

　そこで、文化心理学で行われているような、文化を静態的に捉え、文化差を測定する比較文化的研究などへ目を向ける射程の広さが必要となる。たとえば、Masuda & Nisbett（2001）は、アメリカ人と日本人に、同一の水中風景のアニメーション・ビデオを見せ、出身文化によって注意を向ける対象に差が出るかどうかを調べるために、ビデオ視聴後にそれがどんな映像であったかを自由に話してもらい、両者の文化差を明らかにする研究を行った。結果、アメリカ人は目立っている魚を中心に話をする分析的認知傾向が見られ、日本人は環境や状況を中心に述べる包括的認知傾向があることがわかった。この他にも、文化心理学では、さまざまな試みが行われており、たとえば、東アジア文化圏の人々と欧米文化圏の人々に、ある対象を見るときに、どこに注意を向けるかを測定できる課題をやってもらい、その際の行動のデータとfMRI（functional magnetic resonance imaging、機能的磁気共鳴画像法）のデータを比較し、文化に条件づけられた行動と脳の活動パターンの関係を研究したもの（e.g., Goh et al., 2007）もあるという[23]。このようなポスト実証主義的世界観に依拠した研究が議論される言説空間の確保が、前述のレプコ（2013）が推奨するような自然科学を含めた、より幅広い観点から構想される多文化関係学的アプローチの再構築につながる可能性がある。

1.5　結語：多文化関係研究のこれから

　本節では、これまでの議論をふまえ、多文化関係学の射程、アプローチ、ならびに方法論について提言を整理したい。多文化関係学における研究は、その哲学的前提、研究対象、それを表す用語の定義、研究方法、記述スタイルなど、より幅広い観点から構想できる。そのためにも、諸領域のアプローチ／構えを

23　本稿では、このような試みを肯定することで、近年台頭している自然主義、すなわち、人間は脳神経科学や情報科学などによって自然科学的に解明できるという考え方を無批判に是としているのではなく、現象を理解する際の多面的アプローチの一つとして、その有効性を認める立場である。マルクス・ガブリエル（2019）は、その著書『「私」は脳ではない』（講談社）で、自然主義的な見方は、必要条件ではあるが十分条件ではないとし、自然主義に偏った見方に警笛を鳴らし、人間がもつ道徳的観点の重要性を指摘する。

図 1-1　多文化関係学的アプローチの土台としての相互交流・学習・支援

　自覚し、領域間の相互関係を理解し、複数領域を適切かつ妥当な形で援用するための土台が必要である。

　たとえば、哲学的前提については、抱井（2011）が提起するように、課題解決に向け、プラグマティズムの世界観に基づき、諸知見を組み合わせて慎重[24]かつ適切に併用することは考えられるが、新たな研究の地平を開くアクターネットワーク理論や、実証主義、構成主義、参加型の世界観をメタ・レベルから包摂できる「構造構成主義」（西條, 2005）といった枠組みを導入することもできるだろう。

　上記のような哲学的前提に関する整備が必要であり、またそれに続く用語、研究方法、記述スタイルについて吟味するために、学会活動を通じて、研究者・実践者間の相互交流、相互学習・支援が必要である（図 1-1）。自然科学、社会科学、人文学、ならびに多文化関係がせめぎ合う現場からの諸知見が交わり、多文化関係学的アプローチの具体的な形を模索する場として学会が機能することが望まれる。

　以前、上智大学名誉教授の渡辺文夫氏が多文化関係学会第 7 回（2008 年）年次大会（於：明星大学）において、学会という場を「パーク」（公園）と比喩的に表現され、多文化関係に関心のある人々どうしが集い、交流する場である点を強調された。また、初代会長石井米雄氏は、「ホラ（法螺）」、つまり、やや空想的なことでもいいので、自由に考えを述べられるような「ホラロジーの会」という場を学会で設定され、学会員間でさまざまなテーマについて自由に議論できる雰囲気を生み出された。こうした先人の知恵を継承し、多様な領域から集まった研究者・実践者が気軽に発言でき、相互に学びあい、自他の学知の類

24　研究者によっては、こうした折衷主義的試みに慎重なスタンスをとる者も多い。野村（2017）は実証主義的パラダイムと構成主義的パラダイムの併用は論理的に不可能であると指摘している。

似性と差異を理解し、それを研究につなげる場が必要である。

　これまで多文化関係学会で行われてきた研究を整理すると、質的研究に偏重してきた傾向があるが、個々別々に行われてきた質的研究どうしの相互関係について議論されてきた形跡はない。上述した交流を通じて、多文化関係学的アプローチの具体的な研究の形とそれらを相互につなぐ方法が見えてくる可能性がある。たとえば、あるフィールド調査で生成された概念が、類似したフィールド、あるいは意外なフィールドで転用可能であるといった議論が学会員間で沸き起こり、諸知見どうしの連関が見えてくれば、学知の成果もより体系性をもった明瞭な形で学会員、ひいてはより広いコミュニティで共有され、さまざまな個人・共同研究や問題・課題の同定や解決につながる可能性がある。そのため、学会として会員間の相互交流・相互学習・相互支援の場を多く設定し、相互理解が進めば、久米（2011）のいう文化横断性ならぬ領域横断的アイデンティティを研究者・実践者が育み、学域間や研究と実践を架橋するようになり、松田（2011）のいう多文化シナジーが研究者・実践者間で生起し、抱井（2011）が提案する哲学的前提をふまえた多領域の諸知見を援用した研究が行われうる。そして、課題解決に向けた研究の目的に応じ、論理整合的に諸知見を援用した個人研究と共同研究が共同生成されていくだろう。さらにいえば、おそらく10年後、そうした共同的・創造的な架橋による学知や新たな時代状況をふまえ、この論考自体も相対化され、多文化関係学的アプローチのあり方に関する議論が再び展開されるのであろう。その意味では、10年後を見据え、この論考が一つのきっかけとなり、多文化関係学的アプローチに関する具体的かつ建設的な議論が今後、学会員もしくはより広い読者のあいだで行われることを期待したい。

引用文献

Baker, P. & Ellece, S. E. (2011). *Key terms in discourse analysis*. Continuum.［ベイカー，P.，エレス，S. E.(2018). 澤田治美・澤田治・澤田淳 訳『談話分析キーターム事典』開拓社］

Benessaieh, A. (2010). Multiculturalism, interculturality, and transculturality. In A. Benessaieh (ed.), *Transcultural Americas* (pp. 11-38). University of Ottawa Press.

Butler, J. (1990). *Gender trouble: Feminism and the subversion of identity*. Routledge.［バトラー，J.

(1999). 竹村和子 訳『ジェンダー・トラブル――フェミニズムとアイデンティティの攪乱』青土社〕

Gabriel, M. (2015). *Ich ist nicht Gehirn: Philosophie des Geistes fuer das 21.* Ullstein Verlag GmbH. 〔ガブリエル, M.(2019). 姫田多佳子 訳『「私」は脳ではない　21世紀のための精神の哲学』講談社〕

Creswell, J. W., & Plano Clark, V. I. (2011). *Designing and conducting mixed methods research* (2nd ed.). Sage Publications, Inc.

Gibson, J. J. (1986). *The ecological approach to visual perception.* Psychology Press. 〔ギブソン, J. J.(1986). 古崎敬 訳『生態学的視覚論――ヒトの知覚世界を探る』サイエンス社〕

Goh, J. O., Chee, M. W., Tan, J. C., Venkatraman, V., Hebrank, A., Leshikar, A. D., Jenkins, L., Sutton, B. P., Gutchess, A. H. & Park, D. C. (2007). Age and culture modulate object processing and object-scene binding in the ventral visual area. *Cognitive, Affective & Behavioral Neuroscience*, 7, 44-52.

Harman, G. (2011). *The quadruple object.* John Hunt Publishing 〔ハーマン, G.（2017). 岡嶋隆佑 監訳、山下智弘・鈴木優花・石井雅巳 訳『四方対象――オブジェクト指向存在論入門』人文書院〕

橋内武（1999).『ディスコース　談話の織り成す世界』くろしお出版 .

石黒武人（2021).「日本における異文化コミュニケーション研究の射程に関する一考察：記号論的転回による原点回帰」『異文化コミュニケーション論集』19, 33-43.

Ivanova-Nyberg, D. (2019). Transnationality, transculturality and ethnicity: A Look at Balkan Fest, San Diego, California. *Musicologist*, 3 (1), 1-36.

抱井尚子（2011).「パート3　多文化関係学研究と方法論」『多文化社会日本の課題――多文化関係学からのアプローチ』(pp. 25-37) 明石書店 .

垣花昌弘・遠山武(2020).「麻生太郎氏『日本は2千年、一つの民族』政府方針と矛盾」朝日新聞デジタル（2020年1月13日）https://www.asahi.com/articles/ASN1F67HDN1FTIPE00X.html（2021年12月22日）.

久保明教（2019).『ブルーノ・ラトゥールの取説：アクターネットワーク論から存在様態探求へ』月曜社 .

久米昭元（2011).「パート1　多文化社会としての日本」『多文化社会日本の課題――多文化関係学からのアプローチ』(pp. 9-16) 明石書店 .

黒田鉄山（1991).『居合術精義』壮神社 .

黒田鉄山（1998).『気剣体一致の武術的身体を創る』BABジャパン .

Latour, B. (2007). *Reassembling the social: An introduction to actor-network-theory.* Oxford University Press. 〔ラトゥール, B. (2019). 伊藤嘉高 訳『社会的なものを組み直す――アクターネットワーク理論入門』法政大学出版会〕

Masuda, T., & Nisbett, R. E. (2001). Attending holistically vs. analytically: Comparing the context sensitivity of Japanese and Americans. *Journal of Personality and Social Psychology*, 81, 922-934.

松田陽子（2011).「パート2　多文化関係学へのアプローチ」『多文化社会日本の課題――多文化関係学からのアプローチ』(pp. 17-24) 明石書店 .

森正人 (2021).『文化地理学講義 〈地理〉の誕生からポスト人間中心主義へ』新曜社 .

村上陽一郎 (1970).「関係」山崎正一・市川浩 編『現代哲学事典』(pp. 151-152) 講談社 .

野村康 (2017).『社会科学の考え方——認識論、リサーチ・デザイン、手法』名古屋大学出版会 .

岡本裕一朗 (2021). ポストヒューマニズム　テクノロジー時代の哲学入門　NHK 出版 .

Polanyi, M. (1966). *The tacit dimension*. Peter Smith.［ポランニー, M. (2003). 髙橋勇夫 訳『暗黙知の次元』筑摩書房］

Repko, A. (2008). *Interdisciplinary research: Process and theory*. Sage Publications, Inc.［レプコ, A. F. (2013). 光藤宏行・大沼夏子・阿部宏美・金子研太・石川勝彦 訳『学際研究——プロセスと理論』九州大学出版会］

西條剛央 (2005).『構造構成主義とは何か——次世代人間科学の原理』北大路書房 .

里見龍樹 (2018).「「歴史」と「自然」の間で——現代の人類学的理論への一軌跡」前川啓治・箭内匡・深川宏樹・浜田明範・里見龍樹・木村周平・根本進・三浦敦『21 世紀の文化人類学：世界の新しい捉え方』(pp. 133-186) 新曜社 .

鈴木謙介 (2013).『ウェブ社会のゆくえ〈多孔化〉した現実のなかで』NHK 出版 .

Tsing, A. L. (2012). Unruly edges: Mushrooms as companion species. *Environmental Humanities*, 1, 141-154.

Welsch, W. (1999). Transculturality – the puzzling form of cultures today. In M. Featherstone & S. Lash (eds.), *Spaces of culture: City, nation, and world* (pp. 194-213). Sage Publications, Inc.

奥野克己・シンジルト (編) MOSA (マンガ) (2021).『マンガ版　マルチスピーシーズ人類学』以文社 .

第2章

多文化関係学研究の今後の発展に向けて

石井敏の啓蒙的提唱の批判的かつ実践的継承

原和也 (順天堂大学)、海谷千波 (杏林大学)

2.1 はじめに

日本社会に限らず諸外国においても、多文化関係研究・教育は、共通に現在の時間環境にのみ重点を置き、豊富な知恵と教訓が潜在する過去の歴史から学び、現在を理解し、そして未来を予測する「温故知新」の精神を欠いている (石井, 2011, p. 264)。

日本では「十年一昔」といわれるが、石井 (2011) が「多文化関係研究・教育を学術的分野に発展させるための潜在的課題」を提唱し、その啓蒙的目的を果たしてから10年以上経過した。この間、世界はVUCA[1]の時代に突入し、「あらゆるものをとりまく環境が複雑性を増し、将来の予測が困難になった状態」(柴田他, 2019, p. 16) に陥っている。このような事態に対応するために、AIやデータサイエンス、そしてDXなどの科学技術や情報・通信技術の活用や、これらの技術を使いこなす個人の技能が重要視される一方で、山口 (2017) は正しく論理的・理性的な情報処理スキルの限界を二つ指摘する。第1の限界は、論理的・理性的な情報処理が他の人と同じ正解を出すことで差別化が消失する「正解のコモディティ化」(p. 15) である。そして第2の限界は、問題を構成する因

---

1 VUCAとは、元来、米国陸軍が世界情勢を表現するために用いた造語だが、今日ではさまざまな場面、とりわけビジネス環境を取り巻く「Volatility (不安定さ)」「Uncertainty (不確実さ)」「Complexity (複雑さ)」そして「Ambiguity (曖昧さ)」という社会状態を表す際に用いられている (柴田他, 2019；山口, 2017)。

子の増加と因子どうしの動的関係の複雑化によって要素還元主義の論理思考ア
プローチが機能しなくなる「方法論としての限界」(p. 15) である。このよう
な状態においては、論理・法律・調査といった客観的な外部のモノサシよりも、
直感、倫理・道徳、審美感性といった主観的な内部のモノサシに基づく構想力
や創造力が求められる (山口, 2017)。そうすることで、情報処理スキルの限界
を克服し、他者と異なる着想を得ることが可能になる。この意味において、多
文化関係研究・教育が他の学術分野と差異化を図るためには、思想論に裏づけ
られた基本的理念・ビジョンの構築が重要ではないだろうか。

　そこで、本章の目的は、多文化関係研究・教育の発展を検証するために、石
井 (2011) が啓蒙的目的で提唱した潜在的課題を加筆・修正することであり、
研究課題を以下の三つに設定する。第 1 の研究課題は、石井の啓蒙的提唱を批
判的に点検するとともに、多文化関係研究・教育発展に向けた重要課題を提示
することである。第 2 の課題は、この実現に向けて、鍵概念である「文化」と「関
係」、その目標である「共存」について共通認識を持ち、研究者・教育者間で
の対話を活性化することを提唱し、そのための有益な方法としてモデル構築型
研究が果たす役割について論じる。そして第 3 の研究課題は、第 1 と第 2 の課
題をふまえて、多文化関係研究・教育を促進する研究者・教育者間の対話モデ
ルを提示することである。時代の進展・変化や研究・教育の進化・深化が石井
の想定を超越した可能性もふまえて、石井の啓蒙的提唱を点検し、文化性・関
係性・超領域性・パラダイムシフトの視点から加筆・修正を試みることは、多
文化関係研究・教育のよりいっそうの発展を可能にするのではないだろうか。

2.2　多文化関係学を学術分野に発展させるために
——石井敏の啓蒙的提唱に関する問答

　VUCA の時代と呼ばれる現代社会では、さまざまな事象の変化が激しく、そ
の変化は予測困難、あるいは不可能ともいわれる (柴田他, 2019；山口, 2017)。
このような状況に応じて、あらゆる学術研究・教育活動が、部分的あるいは全
体的な再考を強いられるであろう。そこで本節では、石井 (2011) の啓蒙的提
唱を振り返り、多文化関係研究者・教育者にとって残された課題、つまり今後

解決すべき重要課題を提示する。

2.2.1　石井の啓蒙的提唱に潜むドラマチックすぎる世界の見方

　石井（2011）は、米国主導による弱肉強食的競争型の市場経済原理、金銭・物質至上主義やイデオロギーが、経済格差、倫理・精神的荒廃や倫理・道徳意識の低下、犯罪の日常化、環境破壊などの国際的な問題の原因だと指摘している。しかしながら、ロスリング他（2019）は、このような考え方を「ドラマチックすぎる世界の見方」[2]（p. 21）と批判し、事実に基づいて世界を見ることを推奨する。

　ロスリング他（2019）によれば、メディアの影響を強く受ける社会では、人は「世界では戦争、暴力、自然災害、人災、腐敗が絶えず、どんどん物騒になっている。金持ちはよりいっそう金持ちになり、貧乏人はよりいっそう貧乏になり、貧困は増え続ける一方だ。何もしなければ天然資源ももうすぐ尽きてしまう」（p. 29）と思い込まされてしまうが、事実は異なるという。たとえば、経済格差については、もちろん絶対的な貧困層[3]が世界の約14％を占めているが、その割合は歴史的に減少傾向にある。つまり、生活水準の差は相対的に認知されるものの、生活水準自体は世界全体として向上していると判断できる。

　ロスリング他（2019）は、実際には分断・違い・対立がないのに、「途上国／先進国」「貧しい国／豊かな国」「低所得／高所得」といった分断・違い・対立があると思い込んでしまう人間の本能を、「分断の本能」と名づけている。このような世界をドラマチックに見る本能は、石井の啓蒙的提唱の背景に垣間見える。

　たとえば、石井（2011）が試験的に開発した「主流・多数派文化対少数派民族文化間の関係図式モデル」には、世界をドラマチックに見る本能を少なくとも二つ読み取ることができる。第 1 の本能は「ネガティブ本能」で、少数派民族が主流・多数派文化で同化、独立、境界化、孤立などの問題を抱えるといっ

2　ロスリング他（2019）は、「ドラマチックすぎる世界の見方」を想像する本能として、「分断本能」「ネガティブ本能」「直線本能」「恐怖本能」「過大視本能」「パターン化本能」「宿命本能」「単純化本能」「犯人捜し本能」「焦り本能」の 10 の本能を挙げている。
3　ロスリング他（2019）は生活水準を、1 日に 2 ドル以下で生活する「レベル 1」から 1 日に 32 ドル以上で生活する「レベル 4」まで、四つの段階に分類している。本稿ではこの分類中の「レベル 1」を絶対的な貧困層として議論する。

たネガティブな面が暗示される。また、第2の本能は「パターン化本能」で、「主流・多数派文化＝強い / 少数派民族文化＝弱い」という構図をパターン化し、そのパターンが他の移民問題や異文化適応の事例に応用される。つまり、石井の開発したモデルは、少数派が主流・多数派の「権力による見えない影響を常に受け」（パターン化本能）、「同化、独立、境界化、孤立」などの問題を抱えながら（ネガティブ本能）、いろいろな形で「少数派から主流・多数派へ」（パターン化）適応する物語が暗黙に生産、強化、そして再生産される問題を抱えている。

　この問題点について、河合（2010）は、異文化コミュニケーションにおける相互の関係性の中で、誰もがマイノリティにもマジョリティにもなる可能性を指摘し、次のように述べる。

> 大切なのは異文化コミュニケーションにおいて、歴史、国家、経済、政治などのマクロのコンテクスト（構造）を見失うことなく、ミクロのコンテクスト（各場面）で作用している複数かつ複雑なマイノリティとマジョリティの権力関係を、単純化することなく丁寧に見据えていくことである（p. 163）。

つまり、複数かつ複雑な「マイノリティ / マジョリティ」の権力関係の可変性を丁寧に読み解いてはじめて、多文化関係研究・教育の基本理念・ビジョン構築に必要な「証拠と論理」（石井, 2011, p. 261）が確立されるのである。したがって、多文化関係研究者・教育者は自身の持つ世界をドラマチックに見る本能に十分に注意しながら、多文化関係研究・教育の基本的理念・ビジョン構築を図らなければならない。

2.2.2　石井の啓蒙的提唱に潜む「文化多元主義 / 多文化主義」の揺らぎ

　上記の河合（2010）の指摘は、関係図式モデル（石井, 2011）に潜む別の問題も我々に気づかせる。それは、多文化関係研究・教育が「文化多元主義」であるべきか、それとも「多文化主義」であるべきかという問題である。文化多元主義と多文化主義、それぞれの特徴の相違については、藤本（2021）が米国を例に以下のように述べている。文化多元主義は「多様な文化の存在を主張しな

がらも、連帯や統合を支えるものとして国民に共有された文化がある」(p. 280)
と考え、多文化主義は、「西洋文化が国民文化の中心になることを認めないそ
のような想定は、多様な文化を抑圧する西洋中心主義である」(p. 280) と批判
する。より一般化して言えば、いわゆる主流・多数派文化を前提にすれば文化
多元主義となり、主流・多数派文化中心を批判すれば多文化主義となる。

　石井 (2011) は啓蒙的提唱の背景として、文化多元化現象ではなく、多文
化化現象の問題の顕在化・深刻化を懸念している。しかしながら、実際に開発さ
れた図式モデルは主流・多数派文化、たとえば、いわゆる「日本文化」の存在
を前提とする。この矛盾に多文化関係研究・教育の基本的理念・ビジョン構築
が進展しない原因の一つが隠されている。つまり、多文化関係研究・教育が「少
数派民族の同化、独立、境界化、孤立、その他の基本的問題」(p. 266) に関す
る重要な学術分野として認知されるべきかという問いに答えが出ていないので
ある。換言すれば、石井の関係図式モデルが矛盾を孕んでしまう原因は、モデ
ルそのものではなく、モデルの成否を条件づける多文化関係研究・教育におけ
る「文化多元主義 / 多文化主義」の揺らぎにある。つまり、主流文化を守ろう
とする保守的な思想と多様な文化を追求しようとするリベラルな思想との間に
ある揺らぎである。

　したがって、多文化関係研究者・教育者は、文化多元主義と多文化主義の選
択、あるいはオルタナティヴで、超越的な思想の選択に関して議論しなければ
ならない。具体的には、「マイノリティ / マジョリティ」権力関係を紐解く「文
化多元主義 / 多文化主義」の間の議論や、その権力関係を生む構造そのものを
解体する「文化多元主義 / 多文化主義」を超越した議論が重要である。このよ
うなさまざまな形で、研究・教育の視座を変革できるような、文化の関係性に
関する超領域的議論の場が開かれれば開かれるほど、他の学術分野にはない、
多文化関係学・教育独自の基本的理念・ビジョン構築がいっそう促進されるで
あろう。

2.2.3　石井の啓蒙的提唱の批判的継承に向けて

　石井 (2011) は、多文化関係研究・教育発展の試験的枠組み・パラダイムとして、
「思想論」「理論（あるいは仮説理論)」「方法論」「応用論」、そして「実践論」と

いう五つの相互依存的発展段階を提示している。ところが、たとえば、学会誌『多文化関係学』に掲載されるテーマを概観すると、移民問題、教育問題、社会問題、市民性形成問題などのテーマに関する「理論（あるいは仮説理論）」「方法論」「応用論」「実践論」の研究は多いものの、「思想論」の研究が皆無である。上記の枠組み・パラダイムに従えば、「思想論」の研究・教育がなければ、「理論（あるいは仮説理論）」「方法論」「応用論」「実践論」の研究・教育の発展は望めない。したがって、多文化関係研究・教育の基本的理念・ビジョン構築に向けて、文化性・関係性・超領域性・パラダイムシフトを考慮しながら「思想論」を展開することが急務であろう。山口（2017）も、「真＝直感」「善＝倫理・道徳」「美＝審美感性」から成る主観的な内部のモノサシへの比重の転換を図るべきだと主張する。この意味においても、思想論が多文化関係・教育における基本的理念・ビジョン構築に果たす重要な役割が窺い知れる。

　思想に関して、和辻（2011）は「（…）倫理思想が特異であるのは、普遍的な倫理の『自覚の仕方』が特異だということであって、倫理自身が異なるのではない。すなわち同一の倫理の異なった表現はあるが、異なった倫理はない」（pp. 27-28）と考える。インドで発祥し、「大乗仏教［のさまざまな宗派］」として中国を経由し、日本に上陸した後、「禅（Zen）」として日本から海外へ伝播したり、さらに「マインドフルネス（mindfulness）」として米国から日本へ再上陸したりしてきた仏教は、その好例と考えられる。そこで、本稿では和辻（2011）の倫理思想観に基づき、思想論の研究・教育を推進する四つの段階を提案する。第1段階では、思想とは何かを理解する。第2段階では、ある思想が時間環境、自然環境および社会・文化的環境によってどのように表現されてきたかを理解する。第3段階では、他の思想が時間環境、自然環境および社会・文化的環境によってどのように表現されてきたかを理解する。そして第4段階では、複数の思想を比較対照することで、それぞれ特異な表現と感じられるものの、実際には同一であるような思想を探求する。もちろん思想・歴史・風土の比較対照研究・教育における「同一/特異」に関する議論は必要だが、以下の点については合意しなければならないであろう。それは、「その思想家が、時代的風土的条件の中で、『人間はどこから来てどこへ行くのか』『他者をどう理解し、何を為すべきか』等の人間としての普遍的な課題に取り組んだことの意義は否定

され得ない」（頼住・大谷・末木，2018，p. 264）という事実である。したがって、
時間環境、自然環境および社会・文化的環境の影響と連動して機能する思想の
研究・教育を蓄積することが不可欠といえる。

　また、和辻（1979）は「［歴史的・風土的現象］が人間の自覚的存在の表現で
あること、風土はかかる存在の自己客体化、自己発見の契機であること、従っ
て主体的なる人間存在の型としての風土の型は風土的・歴史的現象の解釈に
よってのみ得られる」（p. 32）とも主張する[4]。サンデル（2010）も、人は産み
落とされた共同体の歴史的・社会的・文化的責任から逃れることができない
「連帯の責任」（p. 353）を果たさなければならないと主張する。つまり、人は共
同体の持つ諸条件に従属してはじめて、主体的存在として認められるのである。
ここに、石井（2001）が一貫して提唱してきた、異文化理解、（異文化）コミュ
ニケーション、そして多文化関係研究・教育に共通する三つの重要課題を読み
解くことができる。それは、（a）技能養成ではなく、思想や理論に関心を向け
ること、（b）現代的ないし共時的研究・教育ではなく、歴史的ないし通時的研
究・教育をすること、そして（c）欧米諸国ではなく、近隣諸国や日本国内の
問題を扱うことである。

　石井（2011）が想定する多文化関係研究・教育の「総合的基礎となる必要条件」
（p. 262）が「日本の自然環境および社会・文化環境に代表される空間環境と過去・
現在・未来の時間環境が交差する諸条件」（p. 266）だとすれば、日本の思想研
究ないし風土・歴史研究こそ、今後の多文化関係研究・教育にとって必要不可
欠である。以上の議論をふまえて、以降の節では文化的・関係的な思想論を具
現化する研究手法や超領域的な議論を可能にする研究者・教育者の心構えにつ
いて検討したい。

2.3　多文化関係学を学術分野に発展させるために
　　──石井敏からの実践的継承

　多文化関係学は、学際的な特徴を持ち、幅広い研究テーマが集まる分野であ

　4　和辻（1979）は「風土の型が人間の自己了解の型である」（p. 31）と主張するが、本稿では
　風土と人間の因果決定論の是非については議論しない。

る。したがって、独立した学術分野（discipline）というよりは、さまざまな研究が集合してダイナミズムを生み出す学術領域（field）としての色合いが強いのが現状である。しかし、石井（2011）は、現在の多文化関係研究・教育が個別化、断片化されがちであるとの現状を指摘し、基本理念化・ビジョン化の重要性を説いた。このような現状の背景には、現代の研究活動が抱えるさまざまな問題があると考えられる。たとえば、公共政策学者の秋吉（2021）は3点の問題を指摘している。一つ目は、学問分野の「過度の専門分化」（p. 14）である。このことにより、ある問題について、個々の分野の枠組みの視野から分析する傾向が高まり、問題の全体像を見誤る可能性が生じる。二つ目は、「学問のための学問」（p. 14）に陥ってしまうことである。所属分野の理論の発展への貢献も重要なことであるが、それが現実の問題解決への貢献に結び付くのかが問われている。三つ目は、各分野が高度に体系化し、方法論も異なる現状において「総合性の欠如」（p. 15）が生じていることである。

　多文化関係学が学術分野としてさらに発展していくために、他の学問分野では説明しきれない課題に対して、「多文化間の関係性」に焦点を当てることにより、問題解決へ貢献できる可能性を模索することが問われている。さらに、既存の学術分野にはない、多文化関係学ならではの視点から、新しい理論やパラダイムを生み出すことも課題である。そのためには、ある一つの研究テーマにおいて、個々の研究成果をもとに、研究者・教育者どうしが知見を交わすことにより理論化を目指し、同時に調査方法も含めての体系化がなされる必要がある、そして、理念とビジョンの構築に向けて、各自の研究のアプローチと手法、研究成果、理念、展望などの共有していく必要がある。

　そこで、本節では上記の目標達成に向けて、二つの試案を提示する。一つ目は、多様な解釈ができる「文化」と「関係」の概念とその目的である「共存」の概念について、ある程度の共通認識を持つことの重要性である。そして、二つ目は、研究成果、基本理念、ビジョンを共有するための有意義なアプローチとして、石井が長年実践してきた図式モデルの構築が果たす役割の有用性について考察を試みることである。

2.3.1　「文化」および「関係」の再認識とその目的としての「共存」

　多文化関係学は、「地球社会における多様な文化間の相互作用とそこから生じるさまざまな問題や課題に対して多面的かつ動的に考察し、それぞれの社会において文化的背景を異にする人々が互いにとって望ましい関係性を構築するための方途を探求する新しい研究分野」（久米，2011，p. 9）である。多様な文化背景を持つ人たちの間に生じる関係性を扱う分野であることを考えると、「文化」と「関係」およびその目的である「共存」の諸概念において、研究者間である程度の共通認識を持つ必要がある。

　「文化」の定義については、多様な視点が存在するので決定的な定義を提唱することは難しいが、御堂岡（2002）は、日常の生活様式としての小文字のculture（一般文化）を「ある社会あるいは集団の成員が共有する、学習により獲得された観念、行動様式、および加工品の複合的全体で、世代から世代へと伝達されるもの」（p. 214）と定義しており、内容的に石井（1994）による文化の3層構造モデルとの共通性がみられる[5]。石井モデルの中核にある「精神文化」は、世界観、価値観、思考様式等の認知・情意的な活動であり、御堂岡の定義における「観念」に該当する。中間にある「行動文化」は、言語行動と非言語行動から成り、「行動様式」に該当する。外層にあたる物質文化は、衣食住に必要な物品とその目的、用途、象徴的意味が含まれ、「加工品」が該当する。御堂岡は、これらの観念、行動様式、加工品の3者が互いに影響を与え合っていることを指摘しており、文化の持つダイナミズム性が窺える。さらに、この定義には、文化が成立する条件が3点含まれている。一つ目は、文化はある程度の人数の成員が共有するものであることである。二つ目は、文化は遺伝ではなく、後天的な学習や社会化の産物であるということである。三つ目は、文化はコミュニケーションを通して、世代を超えて受け継がれていくものであるということである。これらの成立条件も、研究における分析の視点を決める一つ

5　石井（1994）は、高等文化の基盤となる日常文化が、3層構造により成立すると論じている。最も外側にある顕在的なものは「物質文化層」であり、衣食住に代表される生活の必需品を指す人工物が該当する。物質文化層内側には、「行動文化層」があり、言語行動と非言語行動から成り立つ。行動文化は物質文化を生み出し、かつ人工物から影響を受けるので、両者は相互影響の関係にある。行動文化層の内部には「精神文化層」があり、知覚・認知、思考、価値観、世界観などの認知的活動と、感情、興味・関心などの上位的活動がある。石井は、異文化間コミュニケーションでは、行動文化層と物質文化層に影響を及ぼす精神文化を理解することが最も重要であると指摘している。

の指針となりうる。

　また、「関係」の概念について『広辞苑』の定義を参照すると、「あるものが他のものと何らかのかかわりを持つこと。その間柄。2つ以上の志向の対象をなにか統一的な観点（たとえば・類似・矛盾・共存など）からとらえることができる場合に、それらの対象はその点で関係があるといわれる」（新村，2018，p. 653）とされている。この説明から、多文化関係学は、文化間の関係性における共通点、摩擦、共存共栄に関する問題を論じる分野であることを認識させられる。関係の発展段階について石井（2011）は、「接触」「関与」「親密」「衰退」「修復」「解消」の段階からなる DeVito（2002）のモデルを参照しており、すべての段階で何らかの理由により関係が終了することや、段階間の反復があるという考え方が、多文化間の相関関係の分析に有益であると指摘した。しかし、今後の多文化関係学研究では、関係の発展のみならず、関係性における「衰退」「修復」「解消」の側面において、より多様な、結論が予測できない視点が必要となるであろう。その意味では、コミュニケーション学者の Knapp（2014）による段階モデルも参考になる。このモデルでは、関係の確立・進展に向けて、「開始」「試行（実験）」「強化」「統合」「結束」の段階を構築していく。これらの段階において、DeVito の論と同様に、発展段階のどの段階においても終焉をする可能性があり、また段階を飛ばしたり、後戻りしたりすることも考えられる。しかし、構築した関係性の維持が難しくなると、崩壊や個別化に向けての段階が始まる。それらは、意見の食い違いや対立から生じる「分化」、関係性が限定的になる「境界化」、深い関係が避けられ表面的に留まる関係である「停滞」、物理的距離をおき離別状態となる「回避」、そして社会的、法的な関係が終結する「終焉」である。このような、文化を背景とした関係の悪化や危機は、伝統の衰退、集団間の対立、紛争・治安の悪化など、さまざまな問題の要因となる。したがって、これらの段階を考慮に入れながらその要因を突き止め、その対処法を考えることは、今後の関係性における悪化の軽減や生産性の回復に有益であるといえる[6]。

6　Knapp モデルは、あくまでも一つの分析例であり、必ずしもこのような過程を経るものではないことを考慮に入れた議論も必要である。たとえば、関係の解消が双方の利益となる場合、修復の必要性は不要となり、両者が社会的・心理的な負担をいかに軽減させるかが研究の主眼となる。

　関係性の構築については、石井（2011）においても「多文化共生・共存」（p. 266）への言及がなされているが、その理念は長期的な展望を要する「共生」であったとしても、直近のさまざまな課題を解決する目的は、「共存」を成立・維持させることであると考えられる。「共生」と「共存」の違いについて、環境経済学者の古沢（2012）は、「（…）［共生は］どちらかといえば理想型としての在り方を設定しての概念であったと思われる。共存とはいわば共生に至る以前の原基的な形態であり、複雑かつ錯綜する多義的展開について考察することを可能とする概念といってよかろう」（p. 12）と述べており、「共存」を立脚点としてその存在の諸相に焦点をあて、より多様な関係性、可能性、諸形態を浮かびあがらせることの重要性を説いている[7]。さらに、「共存」の概念について古沢（2012）は、以下のように説明している。

　　共存という言葉は、多様な集団（個的集まり、地域集団・社会、国家、国際社会）、さらには自然と人間との関係など様々な存在様式において、敵対的関係（他者の否認）ではなく、互いに存在を受け入れ（存在の受容）、相互の関係性を維持している状態を指す表現である。こうした静的な状態を、よりダイナミック（動態的）にとらえると、単なる関係性の維持にとどまらない多様な関係性を新たに構築していく可能性（積極性）を秘めた言葉としても受け止めることができる（p. 12）。

このように、共存の概念は、対立や敵対を回避し、より創造的な関係性の構築の可能性を含意するものである。本章もこの立場に立ち、「共存」を目的とした関係性の構築を主眼とする。さらに、今後の多文化関係学では、文化と文化の関係、ひいては人類の存続にも関わる自然環境の保全について、石井（2008）

7　関連概念である「多文化共生」に関しては、その行政主導的な性格に対しての問題も指摘されている。広田（2006）は政治理念としての「共生」には、日本社会への適応や同化主義的傾向なニュアンスがあることを指摘している。また、岩渕（2010）は、文化的アイデンティティやエスニシティが過度に強調されるがゆえに、社会・経済的な不平等、差別、人々の国境間の移動に関する問題、そして多様な共生の在り方への気づきを曇らせる可能性があることを指摘している。そして、「多文化共生とは必ずしも十全で調和的な文化差異の受け入れや共存とは限らない」（p. 18）とし、さまざまな葛藤を経験しながら同じ社会空間を生きるうえで必要に駆られて、差異に馴化する日々の実践から「共生の作法」（p. 18）が生成されてくると論じている。

が指摘するように、人間と自然の関係における人間中心・優越主義思想が生み出す自然破壊に関する問題も、重要な課題となるであろう。このような壮大かつ複合的なテーマにおいては、学際的アプローチの採用が期待される。

2.3.2　モデル構築型研究の有用性

　研究成果をわかりやすく共有する方法の一つに、視覚的な図式モデルを用いることがある。多文化関係研究・教育では、量的研究における共分散構造分析などの統計的モデルを用いた分析（e.g. 田崎, 2015）や、グラウンデッド・セオリーを援用した研究（Charmaz, 2014）において、それぞれの研究の分析結果が、それぞれの方法論に根差したモデルや図により提示されている。また、抽象的な概念、異宗教間コミュニケーション、歴史的な分析など、人文科学系の研究テーマにおいても、概念モデル構築型の研究成果が発表されている。ここでは多様な用途が期待できる図式モデルの特徴と、モデル構築型研究に取り組む際の指針について考察する。

（1）モデルの特徴

　石井はこれまで、コミュニケーション学におけるさまざまなテーマにおいて、図式のコミュニケーション・モデルの構築による概念化のアプローチを試みてきた。モデルの特徴について、石井（2013）は以下のように説明している。

> 「コミュニケーションのモデル」とは、複雑なコミュニケーション活動の開放システム的過程、構造、構成要素、構成要素間の相関関係・相互作用などを説明し、発生する問題の原因を究明し、問題進展の可能性を予測し、改善案を講ずるために利用される単純化された仮説理論である（p. 9）。

　モデルは 3 種類に大別される。一つ目は「図式モデル」であり、各構成要素とコミュニケーションの過程を平面的あるいは立体的に描くものである。二つ目は「言語式モデル」であり、簡潔な言語を用いる。そして三つ目は、「数式モデル」であり、抽象的な数式を用いる。コミュニケーション学の場合、モデルは、場面における人、メッセージ、コンテクスト、ノイズといった構成要素が、

どのように互いに関係し合っているのか、どのようなメッセージが交換されているのかなどの過程を分析および記述するので、関係性を視覚的に描写するためには、ほどよい抽象度を持つアナログ的な図式モデルが適しているといえる。

　石井（2013）は、モデル構築型の研究の可能性についても、以下のように言及している。

　　コミュニケーション研究者・教育者にとって今後重要な問題・課題は、物理的および社会・文化的条件に関連づけながら、開放システムとしてのコミュニケーション活動の流動的過程と構成要素をいかにモデル化して、仮説設定や理論構築、研究方法などの開発に役立てるかであろう（p. 9）。

研究者・教育者本人にとって、図式モデルを開発、構築することは、問題の全体像を俯瞰し、構成要素を明らかにし、各構成要素間の関係を考察する活動である。その意味では、モデルは有益な思考ツールとなる。さらに、構築されたモデルは、研究テーマの理論化と、方法論に関する研究者間の対話や議論の対象となる試案として有効である。

　しかし、図式モデルには限界があることにも留意する必要がある。海谷(2013)は、記述される構成要素は、研究の目的から簡潔に記述され説明されるために、単純化される傾向にあることと、要素還元性がその前提となっているので、還元できない概念は含まれないことを指摘している。したがって、モデルを批評の対象として終わらせるのではなく、対話を通じた発展的な議論の媒介として活用すべきである。

(2)　モデル構築型研究に取り組む際の指針
　視覚的な図式モデルの構築は、その分野の主要な概念や理論を修得すれば、紙と筆記用具を用いて誰でも実施可能である。基本的な図形と矢印、最低限の用語などを用いて、研究者の論点や研究成果を、図式モデルに反映させ落とし込むことにより抽象化し、全体像を提示することができる。現在の多文化関係学研究には、抱井（2011）によれば、量的研究に代表される実証主義的パラダイム、質的研究と関係が深い構成主義的パラダイム、政治的な関心や社会的問

題の解決を目的とする参加型のパラダイム、問題解決の結果に重きを置く哲学的な実用主義的パラダイムの 4 点が存在しているが、方法論上におけるパラダイム内のみならず、方法論を超えた議論のためにも活用が期待できる。

　実証主義的パラダイムと構成主義的パラダイムに関しては、図式モデルには、二つの可能性が考えられる。一つ目は、一つのテーマにおいて、研究法のアプローチを超えて、さまざまな研究成果や知見をまとめあげることである。実際問題として、すべての研究者があらゆる方法論を修得するのは難しいが、研究成果をモデルにわかりやすく反映させることにより、研究成果の共通認識を持つことが可能となる。二つ目は、先駆的な発想や、萌芽的な視点について、その着想の過程、問題の本質などを概括し、可視化することにより、新しい研究分野の礎を築くことにつながることである。その結果、モデルを基盤とした間主観的な議論の土壌をもとに、自説の矛盾点や改善点の発見にもつながると考えられる。

　とりわけ、データを扱う研究において、図式モデルは理論構築の前提として仮説的、試作的に構築が試みられることが多い。その場合、理論の評価基準を考慮に入れることにより、汎用性のあるモデル構築が可能となると考えられる。一般的に、理論は社会科学的な客観主義的なものと人文科学的な解釈主義的なものに二分されるが、コミュニケーション学者の Griffin *et al.*（2019）は、それぞれの評価基準を 6 点ずつにまとめている。

　前者の客観主義的な理論の評価基準は、（a）一般的な人々の間においてある程度の確率で起こりうる今後の出来事をどの程度予測できるか、（b）なぜそのようなことが起こるのかに関するデータの説明力、（c）なるべく少ない変数や公理によって説明ができる簡潔さ（節約度）、（d）実証が可能な仮説と反証可能性を有する研究デザイン、（e）人々の日常に役に立つ実践的な有効性、（f）因果関係を明らかにする実験、質問紙やインタビューなどの調査による実証的な研究、である。量的研究は、数式やアウトプットされたデータの読み方など、他の分野の研究者には距離感を感じる要素はあるが、調査結果そのものは、明解な説明力を持つものである。また、論文では調査結果と実践的示唆が独立して提示されることが多いが、各公理の予測性の強さと実践への応用力を、一つの図式モデルを用いて、視覚的にまとめることにより、他の分野の研究者と共

有がしやすくなると考えられる。

　後者の解釈主義的な理論の評価基準は、(a) 価値観の明確化と公表、倫理的信条を明らかにすること、(b) 人々に対して新たな理解を提示し、他とは別の視点を提供すること、(c) 創造性、メタファー、例証、物語を理論の核に組み込み、明晰さ、芸術的性に基づいた審美的魅力、(d) 同じテーマに興味と知識を持つ研究者コミュニティからの賛同の量、(e) 社会の変革、社会への影響、(f) メッセージの特徴を記述し解釈をする質的テキスト分析、フィールドワーク的な観察やインタビューによるエスノグラフィーなどの質的研究、である。質的研究法にはさまざまな手法があり、それぞれにおける各研究者の知識や経験の蓄積を理解することは難しいが、図式モデル化することにより、学びやすくなる。また、数量化できない視点、解釈、抽象的な概念は、視覚化することにより、内容を簡略化せざるをえない限界はあるものの、研究者間の分野を超えた理解可能性の蓋然性を高める一助となると思われる。

　さらに、参加型および哲学的な実用主義的なパラダイムにおいては、研究者が自身の論点を図式モデルを用いて視覚化することにより、他者との共有を推進する一助となる。図を用いて表象することの利点として、認知心理学者のLarkin & Simon（1987）は、図は空間配置を利用し、複数の重要な関連情報をグループ化し、近接同時的に提示することができることを指摘している。その結果、読み手が推論に必要な情報の探査を効率的に行い、情報処理における認知的負担を軽減できることも実証している。特に、歴史的、哲学的、批判的なアプローチ、倫理学や美学などの人文科学系の分野では、研究者本人の思想、解釈、思考過程、分析過程、主張を他者と共有することから議論が始まる。その過程で図式モデルを開発することは、研究者個人の主張を適切な情報量にまとめあげる作業を要するが、このような取り組みは、主意や要点を洗練させることにもつながる可能性がある。以上をふまえて、次節では、多文化関係学における研究者・教育者間の対話の全体像について、図式モデル化を試みる。

2.4　多文化関係学研究を促進させるための、研究者間の対話のイメージ・モデル

　多文化関学研究・教育の促進にあたり、本章では、研究者・教育者間における「文化」「関係」の概念およびその目標である「共存」の共通認識を持ったうえで、個々人の研究成果や知見の交流を促進させるための一つの方法として、モデル構築型研究の可能性を提案した。このような取り組みは、研究者間の「対話」によって実現されていくと考えられる。そこで、多文化関係学研究における、「文化」「関係性」と「共存」「時間環境」を考慮に入れ、研究者・教育者間の対話が、研究を促進させる営みであることの全体像的なイメージについて、図式モデルの構築を試みる。

　モデルの中心部にある三つの図形は、研究対象となる文化を表している。多文化関係学研究・教育が扱う文化の数は研究テーマにより異なるが、「多文化」という用語が示すように、複数の文化を対象とした研究が実施されうる。そこで、本モデルでは、対象とする文化の数を便宜上三つとする。各文化は、精神文化、行動文化、物質文化の 3 層からなる。文化と文化の間は、曲線の双方向矢印によってつながっており、すべての文化のつながりと関係には上下関係が存在せず、共存を目指していることを示している。また、左側にある 2 本の対になっている矢印は Knapp（2014）の発展段階モデルに基づき、文化と文化の関係を示している。右側の上方向の矢印は関係性の確立・進展を表す軸となり、この軸が発展する限り、関係性の維持が続いている状態である。左側の下方向の矢印は、関係性の崩壊・個別化の過程を表している。両者は、刻一刻と変化する関係性におけるどのような側面に焦点を当てるのかを決める際の参考となる。そして、モデルの下部では研究の時間環境が示されている。横軸・直線の方向の矢印は、通時的な視点を表しており、石井（2008）が必要性を説いている文化と文化の間の問題の背景にある深層的な思想や国家間の政策上の特徴を、歴史的変遷から明らかにしていく研究テーマなどが該当する。その矢印上にある縦線は共時的な視点であり、現代において解決すべき問題や、分析対象となるある一定期間における問題が該当する。

　モデルの中央部に存在する無限印は、研究者間の「対話」を象徴しており、

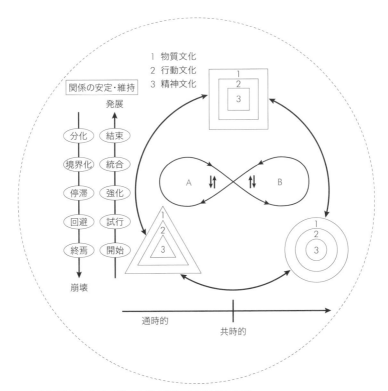

図 2-1　多文化関係学の研究促進のための研究者間の対話モデル

対話内の役割に基づき、内部では一人の発話者を A とし、A の発話を聴く者を人数に関係なく B とする。この無限印は、Yoshikawa（1987）のダブル・スィング・モデルを参考にしている。Yoshikawa の図式モデルは、固定化された実態や原理の分析を目的とするものではない。我々の知覚、思考、出会いにおけるすべてのものに自己を関連づけるものであり、モデルの中で具現化された触媒作用の思考は、人が存在するすべての範囲に応用されうるものであると論じている。

　Yoshikawa モデルは、自己と他者の関係は、双方の極が残っている一種の統合であり、対話的統合は個人間の出会いを通じてのみ創造されるという、宗教哲学者であったマルティン・ブーバーの対話論を基にしている。また、その関係性の中でさまざまな自己発見があり、自己注意が高揚されていくことにも言

及している。このことを多文化関係学の研究者・教育者間の対話にあてはめて考えると、ある研究テーマを追求するにあたり、他の研究分野から学ぶことにより問題意識を触発され、自己の視点を豊かにする過程であるといえる。

　さらに、Yoshikawa は、仏教における禅の視点も参考にしており、絶対的現実もしくは相対的現実に依存的にならず、「中間的な視点」から、両者を相互依存的、相互補完的な視点からとらえることも指摘している。臨済宗には悟りへの過程の一つとして「公案」があるが、その目的は、全体的な統合を意味する「公」と、分離の維持や多数を意味する「案」の逆説的な命題の統合の目的を理解することにある。公案の問答では、難題やパラドックスに身をさらし、ジレンマを引き起こす。ある物事を否定すると、それ自体が否定される矛盾が生じる。それを乗り越えるには、そのような分別する考えそのものを否定しなければならなくなり、対照的に見ることが否定される。その結果、世俗的相対的現実（文化相対的現実）と究極的現実（普遍的絶対的現実）を包含する中間にある現実に目覚めることになる。とりわけ、臨済禅は対話の宗教といわれ、問答的な対話の有効性について、宗教学者の岡島 (2013) は、以下のように述べている。

　　　今日求められている考える力（殊に想像力・発想力）は、模範解答や正解の用意されている問題を解くような訓練では身に付かない……「絶えず問いの原点に返って問い返すこと」「他者とのかかわりの中で自己の思考を展開すること」、それらの訓練は想定外の事態や不確定要因の多い現代社会において有効である (p. 1054)。

今後の多文化関係学では、超領域型の研究テーマを追求することも期待されるが、さまざまな分野の研究者間による、ときに問答を伴う対話は、研究分野間の接点や融合につながり、各自の分野からの想定外の発想が生まれる可能性を持っている。

　Yoshikawa によるダブル・スィング・モデルの主なメカニズム的な特徴として、二重の円からなる無限印は、一つの輪によって表される単一性を仮定する一元論と、二つの輪として描かれる分離を仮定する二元論の両者を含む「統合内に

おける同一化」(p. 326; 筆者訳) を意味し、両者は常に相互作用的、相互補完的である。A 側と B 側のどちらも、異なった現実性を表すため、排除されることも、統合されることもない。このモデルでは、人はそれぞれの側ではなく、相互関係を表す間に存在している。そして、それぞれの側の極の両方から引き合うことから生まれる動的な緊張感に満ちている。さらに、人生における対立する力との間でのバランスの過程も示している。そして、対話を示す無限印の中に対の矢印が加筆されているが、これらは対話の質により、無限印が大きく発展することも、衰退する可能性があることも示している (Hara, 2006)。

　最後に、文化、関係性、共存、時間環境、研究者・教育者間の対話のすべての構成要素を囲む破線の円の枠は、多文化関係学における各研究テーマの全体性を示している。そして、点線が意味することは、外部からの参加やコメントを歓迎する学際的かつオープン・システム的なものであることを意味しており、多文化関係学研究・教育の持つ開放性を象徴している。以上が、多文化関係学における研究者の対話が研究を促進し、問答の中から新たな知が生み出される全体像をイメージ化したモデルである。

2.5　おわりに

　本章の目的は、石井 (2011) が投げかけた多文化関係学を学術分野に発展させるための課題への応答と、今後のビジョンを提供することであった。第 1 の目的として、石井 (2011) の啓蒙的提唱に潜む「ドラマチックすぎる世界の見方」と、「文化多元主義 / 多文化主義」の揺らぎを明らかにするとともに、多文化関係研究・教育の基本的理念・ビジョン構築に向けた思想研究ないし風土・歴史研究の重要性を改めて提示した。第 2 の目的として、「文化」「関係」その目標である「共存」への共通認識を持つことの重要性と、研究者どうしが相互理解を深める方法としての、「モデル構築型研究」の意義について論じた。第 3 の目的として、多文化関係学の促進を目的とした研究者間の対話の全体像的イメージをモデル化した。

　VUCA の時代において、とりわけメディアは、いろいろな形で世界の物語を仕立て上げる。それは、「統合 / 分断」「画一化 / 多様化」「共感 / 反感」「安

全 / 危険」「安心 / 不安」「希望 / 絶望」といったさまざまなイメージを掻き立てる物語である。この物語の真偽にかかわらず、我々は常に物語を解釈し、立ち位置を判断することを迫られる。このような世界・時代に、論理的・理性的情報処理という客観的な外部のモノサシは、刻一刻と変化する物語の展開に対する正しい解釈を我々に教示してくれるとは限らない。このような状況においては、我々が主体的に、つまり主観的な内部のモノサシに基づいて世界の物語を解釈・判断することが要求されるであろう。このような時代だからこそ、我々自身がどのような理念・ビジョン・思想を世界に残し、未来に託すべきかを真剣に考えなければならない。したがって、今後はあらゆる研究・教育分野において、人間性を重視した、あるいは人間性を回復させるような思想論が非常に重要な役割を果たすであろう。この意味において、巨人の肩の上に立つ、つまり石井の啓蒙的提唱を批判的・実践的に継承しながら、思想論に基づく多文化関係「学」を確立することが今後の多文化関係研究者・教育者にとっての使命であり、その責任は非常に大きい。

　　自灯明　法灯明
　　　──ブッダ

引用文献

秋吉貴雄（2021）.『入門　公共政策学──社会問題を解決する「新しい知」』中央公論社 .

Charmaz, K. (2014). *Constructing grounded theory* (2nd ed.). Sage.

DeVito, J. A. (2002). *Essentials of human communication* (4th ed.). Ally and Bacon.

藤本龍児（2021）.『「ポスト・アメリカニズム」の世紀』筑摩書房 .

古沢広祐（2012）.「共存への旅立ち──本書のねらいと背景」國學院大學研究開発センター編・古沢広祐 編『共存学 4 ──多文化世界の可能性』(pp. 9-15) 弘文堂 .

Griffin, E., Ledbetter, A. & Sparks, G. (2019). *A first look at communication theory* (10th ed.). McGraw-Hill.

Hara, K. (2006). The concept of *ki* (spiritual energy) in Japanese communication: An element to evoke harmonious communication. *Journal of Chinese-Japanese Science and Culture*, 5, 1-20.

広田康生（2006）.「政治的理念としての「共生」をめぐる秩序構造への序論──「編入」研究から地域社会秩序構造へ」奥田道大・松本康 監修『先端都市社会学の地平』(pp. 34-58) ハーベスト社.

石井敏（1994）.「異文化理解の必要性と基本的な考え方」『国際文化研修』2, 12-16.

石井敏（2001）.「現代社会と異文化コミュニケーション」石井敏・久米昭元・遠山淳 編『異文化コミュニケーションの理論』（pp. 1-7）有斐閣 .

石井敏（2008）.「人間と人間、自然と人間、人間と超自然の異文化コミュニケーション——新しい研究分野の開拓を目指して」『異文化コミュニケーション論集』6, 9-17.

石井敏（2011）.「多文化関係研究・教育を学術分野に発展させるための潜在的課題」多文化関係学会 編『多文化社会日本の課題——多文化関係学からのアプローチ』（pp. 252-267）明石書店 .

石井敏（2013）.「コミュニケーションのモデル」石井敏・久米昭元 編集代表『異文化コミュニケーション事典』（p. 9）春風社 .

岩渕功一（2010）.「多文化社会・日本における〈文化〉の問い」岩渕功一 編『多文化社会の〈文化〉を問う——共生 / コミュニティ / メディア』（pp. 9-34）青弓社 .

海谷千波（2013）.「コミュニケーションの構成要素」石井敏・久米昭元 編集代表『異文化コミュニケーション事典』（p. 9）春風社 .

抱井尚子（2011）.「パート 3　多文化関係学研究と方法論」多文化関係学会 編『多文化社会日本の課題——多文化関係学からのアプローチ』（pp. 25-37）明石書店 .

久米昭元（2011）.「パート 1　多文化社会としての日本」多文化関係学会 編『多文化社会日本の課題——多文化関係学からのアプローチ』（pp. 9-16）明石書店 .

河合優子（2010）.「マイノリティとマジョリティ」池田理知子 編著『よくわかる異文化コミュニケーション』（pp. 162-163）ミネルヴァ書房 .

御堂岡潔（2002）.「文化」古畑和孝 編『社会心理学小事典』（p. 214）有斐閣 .

Knapp, M. L., Vangelisti, A. L. & Caughlin, J. P. (2014). *Interpersonal communication and human relationships* (7th ed.). Pearson.

Larkin, J. H. & Simon, H.A. (1987). Why a diagram is (sometimes) worth ten thousand words. *Cognitive Science*, 11(1), 65-100.

岡島秀隆（2013）.「禅的発想法の可能性」『印度學佛教學研究』61 (2), 1058-1051.

Rosling, H., Rosling O. & Ronnlund A. R. (2019). *Factfulness: Ten reasons we're wrong about the world—And why things are better than you think*. Hodder And Stoughton Ltd.［ロスリング, H.・ロスリング, O.・ロンランド A. R.（2019）上杉周作・関美和 訳『ファクトフルネス』日経 BP 社］

Sander, M. J. (2009). *Justice: What's the right thing to do?* Farrah: Straus and Giroux［サンデル, M. J.（2010）鬼澤忍 訳『これからの「正義」の話をしよう』早川書房］.

新村出（編）（2018）.『広辞苑』（第七版）岩波書店 .

田崎勝也（編著）（2015）.『コミュニケーション研究のデータ解析』ナカニシヤ出版 .

和辻哲郎（1979）.『風土』岩波書店 .

和辻哲郎（2011）.『日本倫理思想史（一）』岩波書店 .

山口周（2017）.『世界のエリートはなぜ「美意識」を鍛えるのか？　経営における「アート」と「サイエンス」』光文社 .

頼住光子・大谷栄一・末木文美士（2018）.「まとめ——日本仏教の可能性」末木文美士・

頼住光子 編『日本仏教を捉え直す』（pp. 262-276）放送大学教育振興会.

Yoshikawa, J, M. (1987). The double-swing model of intercultural communication between the East and the West. In L.D. Kincaid (ed.), *Communication theory: Eastern and Western perspectives* (pp. 319-329). Academic Press.

第3章

多文化関係学会は何をどのように研究してきたのか
隣接分野の学会との比較検討

藤美帆（広島修道大学）

3.1　はじめに

　学会創設以来、『多文化関係学』ではどのようなテーマについて、どのような手法で研究がなされてきたのであろうか。学会創設 10 年目の記念出版における論考で、久米（2011）は、多文化関係学とは「地球社会における多様な文化間の相互作用とそこから生じるさまざまな問題や課題に対して多面的かつ動的に考察し、それぞれの社会において文化的背景を異にする人々が互いにとって望ましい関係性を構築するための方途を探求する新しい研究分野」（p．9）と述べている。こうしたマニュフェストを掲げて産声を挙げた本学会も、2022年 6 月に創設 20 周年を迎えた。比較的歴史の浅い研究分野[1]であるとはいえ、これまでに 18 巻の学会誌『多文化関係学』が刊行され、研究成果が蓄積されている。本章の目的は、これらの研究成果を俯瞰し、データに基づいて本学会のあゆみを振り返ることである。本学会は何について、どのような手法で研究に取り組んできたのであろうか。また、（それがあるとするならば）本学会ならではの特徴とはどのようなものであろうか。

　物事の独自性や特徴を捉えるためには、他との比較が不可欠である。そこで本章では、日本国内において異文化を研究分野とする学会の中から、文化と人間の行動との関わりに関心をもつという点で、多文化関係学会との類似性を有

---

[1]　1981 年には異文化間教育学会、1985 年には異文化コミュニケーション学会が創設されている。多文化関係学会は、隣接領域の学会の中でも比較的新しい学会である。

すると考えられる、異文化間教育学会および異文化コミュニケーション学会
(SIETAR-JAPAN) を選出し[2]、それら隣接領域の学会との比較を通じて本学会の
特徴の描出を試みる。上に述べたように、緩やかな関連性によって選択した限
られた対象との比較であるという点において、本章での議論は包括的なものと
はなりえない。それでもなお、多文化関係学の実際を捉え、今後の展開の方向
を探るうえでの資料的価値を有するものと考える。

3.2　データと分析方法

　本章では、異文化間教育学会、異文化コミュニケーション学会、多文化関係
学会での研究テーマの可視化を試みる。本稿に先行して、湊 (2020) は多文化
関係学のこれまでの学会誌に掲載された論文のタイトルとキーワードの頻出語
を分析し、多文化関係学の創設以降のあゆみについて報告している。本稿では
この問題意識を継承し、比較という方法を用いて多文化関係学の軌跡のさらな
る明確化を企図している。これら隣接領域の学会との比較を通して、学会創設
以降の多文化関係学会の特徴について分析した。計量テキスト分析の手法を用
いて『異文化間教育』、『異文化コミュニケーション』、『多文化関係学』の 3 誌
の比較分析を行った。計量テキスト分析とは、質的データ（文字データ）をコー
ディングによって数値化し、計量的分析方法を適用して、データを整理、分析、
理解する方法である（秋庭・川端, 2004）。分析の対象としたのは、『多文化関係
学』の創刊号が刊行された 2004 年から 2020 年までの計 16 年分の上記 3 誌に
掲載されている論文タイトルおよびキーワードである。上記期間に分析対象を
絞ったのは、本稿の主眼が多文化関係学（会）の研究テーマの特徴を描き出す
ことにあり、研究テーマはその当時の社会文化・歴史的な状況と相関するもの
と考えられることから、同時代の比較対象を用いることが適切であると考えた
ためである。研究論文、研究ノート、実践報告など、学会によって区分が異な
るため、本研究では書評を除くすべての論考を分析の対象に含めた。
　分析においては樋口 (2004) の計量テキスト分析ソフト KH Coder[3] を用いて、

　2　学会名に「異文化」という語が入っている学会の中から創設の趣旨に鑑み、暫定的にこれ
　　らの学会を選出した。

表 3-1　コーディングルール

コード名	コーディングに用いた語
日本	日本、日、Japan、Japanese、日本人、日系、在日
外国	韓国、韓、韓国人、ブラジル、ブラジル人、コリアン、Korean、中国人、中国、アメリカ、ドイツ、フィリピン、ミャンマー、カナダ、タイ、外国、外国人、国際、Foreign、International
社会[4]	社会、共生、政策、ニューカマー、シティズンシップ、結婚、移民、家族、組織、集団、ボランティア、民族、看護、ソーシャル、公共、地域、就労、就職、医療、技能、会社、ビジネス、Business、business、介護、家庭
教育	留学、留学生、Abroad、学校、教育、University、学習、教師、クラス、生徒、大学生、学生、授業、就学、カリキュラム、学ぶ、教員、進路、高校、大学院、児童、子ども、青年、大学、Education、Classroom、Learning、Teaching、Training、研修
大学	大学、大学生、大学院、University

2 段階の手順に沿って進めた。第 1 段階では、自動処理による頻出語の確認および対応分析を行った。これは、予断を交えずにデータの全体像を把握することを目的とする。第 2 段階では問題意識に従ってコーディングを行う。第 1 段階の分析の結果をふまえて独自に作成したコーディングルールに基づき、学会ごとにコードの出現率を集計して比較分析を行った。コーディングルールは表 3-1 のとおりである。

3.3　結果と考察

　上記 3 誌の 16 年分の全 486 編の論考のタイトルとキーワードを KH Coder によって解析した結果、総抽出語数 13,829 語（使用：8,570 語）、異なり語数 2,314 語（使用：2,065 語）が抽出された。以下、結果は 2 段階で行った分析の手順に沿って報告する。

3.3.1　学会誌別にみる頻出語の出現傾向──第 1 段階の分析
　第 1 段階の分析として、学会誌を外部変数とした対応分析を自動処理によっ

3　KH Corder は、開発者の樋口耕一先生のウェブサイト（https://khcoder.net/）からダウンロードが可能である。使用法や研究例も同ウェブサイトで知ることができる。
4　より緻密な議論を目指すのであれば、「社会」というコードも政策や移民などは「制度」、就労やビジネスなどは「仕事」のように細分化して分析する必要があろう。だが、本稿は隣接領域の学会との比較によって、本学会の独自性を捉えることに主眼を置いている。そのため、本稿の焦点である大局的な見地から多文化関係学会の特徴を俯瞰するという目的には適うものと考える。

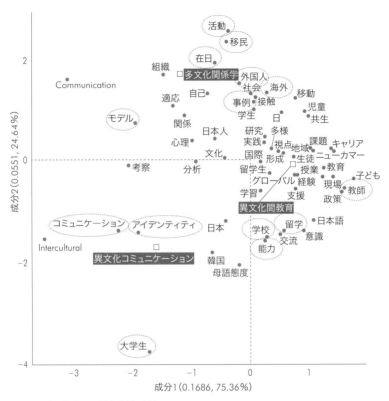

図 3-1　学会誌と頻出語の対応分析の結果

て行ったところ、図 3-1 の結果が得られた。図 3-1 では、各学会誌を表す部分を網掛けの白抜き文字で示している。対応分析ではテキストの部分ごとの特徴を探ることができ、出現パターンにとり立てて特徴のない語が原点（0、0）の付近に布置される（樋口，2014）。そして、原点からみて左上の白抜きで示された『多文化関係学』、左下の『異文化コミュニケーション』、右下の『異文化間教育』に布置されている語、それも原点から離れている語であればあるほどそれぞれを特徴づける語として解釈できる。なお、図 3-1 の破線で囲んだ語は分析において特に注目した語を表している。

　以下、図 3-1 の結果図をもとに、学会ごとの特徴の概略を述べる。まず、『異文化コミュニケーション』の特徴語には、「大学生」「アイデンティティ」「コ

ミュニケーション」が挙がった。ここから、この学会では、大学生の異文化コ
ミュニケーション[5]の場面を主たる研究対象としてきたことが窺える。異文化
コミュニケーションを通して、大学生の意識がどのように変化するのかに関心
を寄せた研究が多いのが最大の特徴である。

　次に、『異文化間教育』では「学校」「教師」「留学」「能力」などが特徴語と
して挙がった。詳細を確認すると、学校といっても扱う対象は幅広く、国内外
の小学校から大学に至るまでを研究のフィールドとしている。そして、経験等
の個人的なものから政策等の社会的なものに至るまで、幅広い事象が研究の対
象として扱われている。ここから、異文化間教育学会では、教育に関する事象
が主たる研究テーマとなっていることがわかる。

　最後に、『多文化関係学』に特徴的な語は、「活動」「移民」「在日」「外国人」
「海外」「事例」「モデル」であった。これらの語を用いた実際のタイトルとキー
ワードを確認すると、日本と外国の文化の狭間で生きる人々の社会的な活動に
焦点が当てられているという特徴がみえてくる。○○系移民、在日韓国人、外
国人配偶者、外国人看護師、外国人留学生、外国人生活者、海外駐在員を対象
として、彼 / 彼女らの表現・就職・支援・教育活動などを描き出そうとする研
究が多くなされている。これらは日本社会での文化的背景を異にする人々が直
面する社会的課題に関わるキーワードであり、多文化関係学研究は多文化共生
の実現に寄与することを目指す（抱井, 2011）という方向性と整合する研究がな
されてきたことが示唆される。さらに、「事例」と「モデル」という研究手法
に関わる特徴語も見逃せない。実際のタイトルでは、大半が「○○モデルを用
いた事例的分析」や「○○モデルに基づく〜の記述」といった文脈で出現して
おり、既存のモデルを用いて多文化的な現象を紐解こうとする事例研究が多く
なされてきたことが窺える[6]。

　これらの結果から、『多文化関係学』特有の特徴がみえてくる。『異文化間教
育』及び『異文化コミュニケーション』では、教育場面を主たる研究のフィー

5　特徴語である Intercultural は、Intercultural communication のほかにも、training、competence、
collaboration、attitude などの多様な語との組み合わせで出現した。
6　他方で、モデル構築を目指した研究は総じて少なく、『異文化間教育』に 1 件、『多文化関係学』
に 1 件であった。本書第 1 章（石黒, 2022）では、多文化関係学では質的研究が多いことが
指摘されている。モデル構築や生成を目指した（質的）研究の少なさは、本書最終章（田崎,
2022）での多文化関係学における理論化の必要性の議論にもつながる。

ルドとしているのに対し、『多文化関係学』では社会的な幅広い場面を射程に
据えた研究がなされている。また、こうした多文化状況の解明には既存のモデ
ルにあてはめた分析がなされるという傾向も確認された。

3.3.2　学会誌別にみるコードの出現傾向——第 2 段階の分析

　以上の結果をふまえて研究対象と研究手法に着眼し、第 2 段階の分析を行っ
た。研究対象では「日本」「外国」「社会」「教育」「大学」の五つ、研究手法で
は「事例研究」および「モデルの使用」の二つのコード出現率を学会誌別に集
計した。結果は表 3-2 のとおりである。表 3-2 における数字はコードの出現率
を示している。

　以下、各コードの出現率を算出した結果をそれぞれ示す。第一に『異文化コ
ミュニケーション』では、「教育」が 66 語（26.19%）と最も多く、次いで「日本」
が 53 語（21.03%）、「外国」が 40 語（15.86%）、「社会」が 32 語（12.70%）、「大学」
が 21 語（8.33%）、「モデルの使用」が 11 語（4.37%）、「事例研究」が 7 語（2.78%）
であった。第二に、『異文化間教育』では、「教育」が 368 語（68.91%）と圧倒
的に多く、次いで「外国」が 170 語（31.84%）、「社会」が 166 語（31.09%）と続き、
「日本」が 123 語（23.03%）、「事例研究」が 37 語（6.93%）、「大学」が 28 語（5.24%）、
「モデルの使用」が 12 語（2.25%）であった。第三に、『多文化関係学』で最も
多く頻出したのは、「社会」の 67 語（36.02%）であった。この点が上記 2 誌と

表 3-2　学会誌別にみるコード出現率（N = 486）

コード名	コーディングに用いた主な語	コード出現率		
		異文化コミュニケーション	異文化間教育	多文化関係学
日本	日本、Japanese、日本人、日系、在日	21.03%	23.03%	30.07%
外国	外国人、国際、Foreign、韓国（その他国名）	15.86%	31.84%	33.87%
社会	共生、政策、移民、家族、組織、集団、看護、地域、就労	12.70%	31.09%	36.02%
教育	留学、留学生、abroad、教師、クラス、生徒、児童、高校	26.19%	68.91%	25.27%
大学	大学、大学生、大学院、University	8.33%	5.24%	2.64%
事例研究	事例、場合、Case、例	2.78%	6.93%	6.45%
モデルの使用	モデル、model、理論	4.37%	2.25%	7.53%

は異なる。その後、「外国」が 63 語（33.87％）、「日本」が 57 語（30.07％）と続き、「教育」が 47 語（25.27％）、「モデルの使用」が 14 語（7.53％）、「事例研究」が 12 語（6.45％）、「大学」が 5 語（2.64％）という結果となった。

（1）研究対象に関する分析結果

　各学会誌の特徴を視覚的に確認するために、学会誌ごとに研究対象に関する各コードの出現率を集計したバブルプロットを作成した（図 3-2）。縦軸は各コードの出現率、横軸は学会誌を表している。図 3-2 において、コード出現率が大きいほど正方形が大きくなり、残差が大きいほど正方形の色が濃くなる（樋口, 2014）。これらのコード出現率に学会誌ごとで差があるかをみるため、学会誌別にカイ 2 乗検定を行ったところ、それぞれ次のような結果が得られた。図 3-2 の * は $p < 0.005$、** は $p < 0.01$ の有意水準を示している。

　以下、各学会の特徴を示すため、各学会誌独自の結果としてあらわれた項目のみに焦点を当て、以下の表 3-3 から表 3-5 にまとめて報告する。まず、『異文化コミュニケーション』は他の 2 誌よりも「大学」に関する語の使用が有意に多かった（$\chi^2 (2) = 6.720$、$p < 0.05$）。結果は表 3-3 のとおりである。

　次に、表 3-4 に示すように『異文化間教育』は「教育」に関する語の使用が

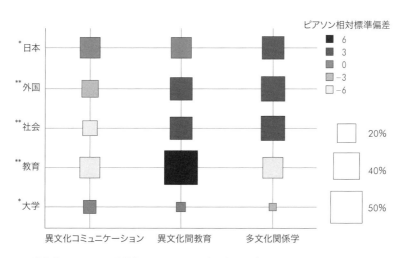

図 3-2　学会誌ごとにみた研究対象に関するコード出現率のバブルプロット

表 3-3　学会誌別にみる「大学」に関する語の有無

	「大学」に関する語を	
	含む	含まない
異文化コミュニケーション	8.33%	91.67%
異文化間教育	5.24%	94.76%
多文化関係学	2.64%	97.36%

$\chi^2 = 6.720$、$df = 2$、$p < 0.05$

表 3-4　学会誌別にみる「教育」に関する語の有無

	「教育」に関する語を	
	含む	含まない
異文化コミュニケーション	26.19%	73.81%
異文化間教育	68.91%	31.09%
多文化関係学	25.27%	74.73%

$\chi^2 = 178.976$、$df = 2$、$p < 0.01$

表 3-5　学会誌別にみる「日本」に関する語の有無

	「日本」に関する語を	
	含む	含まない
異文化コミュニケーション	21.03%	78.97%
異文化間教育	23.03%	76.97%
多文化関係学	30.07%	69.94%

$\chi^2 = 5.998$、$df = 2$、$p < 0.05$

他の 2 誌よりも有意に多いことがわかった（$\chi^2 (2) = 178.976$、$p < 0.01$）。最後に、表 3-5 のとおり『多文化関係学』は他の 2 誌よりも「日本」に関する語の使用が有意に多かった（$\chi^2 (2) = 5.998$、$p < 0.05$）。

　これらの結果から、(1)『異文化コミュニケーション』と『異文化間教育』は教育を主な対象としていること、(2)『異文化コミュニケーション』は大学での場面に特化していること、(3)『多文化関係学』は日本を基軸とした視点で異文化接触に関する研究を展開していることの 3 点が明らかとなった。

(2)　研究手法に関する分析結果

　各学会誌の特徴を視覚的に確認するため、研究手法に関するコードの出現率を集計したバブルプロットを作成した（図3-3）。図 3-2 と同様に、縦軸は各コードの出現率、横軸は学会誌を表している。そして、コード出現率が大きいほど正方形が大きくなり、残差が大きいほど正方形の色が濃くなる。なお、図 3-3 の n.s. は有意差なし、** は $p < 0.01$ の有意水準を示す。

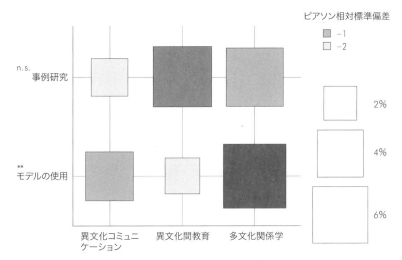

図 3-3　学会誌ごとにみた研究対象に関するコード出現率のバブルプロット

表 3-6　学会誌別にみる「事例研究」に関する語の有無

	「事例研究」に関する語を	
	含む	含まない
異文化コミュニケーション	2.78%	97.22%
異文化間教育	6.93%	93.07%
多文化関係学	6.45%	93.55%

$\chi^2 = 5.635$、$df = 2$、n. s.

表 3-7　学会誌別にみる「モデルの使用」に関する語の有無

	「モデルの使用」に関する語を	
	含む	含まない
異文化コミュニケーション	4.37%	95.63%
異文化間教育	2.25%	97.75%
多文化関係学	7.53%	92.47%

$\chi^2 = 10.791$、$df = 2$、$p < 0.01$

　事例研究に関するコードの出現率をカイ 2 乗検定を用いて検定したが、有意差は認められなかった（$p > 0.05$）。しかし、「モデルの使用」については、『多文化関係学』が他の 2 誌よりも有意に多かった（$\chi^2 (2) = 10.791$、$p < 0.01$）。表 3-6 および表 3-7 に結果を示す。

　これらの結果は、『多文化関係学』における研究手法上の特徴を示している。近接分野の学会誌では「モデルの使用」に関する語がきわめて寡少であるのに

対し、『多文化関係学』では「モデルの使用」に関する語が比較的多く出現した。これは、『多文化関係学』が既存のモデルをもって、多文化にまつわる社会的課題の解明に取り組んできたことを示しており、独自の傾向として特徴づけられる。

3.4　おわりに

　本章では、『異文化間教育』、『異文化コミュニケーション』、『多文化関係学』の3誌に掲載されている16年分の論文タイトルおよびキーワードをデータとして、研究テーマと研究手法に着眼した比較分析を行った。隣接領域の学会との比較により、各学会の特徴を明らかにし、多文化関係学会の独自性の明確化を図ることができた。本研究の結果、多文化関係学は、多文化にまつわる社会的な課題を広く研究の対象としていることが明らかとなった。これは、多文化関係学会が「地球社会における多様な文化間の相互作用とそこから生じるさまざまな問題や課題」について研究してきたことの証左であるといえよう。だが、それと同時に、文化的な多様性の検討においては「日本」と「外国」といったエスニシティに基づく区分が研究の前提となる傾向や、既存のモデルに基づいて現象の解釈を図る事例研究が多くなされる傾向も示された。創設当初の趣旨に立ち返り、本章の結果を眺めると、「多面的かつ動的な考察」や「関係性構築の方途の探求」といった点が今後求められるものと思われる。エスニシティに固執しない新たな文化概念、事例研究で蓄積された知見の一般化、さらにはモデル構築型の研究の発展が期待される。

謝辞
　本章をまとめるにあたっては、順天堂大学の岡部大祐先生にご助言を賜りました。また、データの整備においては University of Bath の大学院生の西村大河氏にご尽力いただきました。この場を借りて、深謝いたします。

引用文献

秋庭裕・川端亮（2004）.『霊能のリアリティへ：社会学、真如苑に入る』新曜社.

樋口耕一（2004）.「テキスト型データの計量的分析：2 つのアプローチの峻別と統合」『理論と方法』19，101-115.

樋口耕一（2014）.『社会調査のための計量テキスト分析：内容分析の継承と発展を目指して』ナカニシヤ出版.

石黒武人（2022）.「多文化関係学的アプローチの意義とその展開：20 周年現在からの批判的考察と提言」多文化関係学会 編『「縁側」知の生成にむけて：多文化関係学という場の潜在力』（pp. 15-38）明石書店.

抱井尚子（2011）.「パート 3　多文化関係学研究と方法論」多文化関係学会 編『多文化社会日本の課題：多文化関係学からのアプローチ』（pp. 25-37）明石書店.

久米昭元（2011）.「パート 1　多文化社会としての日本」多文化関係学会 編『多文化社会日本の課題：多文化関係学からのアプローチ』（pp. 9-15）明石書店.

湊邦生（2020）.「多文化関係学」は何に取り組んできたのか：学会誌掲載研究タイトル・キーワードの計量テキスト分析に見る研究の動向と特徴［個人発表］多文化関係学会第 19 回年次大会，オンライン開催（2020 年 10 月 24 日）.

田崎勝也（2022）.「これからの多文化関係学：独自理論の構築に向けて」多文化関係学会 編『「縁側」知の生成にむけて：多文化関係学という場の潜在力』（pp. 269-286）明石書店.

横断的知を求めて

多文化シナジーの実現に向けての取り組み

2010年代の多文化関係学的探求の成果と課題

藤美帆（広島修道大学）

　各学問分野において、文化や関係はどのように捉えられ、どのように探求されてきたのか。また、各学問分野の境界を超えたからこそ得られる知見とは何か。第Ⅱ部には、こうした問いをテーマとして、社会言語学・文化人類学・心理学・日本語教育学の各分野における多文化関係学的探求の成果と課題を示す4本の論考が載録されている。いずれも、伝統的な各学問分野の枠組みでは研究の埒外に置かれてきた対象に光が当てられる。さらには、既存のディシプリンでは一般に用いられることのない手法を意図的に採用して学問的探求の可能性を押し広げるもの、半ば当然視されてきた捉え方を転換して社会的課題解決への道筋を示すものもある。

　第4章の猿橋論考では、越境する芸能に光が当てられる。日本で朝鮮半島発祥の伝統芸能に携わる人物の師弟関係に関する語りをデータとして、社会言語学で基本とされる談話分析が展開される。複数の分析結果の巨視的な解釈により、越境する芸能ならではの複雑で流動的な関係性の様相を立体的かつ動的に描き出している。続く第5章の金本論考は、日本人移民がブラジルに持ち込んだ文化である「うた」から、日系文化を通時的に可視化し、文化人類学の伝統的な枠組みからの超越に挑んでいる。ブラジルの家庭や日本人会の本棚の隅で埃をかぶり、捨て去られかけていた膨大な数の短歌集を掻き集め、質的データ分析ソフトを用いて戦前から現代に至るまでの彼/彼女らの生きざまを描出した。日系文化の諸相を多角的かつ動態的に炙り出した研究である。そして、第6章の田中論考は、異文化間心理学と健康心理学のいずれからも零れ落ちてきた異文化滞在者の食にまつわる問題に対して、真正面から取り組んだ。食は毎日絶え間なく、一生のあいだ続く身近な営みで、命と暮らしに不可欠な健康の基盤である。重要なテーマでありながらも、これまで脚光を浴びることのなかった異文化滞在者の食に着眼し、異文化間食育に関する独自のモデルを提示している。最後に、第7章の松永論考では、多文化関係学を実践的に体現した活動事例をもって、地域日本語活動における新たな多文化協働の在り方を打ち出している。地域日本語活動は語学教育として位置づけられ、解釈・実践され

てきた。だが、ここではそれとは異なる「仲介」という型枠で輪郭を縁取り、地域日本語活動を第3の居場所としての「サードプレイス」として意味づけた。既存の日本語教育の枠組みでは掬い取れなかった社会的課題を拾い上げ、活動現場が抱える限界点の突破口を見出している。

　学問領域の境界を侵犯した結果、どのような多文化シナジーが生まれたのか。成果や可能性、課題も含めて、多文化関係学の潜在性をご覧いただきたい。以上4本の論考は、分野の垣根を超えたからこそ広がる豊かな知見を示しており、まさに、多文化関係学的探求を体現したものである。だが、それでもなお課題は残る。いずれの論考でも越境者の文化や関係性が取り上げられているが、そもそも境界はどのように規定するのが適当であろうか。文化差と個人差の区別はどのように捉えるべきか。人間も地球上の一生物と捉えた場合、多文化関係学的探求の範疇を人間のみに限定することは妥当なのか。さらには、デジタル・スペースはどのように捉えるのかなど、難問が山積している。

　続く第III部では、こうした課題解決の糸口ともなる新たな視座が示される。多文化関係学的な知は、分野を横断し、複数のアプローチを許容し、多文化共生社会の実現に向けた実質的な貢献を志向する。ここで示される各論考が「知の縁側」としての場を提供し、多様な専門をもつ読者のみなさまとの対話をひらき、さらなる多文化シナジーを創発する契機となれば幸いである。

第4章

関係性の談話分析
朝鮮半島発祥の芸能従事者のインタビュー場面の分析から

猿橋順子（青山学院大学）

4.1　はじめに

　本稿は、多文化関係学的な視点に立った調査対象設定に、社会言語学におけ
る談話分析の手法を用いてインタビュー場面の解釈を検討することで、両学問
のシナジーの一端を示すことを目的とする。言語学の一分野である社会言語学
は、人々の思考、行動、関係構築に関わるさまざまな学問領域に、これまでも
広く参照され積極的に取り入れられてきた。人文・社会科学はもちろんのこと、
言語多様性と生物多様性の関連性の検討など[1]、近年では自然科学分野との学
際的研究も活発に行われている。したがって、社会言語学と多文化関係学とい
う、見るからに隣接している学問領域間のシナジーについては、今さら論じる
までもないことに思えるかもしれない。

　他方で、隣接し相互参照が頻繁だからこそ、それぞれの特長がぼやけるとい
うこともあるだろう。たとえば、筆者は社会言語学者であるという自覚をなる
べく忘れないように日々の研究活動に取り組んでいるが、隣接学問の研究者か
ら「社会言語学の分析は細かい」、だから「ごくわずかなデータしか論文に含
めることができない」という感想を聞くことが少なくない。もっともだと思う
面もあるのだが、このような感想を抱かせてしまう背景には、社会言語学的な
分析の有用性が伝え切れていないという、社会言語学者にとって看過できない
課題が潜んでいることを認めざるをえない。

　だが、にわかには賛同しかねると感じる読者もおられるだろうが、フィール

1　一例としてGorenflo *et al.*(2012)がある。

ドワークで収集した膨大なデータを前に行きつ戻りつコーディングをくり返し、さまざまな類型化の可能性を検討し、迷走の極みに達した挙げ句、幾度となく読んだインタビュー記録の一場面に目が留まり、音声に戻り、基本的な言語分析を愚直に行った結果、その人の経験や活動の、全容というべきか、本質というべきか、どのような言葉で表現するのが適当かは定かでないが、これまでの迷走から抜け出す解のようなものが掴めたと感じられる瞬間が、やはりあるのである。翻せば、そのような感触があってはじめて、筆者を一編の論文執筆に向かわせると言っても過言ではない。そして、本稿では、その道程を描くことに挑戦してみたいと思う。

　さて、本稿で取り上げる研究事例は、東京およびその近郊で朝鮮半島発祥の伝統芸能・民族芸能に携わる人々の実践である。音楽や舞踊などの芸能には、世代やジェンダー、言語の境界を越えて人々を集わせる求心力がある。特にそれが外来の芸能である場合、移民コミュニティにとっての重要性が増すことは当然予測されようが、民族文化的なルーツは活動参加の要件となるとは限らない[2]。国際理解に与することも期待されるが、こうした目的が常に意識されているとも限らない。

　越境する芸能の実践を通して人々がどのように出会い、集い、いかなる関係性を紡ぎ上げているのかを紐解いていくことは、流動性や複雑系の内実に迫ることと同義であり、高度にグローバル化する社会の多様性を探究する上で示唆に富むところとなろう。このような多文化関係学的な観点は、社会言語学で一般的に用いられてきたスピーチコミュニティ[3]や接触場面[4]といった措定の仕方ではなしえなかった調査対象へのアプローチを可能にする。この点において、多文化関係学との掛け合わせは、社会言語学にとっても新たな地平を開く可能性が期待される。

　以下、第4.2節では社会言語学における談話の概念を、第4.3節では調査概要について、多文化関係学的な視点からの意義に重点をおいて記述する。第4.4

2　近年では文化盗用（cultural appropriation）の議論（*e.g.,* Howard, 2020）も見過ごせないことも付言しておく。
3　特定の言語内変異（バリエーション）として年齢、居住地域、教育、社会階級、性別などによって形成される共通のスピーチスタイルを有する集団（南 , 2009）。
4　異なる言語を母語とする人々が出会ったとき、どちらの言語が選択され、その結果、どのような規範が適用されるかなどに関心を寄せる（村岡他 , 2016）。

節で特定のインタビュー場面の談話分析を行い、第 4.5 節で考察を深める。第 4.6
節では分析結果をまとめた上で、多文化関係学と社会言語学とのシナジーを論
じる。

4.2　社会言語学と談話

4.2.1　社会言語学とは

　社会言語学は文字通り社会と言語の相互作用を探究する学問である。私たち
が知覚しうるモノやコトには、それを指し示す言葉が人々に了解されてあると
考えられている。少なくともそれが当たり前のことと信じられていることで、
文の産出や人との対話が可能になる。しかし、それを厳密に考えていくと私た
ちは生まれ落ち、暮らしているところの言語の範疇でしか物事を捉えられない
ということになってしまう[5]。実際には言葉がモノやコト、そのものにはなり
えない以上、その照応関係には何らかのズレが付きまとっている。

　第一、言葉は世代を通して変化もするし、コミュニケーション上の行き違い
は日常茶飯事である。しかし、それと同時に私たちは、そうした誤謬を最小限
にしようと模索と努力を重ねる存在でもある。完全に合致することなどありえ
なくても、社会の出来事や事物を言葉に置き換えようとし、言葉によって社会
の方向性や人々の行動を操作しようとする。社会言語学が社会と言語の相互作
用を探究するというのは、このように合わせ鏡のように互いを投影したり牽引
したりする言語と社会・文化[6]の関係を明らかにしようとすることとも言い換
えられよう。

　そして、語ることや文章を綴ること、それ自体も社会・文化的な実践である
と捉えれば、語ること（内容）と語られ方（文体や話し方など）に関連を見出し
ていくことも社会言語学的な課題となる（Wortham & Reyes, 2015）。第 4.4 節でイ
ンタビュー場面を詳細に見るが、その語りは調査参加者 E さんが、自身の 20

　5　言語相対性仮説（Whorf, 1956 池上訳 1993）をめぐる議論を参照のこと。
　6　社会言語学における文化の定義は、特定の集団内で共有されている態度、価値観、信条、規範、
　　行動等を含み、時代と共に変化する流動的（活動的）な営みとされ（南, 2009）多文化関係
　　学と大きく違わない。ただし、社会言語学においては言語が文化の一部であると同時に、文
　　化活動どうしをつなぐ媒体や、文化の貯蔵庫としての役割にも関心が寄せられるといった違
　　いはあるといえよう。

代から今に続く芸能活動を言語化しようとした社会的実践である。談話分析は、その理解を助ける手がかりが、その語られ方にも見出しうるという前提に立って取り組まれる。

4.2.2　談話研究の系譜

　言語学では、特定の場面や状況に関連づけられた言語の使用を「談話」と概念化し、研究が蓄積されてきた。談話は、研究の対象、理論、方法のいずれにもなり得、その多機能さゆえに定義もさまざまである（Wodak, 2006）。ここでは、社会言語学における談話研究の趨勢を簡潔に確認しておきたい。

　文の単位を超えた意味の解釈につながる言語形式、あるいは文脈に依存した意味を成立させる知を指す「談話」は、言語学の中では主に語用論や意味論で扱われてきた。Levinson (1983) は語用論における談話研究の領域を、直示、前提、含意、発話行為、会話構造の5つに類型している。この流れを汲みつつ、社会言語学では、社会の階層構造や発話者間の権力関係を生じさせたり、再生産したりする社会的出来事としての談話の研究が進められた。こうした動きが学派となり、批判的談話分析（Critical Discourse Analysis, CDA）等に代表される方法論の提唱と整備がなされてきた（Fairclough, 1992; Wodak, 1996）。

　あるいは談話は、言語以外の図や動き、建造物など、社会のあらゆる諸記号と結びついた社会的実践としての意味が探究されるようになる（Blommaert, 2005; Cameron & Panović, 2014; van Leeuwen, 2005）。こうした観点は、記号論との合流を加速させ、マルチモーダル談話分析 (Multimodal Discourse Analysis, MDA) 等の新たな方法論を生み出した。動きや物、画、空間、配置、匂いや触感なども記号となり、発話行為や書き込まれたテクストと状況的に結びついて社会的な相互作用や出来事の意味を生み出すと考えたとき、談話研究の可能性は無限に広がる。

　こうした談話研究の発展や分岐が、研究者それぞれの問題意識や研究課題の特長に応じて他領域との学際的研究を活発にさせてきた。CDA については政治学や社会学、MDA についてはマーケティング学や観光学、デザイン学等との親和性が高いことは容易に想像できるだろう。

4.2.3　原点回帰的提案

このように談話研究では、方法論との細分化と隣接領域との学際的研究が精力的に進められていく一方で、原点に立ち返ることを提案する声も聞かれるようになっている。たとえば、テーマ別の分析に入る前に、社会言語学における談話分析の基本に立ち返り、直示を含め談話指標の基本ともいえる、人、空間、時間に着目してみるということが全容理解のためにも有効との指摘がなされている（Heller *et al.*, 2018）。なかでも人（主体または動作主）に注目することは、発話者のアイデンティティや、集団を切り分けるカテゴリーへの認識を探る助けとなる。

さらに、発話や語りの中の登場人物に注目してみると、しばしば他者の声が引用、動員されていることに気づかされる。他者の言葉が語りに引用されるとき、発話者はその人物だけではなく、その人物が属する社会的カテゴリーをどう見なしているかを表出させ、翻って発話者自身の立場も演出する（Heller *et al.*, 2018）。特に国境を越えて移動する人々の発話や語りにおいて、引用される他者の声の内容とその語られ方に注目することは、発話者を取り巻く集団の存在とそれに対する評価を浮かび上がらせる（Heller *et al.*, 2018; Rampton, 2016）。複雑に相互作用する集団内にいる人の立場や関係性を紐解く手がかりとなることが期待される。

こうした最近の社会言語学研究における原点回帰も含んだ指摘を念頭におきながら、本稿では、一つのインタビュー場面を取り上げ、動作主と他者の声を指標（discourse marker）とした談話分析に取り組む。いずれも発話者のアイデンティティやカテゴリー認識を解明する上で有効とされているが、多文化関係学的な問題意識から、語り手と語りの中の登場人物との関係性とその変化に留意しながら分析に取り組むものとする。

4.3　調査対象の設定──多文化関係学の観点から

4.3.1　本研究の問題意識

本稿で紹介する調査の対象は、東京およびその近郊で、朝鮮半島を発祥とする伝統的・民族的な芸能に携わる人たちの実践である。彼／彼女らのアイデン

ティティやネットワーク形成、日本語あるいは韓国・朝鮮語でのコミュニケーション、共同作業のありようから、日本社会における多文化共生や移民の社会統合へのヒントを得たいということを全体的かつ最終的な目的として着手した。

　多文化社会日本を論じる上で、第二次世界大戦終結前から日本に移り住み、戦後も日本に暮らすことを余儀なくされた在日韓国・朝鮮人を抜きに語ることはできない（久米・松田・抱井, 2011）。このこと自体はたびたび確認されることだが、朝鮮半島発祥の芸能が日本でどのように実践、継承されてきたかを扱った研究は思いのほか限られている。

　加えて、近年のグローバル化による国際移動の活性化、デジタル通信技術の発達は、実践に参加する人々の動機、参加の形態、言語や民族文化的背景を多様にしている。東アジア内の国際観光は朝鮮民主主義人民共和国（北朝鮮）を除き手軽さを増している。韓国から演者や指導者を呼ぶことも、韓国へ一定期間習いに行くことも格段に容易となった。週末だけ習いに行くことすら可能である。デジタルツールを駆使して独習することもできる。芸の規範や本拠をどこに見るかといった参照点も変化する。

　さらに、2020年以降の新型コロナウイルス感染症の世界的な流行による国際移動の制約と遮断は、演者たちの関係性の見直しや書き換えを迫っている。こうした流動性や複雑性、多元性、不可抗力のなかで、在日韓国・朝鮮人、ニューカマー韓国人、日本人、その他の文化背景をもつ人々が活動にどう参与し、それを通して何を受け取るのか。こうした動的な対象へのアプローチは多文化関係学的な視座が有効である。知見からの示唆は、当該芸能に携わる人々だけではなく、あらゆる移民コミュニティの相互扶助、移民の社会統合の課題（*cf.* Berry, 2006）にも寄与すると期待される。

4.3.2　調査の方法

　調査はエスノグラフィーの手法を援用して2020年3月から2022年2月にかけて行った。主たる調査参加者は表4-1の通りで、EさんとIさんを起点に縁故法で募った。朝鮮半島にルーツをもつ人に限定したわけではなかったが、結果的に在日韓国・朝鮮人8名、ニューカマー韓国人3名となった[7]。倫理的手続きとして、筆者が所属する青山学院大学「人を対象とする研究倫理」の審査

表 4-1　調査参加者一覧

	年齢	性別	出生	分野	稽古歴	来歴
A さん	60 代	女性	日本	舞踊	10 代〜	在日韓国・朝鮮人二世
B さん	60 代	女性	韓国	舞踊	10 代〜	20 代で来日
C さん	50 代	女性	日本	舞踊	20 代〜	在日韓国・朝鮮人二世
D さん	50 代	女性	日本	楽器	20 代〜	在日韓国・朝鮮人二世
E さん	40 代	男性	日本	楽器	20 代〜	在日韓国・朝鮮人三世
F さん	40 代	男性	日本	楽器	10 代〜	在日韓国・朝鮮人四世
G さん	40 代	女性	日本	舞踊	10 代以前〜	在日韓国・朝鮮人三世
H さん	40 代	女性	韓国	舞踊	10 代〜	20 代で来日
I さん	40 代	女性	日本	歌	10 代〜	在日韓国・朝鮮人三世
J さん	30 代	男性	日本	楽器	10 代〜	在日韓国・朝鮮人三世
K さん	30 代	女性	韓国	楽器	10 代〜	20 代で来日

を受けた上で、調査参加者に口頭および書面で研究の趣旨と方法を説明し、参加同意書を 2 通作成し交わした。

　11 名に対し、幼少期の生い立ちから、芸能に出会った経緯と今日までの芸能活動とそれに対する思いを聞くライフヒストリー・インタビューを実施した。また、公演や教室に足を運び、公演についてはリハーサルを含め本番までの参与観察、教室については見学および許された場合は体験レッスンを受けた。さらに、公式 HP や公式 SNS を通読した。それらに基づき、焦点化インタビューと電子メール等でのやりとりによる質疑応答を実施した。インタビューや公演の見学、レッスンの見学や参加は感染症対策の観点からオンラインで実施したこともあった。

4.3.3　調査結果に見る複雑性

　収集したインタビューデータの整理は、アイデンティティの呈示、属性と集団のカテゴリー化、他者との関係性の複雑さや流動性に向き合うことと同義となる。

　たとえば、専門分野は演者としての自己呈示の基盤である。表 4-1 では舞踊、歌、楽器に大別したが、歌い手は楽器（弦楽器や打楽器）も演奏する。逆も然りで、楽器の奏者の多くは歌も歌う。それは演奏会での弾き語りといった、聴衆に聞かせる作品レベルのものから、稽古の際に表現力を高める、いわば手段と

　　7　表 4-1 の「来歴」は、調査参加者の表明に基づいて記載しているが、国籍は日本籍を取得している人も含んでいる。

しての歌唱まで幅広い。「人に聞かせるレベル」であるかは、芸能分野を規定する上で重要となる。また、多くの舞踊家は打楽器も演奏するが、踊りの小道具としてのみ位置づけている人もいれば、舞踊の根幹と捉え、打楽器講座を開催するぐらい研鑽を積んでいる人もいる。ここでは人に教える技量や実績があるかが分水嶺となる。

　さらに、分野に広がりがある（ことを強調する）人と、絞り込まれている（ことを強調する）人とがいる。それは、好奇心あるいは追求心のどちらが旺盛であるか、器用または不器用といった個人の性質、経済的な事情にも関連づけられるが、伝統的な民族芸能の発展段階の布石や継承方法の流儀にも関連づけられる。かつて、民衆の郷土芸能が暮らしに息づいていた時代、ジャンルの境界は緩やかで芸は広範囲に体得されるべきものとされていた。かたや王朝文化の中で育まれた宮中芸能については、古くから役割や演目が細分化された上で固定化されていた（山本, 2011）。それが、日本による植民地支配期は日本の、第二次世界大戦終結による朝鮮半島の解放後は西欧の影響も強く受けながら国家建設のなかで伝統芸能・民族芸能として教授法が整理され、ジャンルとしての再編がなされていった（髙, 2010）。だから、どの時期に、誰からどこで伝授されたかや、植民地史観や社会階層に対する考え方に応じても、広い嗜みがあることが是とされたり、一つの技や演目に卓越していることが専門性の証とされたりするわけである。

　加えて、芸能の本拠地から海を隔てていることも関係する。ソウルや平壌であれば演者あるいは指導者として専門性を高めていくことも可能であるが、東京で専門分野一本を生業とすることは難しい。他方で、大都市東京には、世界中からさまざまな芸能が紹介され、ジャンル間のコラボレーションも活発になる。そのような機会を享受することで、本拠地では細分化や役割分化がなされている芸能について、東京を拠点とするからこそ分野を広げることも可能となる。ジャンルを跨ぐことは、本拠地と海を隔てていることも手伝って「広く浅く」なると評価されることもあるが、先述した伝統的理念と関連づけて「広く深く」なりうる可能性も見出される。

　このように、一つの側面や出来事が、語りや実践の場面では多方向から意味づけられ、その人のそのときの立ち位置や方向性が示される。それは師匠をは

じめとする人々との関係性、民族文化的ルーツや国籍と在留資格、芸への向き
合い方、稽古に対する考え方、伝統性や民族性をどこに見出すかとそれを重視
する度合い、言語やコミュニケーションに対する考え方、熟達度、学歴、共演
歴、受賞歴、プロフェッショナリズム、中長期的な目標や志の有無など多岐に
わたる（猿橋 , 2021, 2022; 猿橋他 , 2021）。

　そして、このようなアイデンティティの呈示やカテゴリー化、他者との関係
性への認識をめぐる複雑性や流動性は、語りと実践の間、あるいは一連の語り
の中でも相矛盾して表出する場合もある。また、これらのいずれからも説明で
きないような質感、矛盾する事項の併存、さらにはそれらのすべてを包含して、
その人独自の「味」と表現されるといった共通点も見出された。

4.4　インタビュー場面の談話分析

4.4.1　データ概要と E さんの来歴

　11 人のインタビューデータの概観を通して、師匠との関係性は、とりわけ
重要であることが確認された。そこで、E さんのインタビュー（2020 年 5 月）
から師匠との関係が現在の活動に結びつけて語られた一場面を取り上げ、談話
分析の素材とする。

　在日韓国人三世の E さんは、サムルノリ奏者である。サムルノリとは、朝
鮮半島の祭りや年中行事で、古くから受け継がれてきた農楽や巫俗音楽のリズ
ムを舞台演奏用に再編した打楽器主体の音楽ジャンルである(植村 , 2009)。チャ
ング、プク、ケンガリ、チンの四種（サムル）の打楽器で合奏する。1982 年に
東京の韓国文化院で初のサムルノリ海外公演が行われ（四物遊撃 , 1988）、その後、
世界に広く紹介された（Hesselink, 2012; Howard, 2015）。その後も、1980 年代から
90 年代にかけて、金徳洙をはじめとする 4 人の創設者らが来日して行うワー
クショップは多くの受講者で賑わった。E さんは 1990 年代、自身が 20 代の頃
にサムルノリと出会い、韓国へ渡り指揮者としての役割を担うケンガリを専門
とする創設者の先生に弟子入りする。先生の活動拠点で共に暮らし、先生が率
いる楽団の団員として韓国内外の公演に多数出演した。2001 年からは東京を
拠点に演奏と指導にあたっている。演奏は音楽コンサートはもとより、映画や

演劇、祝祭行事など幅広いシーンで行っている。指導は、韓国学校や日本の公立学校、韓国文化院や民族団体などで広い世代を対象に行っている。

インタビュー逐語録「人間になりなさい」

書き起こしのための記号（De Fina & Georgakopoulou（2012）に準拠）

(( ))	非言語
(…)	聞き取り不可
.	文の切れ目　息継ぎの間
(1.)	沈黙　数字は秒数
:::	音の伸ばし
?	疑問の上昇音調
↑	上昇音調
↓	下降音調
[	重複発話
=	連続発話
___	強調した口調、強勢
( )	筆者による補足
「　」	他者の発言
*	聞き手（筆者）の発話
行番号	意味の単位で切片化

1	*	伝統ってなんか真面目に :: 礼儀正しくしていないととか . まぁ
2		もともと（Eさんの性格から）窮屈じゃないかもしれないですけど
3	E	＝あ . でも礼儀正しいとかは先生がいるってのは大きいんです .
4		ここ（(自分の肩の後ろを指して)）もうここに常にいるから
5	*	それはおっかない人 [として？
6	E	[おっかない人として↑ . あ
7		でも「芸人になる前に人間になりなさい」とか言っていた言葉に対して
8	*	それ ::: それっていつ言われたんですか？
9	E	＝それでも 20 代
10	*	ええええ↑それ何をしたらそんなこと言われちゃったんですか？
11	E	常に
12	*	ええ↑どういう意味？ [どういうことに対して言うの？＝
13	E	[（先生は）酔っ払ってるし（…）
14		＝伝統（1.）サムルノリ（1.）伝統音楽↑サムルノリをやるのなら

15	＊	それ:::.でもどういう意味ですか？どういう意味？
16	E	はははは.どういう意味かはずっと探しているわけですね
17	＊	それは（先生には）聞かない？
18	E	そうそう
19	＊	＝でもこういうポイントで言われたら.これはやっちゃいけないとか.
20		そういうヒントはない？口癖のように言う？朝起きたら言われるとか？
21	E	口癖のように↑（2.）口癖:::口癖までではないけどよく言ってましたよ
22	＊	どういう［意味？
23	E	［はははは.どういう意味↑だからそれを今.探しているんですよ
24	＊	<u>今</u>？
25	E	そりゃそうですよ
26	＊	たとえばこれは入るだろうって思うことないんですか？具体的に
27	E	（4.）わからない（4.）何がそういうことなのか（6.）分らないですけど.
28		その言葉があることで常に行動に対して自分で気をつけなきゃいけない
29		たとえば食事している時に箸を投げるように置くか（3.）綺麗に並べて置くか.
30		そういうひとつひとつ::に全部引っかかるってこと.そうしないと探していけない.
31		それは（3.）たとえば「ケンガリを打つには.チャングができてプクができて.チンができて.それでケンガリを打ったら本物だ」というのも意味がわからなかったんだけど
32		何年か経つと.先生の言っていた意味が.たぶん.<u>た.ぶ.ん.</u>これなんじゃないかっていうのがわかるように
33		「教えることは2倍習うことだから教えなさい」と言われたから（子どもたちに）教えたのとおんなじように
34		「芸人になる前に人間になりなさい」っていうのも（その意味を）探す.
35	＊	その言葉によって.こっちじゃなくてこっちの判断を取ったみたいな経験って？
36	E	あ::でもお金に関してもなるべくそう
37		さっき言ったような.資料がお金になりますってわかったら
38		「じゃあこれもあります.あれもあります.はい.いくらです」って言うのか.
39		それは違うって思うのか↓.そういう風に探さないと探しようがないんです
40	＊	あ:::でも欲深さも<u>人間</u>と思っちゃう

41	E	ええ先生自体が．お金．お金って生活している人でもないし（3.）
42		「あなたは人と話す時にはハッキリと言わないと駄目だ」とか言ってくれる時もあるので．「そういう言い方じゃ駄目だ．それでは相手に伝わらない」とか．
43		韓国語が出来る．出来ないとかではなくて．「人前でうじうじしてちゃ駄目」とか
44		先生は韓国語だから「うじうじ」とは言ってないですけど．
45		「下を向いて歩いていちゃ駄目」とか．［演奏終わって帰る時．どんなに疲れていても下を向いて歩いては駄目＝
46	＊	［それはそうね⋮
47		＝けっこう気がつかれるんですね↓
48	E	めっちゃ気がつく．先生も∷酔っ払っている時でも箸を置くときは綺麗だし．酔っ払っちゃって出来ない時もあるけど．やろうとしているのがわかるんです．
49		人を楽しませて．人のお酒がないとかは．全部見ています
50	＊	褒めたりもする？
51	E	僕を↑［褒める？
52	＊	［そうそう
53	E	「運転上手」と．ははははは［「運転だけはEが一番」って＝
54	＊	［よかった∷褒められて　　　　　＝喜んでいいのかな
55	E	韓国はあらいので．僕は日本式ですーっと停まる．くって停まらない．
56	＊	場面で覚えてないですか？「人間になりなさい」って言われた場面
57	E	思い出せない［思い出せない（6）＝
58	＊	［練習中とか？　　　＝公演の後とか？
59	E	あ∷⋮でも車の中だったかな．
60		僕は運転手していたから先生を独り占めにできる時間が多いんですよ．
61		3ヶ月位前の公演についてぽろっと言うこともある．「あれはああだった」とか
62	＊	それは駄目出し？
63	E	＝ええ駄目出し．僕にというよりも「あの公演はこうだった」
64		それはどういうつもりで言っているのかわからない．ふと思い出すのか．何かに反応して思い出すのか．わからない．
65		結構な時間が一緒だったから．こういうこともあるんです．

66		ソウルで公演がある（先生の住処がある）N 町に帰るのに 2 時間 3 時間かかるんです．
67		ソウルで公演が終わるのが 9 時．打ち上げが終わるのが 12 時．そこから 2 次会とか．先生が会いたい人のところに会いに行く．
68		そういうのを運転手だからずーっと待つんです．その間．ひたすら待つ．ひたすら待つ（2.）2 時．3 時とかになる．そこから帰ろうってなると
69		やっぱり可愛い弟子になるんだと思う．
70		「スターとはこういうもんだ」って言ったりする．
71		そういうのと同じ感じ．どこにどう反応してそう言うのかはわからない
72	＊	E さんをたしなめているわけではないってことですね？
73	E	こういう風に生きなさいって教える．教えるというイメージがある（4）
74		「自分の父親が 40 年．自分が 40 年だから（合わせると芸歴が）80 年．それをあなたは 10 年でやりなさい」っていうのもすごく言っていました．
75		結局出来ていないので．そうなるように．なるべくそれに近づくように
76	＊	でも ::: そうなると（習得の）ペースを [上げないといけないじゃないですか↓
77	E	[何も教えてくれない
78	＊	ペース上げてくと違うものになっちゃいません？
79	E	はいはい．そう．だからはやく上手になれって意味かもしれないし．
80		教えてはくれない
81		「お前下手だから CD 聞け」とか．「お前．男だから女の踊りを習え」って言ったり．
82		でも山の中にいて 1 ヶ月に 1 回しか出られないのに．いったいどうやって？と思うけど．
83	＊	人によっては、それとこれを結びつけずに適当なこと言ってって感じる人もいますよね？それともみんな先生の佇まいから．そうやって何とか学び取ろうと？
84	E	弟子はもらおうとしていると思いますよ．
85		じゃないと<u>だって大変なんですから</u>．
86		何か受け取ろうって思っている人じゃないといられない．
87		カリキュラムがあって :: はい．次これやって :: ってやるわけじゃないんだから．
88		今じゃ昔のやり方はできない．すぐネットに [あがっちゃう
89	＊	[パワハラになっちゃう

4.4.2　動作主の関係性に着目した談話分析

インタビュー場面について、動作主としての先生とＥさんに注目してまとめたものが表 4-2 である。動作主とは、述語や述部にあたる語（主に動詞）の文脈上の行為主体であり、それは文の主語とは限らないし、明示されていない場合もある。表中、括弧内に抽出の根拠となる発話の行番号を入れている。両者間に生じる作用の方向性を矢印で示し、特に注目される関係性を白抜き矢印で区別した。矢印は両者の行為間の関係性を表しているため、語られた順序とは限らず、帰結関係がわからないもの（矢印の先が空欄となっているセル）もある。

表 4-2 から、先生もＥさんも動作主として語られるものの、前半は先生の動きに応じてＥさんの行動が促される展開（右向き矢印➡）となっていることが見て取れる。後半（太罫線）以降、矢印が行き来して関係性が動的になっていることが確認される。この誘引・帰結関係が逆転するところに注目してみたい。

まず、Ｅさんが車の運転をすることで、先生から褒められるという場面（53行目以降）である。ただし、Ｅさんは運転をする動作主であるとはいえ、先生に付き従う存在であることに変わりはない。むしろ、ここで注目されるべきは運転手になることで、先生の時間を「独り占めできる」（60 行）とＥさんが自身の効力感、優位性へと転換させているところ（左向き白抜き矢印⇐）である。

表 4-2　動作主としての先生とＥさん、行為の誘引・帰結関係

先生		Ｅさん
Ｅさんの背後に常にいる（4）	➡	礼儀正しく振る舞う（3）
言葉を発する（7, 21）	➡	言葉の意味を探す（16, 23, 34, 39）
「人間になりなさい」（7）		自分の行動に気をつける（28）
「……本物だ」（31）		言葉の意味がわかる（32）
「……教えなさい」（33）		言われた通りにする（33）
お金に執着しない（41）	➡	お金に執着しない（39）
酒に酔っている（13, 48）	➡	やろうとしているのがわかる（48）
まわりの様子をよく見ている（49）		
Ｅさんの運転マナーを褒める（53）	⬅	先生の運転を日本式でつとめる（55）
公演について言及する（61）	⇐	先生の時間を独り占めできる（60）
公演に遠征する（66）	➡	運転手として同行する（68）
打ち上げに参加する（67）	➡	先生を待つ（68）
	⇐	可愛い弟子になる（69）
芸の習得について言及する（74）	➡	努力する（75）
弟子に教えない（77, 80）	➡	疑問を覚える（82）
	⇐	何かを受け取ろうとする（84, 86）

なお、「独り占め」が優位となるのは先生に対してというより、他の弟子たちに対してという含意があることも確認しておきたい。E さんの能動性が垣間見られる語り（左向き白抜き矢印 ⇦）が 2 か所認められた。先生をひたすら待ち続けた結果「可愛い弟子になる」（69 行）と、先生から「何かを受け取ろうとする」（84、86 行）ところである。前者は先生と E さんの個別の関係性といえようが、後者は他の弟子たちを含めた弟子一般の視点となっている。

　つまり、この一連の語りを通して、E さんの能動性は若干認められるものの、先生と E さんの直接的な関係性については「可愛い弟子になる」に限られ、ほかは他の弟子たちとの相対的な関係と、弟子全体に共有されている先生との関係性となっている。こうしてみると、先ほど「先生と E さんの個別の関係性」と読んだ「可愛い弟子になる」についても、他の弟子たちとの相対的な関係性を含意するものとして解釈する余地も出てくる。総じて E さんの主体性や能動性は低く、従属的な関係性の語りであるという解釈に落ち着く。

4.4.3　先生の声に注目した談話分析

　同じインタビュー場面について、先生の声の語られ方を見ていきたい。この一連の語りの中で、さまざまな先生の声が引用される。それらを抽出し、直示

表 4-3　先生の声とその対象

行番号	先生の声の引用	対象者
7	芸人になる前に人間になりなさい	E さんを含む弟子
31	ケンガリを打つには，チャングができてプクができて，チンができて，それでケンガリを打ったら本物だ	E さんを含む弟子
33	教えることは 2 倍習うことだから教えなさい	E さんを含む弟子
42	あなたは人と話す時にはハッキリと言わないと駄目だ	「あなた」E さん
42	そういう言い方じゃ駄目だ．それでは相手に伝わらない	E さん
43	人前でうじうじしてちゃ駄目	E さん
45	下を向いて歩いていちゃ駄目	E さんを含む弟子
53	運転上手．運転だけは E が一番	E さん
61, 63	あれはああだった．あの公演はこうだった	不特定
70	スターとはこういうもんだ	不特定
73	こういう風に生きなさい	E さんを含む弟子
74	自分の父親が 40 年．自分が 40 年だから 80 年．それをあなたは 10 年でやりなさい	「あなた」E さん
81	お前下手だから CD 聞け	「お前」E さん
81	お前，男だから女の踊りを習え	「お前」E さん

や想定されている対象者を整理したものが表4-3である。注目される言語使用の特徴に下線を付している。

　Eさんの語りに現れた先生の声を列挙してみると、太罫線の前後に転換が見られる。それまで連体止めや丁寧体で結ばれていた語尾が、「お前下手だからCD聞け」以降、命令形となる（下線部）。Eさんを示す二人称についても「あなた」（42、74行）から「お前」（81行）に変わっている。生き方や行いの模範について、Eさんを含め弟子たちに伝える先生から、無理難題を課す高圧的な先生へと語られる先生像が転換していることが認められる。

4.4.4　談話分析結果の比較

　動作主の関係性に注目した分析と、引用される先生の声を指標とした分析の両方において語りの転換が認められた。前者では、車の運転をするというくだりを境に、先生に対して従属的・受動的な立場から、Eさんの主体性・能動性が見出されるようになる。後者では、先生が弟子たちに対して、生活態度や技芸について諭すといった描かれ方から、無茶を言う威圧的な存在となっている。

　後者の転換点の前と後で注目すべきは、今と昔という時の認識においても転換が認められる点である。転換点の前では、今につながる過去が語られている。先生の言葉は、インタビュー場面を含む今に脈々とつながっており、インタビュー後のまさに今も継続しているであろうと推測させるものである。他方、転換点の後では「今じゃ昔のやり方はできない」（88行）と今と昔を切り離している。

　これらのことから、語りの転換の明白さ、ダイナミックさという面では、先生の声に着目した談話分析においてより顕著だといえよう。この転換の明瞭さは「教える」（73行）から「何も教えてくれない」（77、80行）という真逆の表現が、ほぼ隣接して出現しているところからも確認される。

4.5　考察

　談話分析の結果にみた語りの転換点の違いにおいて探究すべきは、Eさんの一貫性を問う視座や、どちらがより真の先生像かといったことではない。何が

語り方の転換を促したのか、という問いであり、異なる解釈をどう扱うべきかという問いである。これらの点についてさらに考察を深めてみたい。

4.5.1　談話の転換を促した契機

　動作主に着目した談話の転換は、聞き手による褒められた経験への問いかけ（50 行）を契機としている。さらに、この問いかけには弟子を含めまわりの人の様子や振る舞いを「全部見ています」（49 行）という先生についての語りが先行している。それを受けて聞き手は、難点を指摘されるだけではなく、褒められたこともあったのかと E さんに問いかける。

　一方で、先生の声に着目した談話の転換点では、聞き手による先生の言葉への懐疑的な解釈に基づく問いかけ（76 行）が契機となっている。それを受け、言葉の意味については多義的な解釈が可能になると応じた後に、実現不可能なことを言う威圧的な先生像が表出する。それがさらなる聞き手の懐疑的な問いかけ（83 行）を生み、「何かを受け取ろう」（86 行）という忍耐力と執着心をもっていなければ「いられない」前時代的な徒弟関係空間が語られる。

　先生の言葉に多義的な解釈可能性があるのなら、「80 年分を 10 年で身につけなさい」（74 行）という言葉についても、今につながる修練へと文脈化させることも可能であったはずである。にもかかわらず、語りの転換を生み出したものは何かと探っていくと、インタビュー場面における「人間になりなさい」という言葉をめぐる聞き手の理解が関係しているとみえる。

　冒頭で「人間になりなさい」と先生から言われたというエピソードを聞いた聞き手は、その意味を執拗に尋ねる。聞き手にとって「人間になりなさい」と先生から言われるということは、人としてあるまじき行為をした叱責にほかならないと想定されており、いったいどのような状況で何をしでかしたらそのような指摘を受けるのかと、その発話の状況をさまざまな角度から尋ねている。それが先生と弟子の日常的なコミュニケーション場面の回想の語りへとつながり、72 行目の「E さんをたしなめているわけではないってことですね」との納得に至る。

　この理解、納得が得られたことにより、語り手は先生について異なる角度からの語りが展開可能になったと言えるのではないだろうか。「今ここ」におけ

るインタビュー場面での語りが、「あのときあそこ」の社会・文化的な状況理解の聞き手による表明に左右される可能性については、Saruhashi（2020）でも検討したところである。

4.5.2 語りと活動の解釈

　最後に、二つの談話分析結果の相違点と、そこから導かれる解釈を検討する。動作主に着目した分析からは、ときおりＥさんの能動性が垣間見られたものの総じて先生に従属する弟子の姿が導出された。先生の声に着目した分析からは、模範的な先生像から威圧的な先生像への転換が見られた。これは、談話のどこに着目するかによって得られる結果が異なるということの証左であるとともに、では異なる解釈をどう扱うのか、といった新しい課題を突きつける。

　もちろん談話分析の結果は複数あってよい、という立場もとりえようが、ここでは、先生の声の分析によって導出した転換後の先生像から、従属関係が前景化された分析結果に新しい解釈を加える可能性を提示しておきたい。

　81 行目以降、無理難題を突きつける先生の言葉が列挙され、それでもなんとか先生から何かを得ようと狙っていなければいられない厳しい徒弟生活であることが言明される。一見、前段と真逆にみえる。しかし、この転換があることによって、前段に語られた先生と弟子の関係が従属的にみえるものの、実はそのすべてがＥさんによる選択によるものと読むことを促す。

　つまり、先生は荒唐無稽なことも、真理に近いと感じられることも、そのどちらとも判断しかねる言葉も、思いつくままに、時に脱文脈的に発する。説明もない。説明を乞うことは許されていない。だから、先生の言葉や行為、振る舞いから選び取り、いつどこに文脈化させるかは弟子ひとりひとりの主体的な修練と主観的な判断に依るほかはない。翻せば、そうした主体性や自律性を欠く人は、徒弟制で伝承される伝統芸能を学び取り、継続していくことはできまいという後段の語り（86 行目以降）に符合する。

　このように、微視的に文単位で見ていけば従属性が前景化される師弟関係の語りについて、79 行目以降に生じた転換から語り全体を巨視的に捉え返すことが促され、Ｅさんによる選択的文脈化の過程という新たな一面が浮かび上がる。このような選択的文脈化の過程が、あるいはＥさんにとって「伝統音楽、

サムルノリをやるのなら」(14 行) 歩むべき道なのではないだろうか。そして、それはインタビュー場面の「今」(23、24 行) も含め、「(20 代から) ずっと探していること」(16 行) という社会的実践レベルの解釈にもつながる。

こうした解釈により分析結果の齟齬は解消される。そればかりか、複数の分析結果を摺り合わせることで解釈が立体的かつ動的になることが確認される。

4.6　多文化関係学と社会言語学のシナジー――結びにかえて

本稿では、東京およびその近郊で朝鮮半島発祥の芸能に従事する人々の実践について、多文化関係学的な視点から対象設定を行い、一つのインタビュー場面を取り出し、社会言語学で基本とされる談話分析に取り組んだ。

彼 / 彼女らの活動は、複雑かつ流動的な関係性の只中にあるが、師匠との関係はとりわけ重要である。そこから、20 年以上前の師弟関係が今の実践につながっていることが語られているインタビュー場面に着目し、複数の談話指標から分析を行った。一つは、社会言語学の談話研究で基本とされる人 (動作主) で、もう一つは、他者 (ここでは先生) の声である。その際、師弟関係の動きに注目して分析に取り組んだ。

分析の結果、異なる弟子の姿 (従属的 / 能動的) と異なる先生像 (模範的 / 威圧的) が見出され、それぞれの語りの転換点は異なっていた。何が語りの転換を促したかについては、聞き手の理解と納得から誘発される問いかけにあることを見た。インタビューの共同構築性 (Atkinson, 1998) が改めて確認される。

さらに異なる談話分析の結果を摺り合わせることでインタビュー場面の再解釈を検討した。第 4.4.2 節で導出した、概して先生に従属的な E さんの語りは、先生の言葉の意味について主体的な選択的文脈化を模索し続けることの実践であり、すなわち「韓国伝統音楽、サムルノリをやるのなら」のありようの具現でもあると解釈した。それは、前近代的な芸能を現代に、韓国で培われた文化を日本に、地域に密着した活動を大都会に、徒弟的関係を契約的関係に、そして過去の経験を今、さらに未来につなげる、いわば多文化関係的な談話戦略かつ談話実践とも言い換えられるのではないだろうか。

一般的に、談話分析は談話的意味の収斂的結束を志向して取り組まれる傾向

にある。特に批判的談話分析（Fairclough, 1992）に代表されるような、硬直的な権力構造を明らかにするために、内在するイデオロギーを探るような談話分析においてこの傾向は高まる。しかし、今まさに現在進行中のトランスナショナルな文化活動の研究においては、多文化関係学の視点が促すように、そしていみじくも本稿で注目したインタビュー場面でＥさんが語っていたように、状況に応じて言葉の多義的な意味に開かれ、常にその文脈的・状況的意味を追い求め続ける視座と過程とが求められよう。

　本論では多文化関係学的な視点に立った対象設定に対し、社会言語学の基本的な談話分析を掛け合わせ、両学問のシナジーの可能性を探った。異なる分析結果の摺り合わせから、より立体的かつ動的な解釈に到達した。この分析例から、これまで調査対象のカテゴリー認識を解明するのに有効であるとされてきた人に着目した談話分析によって、関係性の変容や時間的なつながりと遮断といった動的な面にアプローチするうえでも有効であることが確認された。社会言語学にとっても示唆的な事例となればと思う。

　動的な複雑系を捉えようとする多文化関係学の精神と、社会言語学の基本的な方法に立ち返ることで生まれるシナジーを事例研究から検討しようとした本論は、いささか目標設定が高すぎたとも思う。複雑性を孕む活動を対象としたエスノグラフィックな調査研究を通して目に留まった、一つのインタビュー場面の談話分析によって促される活動全体への解釈が、筆者の視野狭窄的な思い込みにすぎないものなのか。はたまた、調査者の主観や恣意性を完全に排除することはできないまでも、読者がある程度納得し、私たちの社会にある他者性や多様性への理解に何らかの示唆を与えうるものとして受けとめられるのか。その評価は読者に委ねるほかはない。

謝辞
　新型コロナウイルス感染症の世界的流行という大変な社会情勢のなか、本調査にご参加くださったＥさんはじめ皆さまに心から感謝いたします。また構想から草稿にかけ貴重なご助言をくださいました多文化関係学会 20 周年記念事業作業部会の先生方、レイアウト調整など細やかに編集してくださった明石書店の田島俊之さんに感謝申し上げます。本研究は青山学院大学国際研究センタープロジェクト「アイデンティティ研究の学際性の検討」（2020 年度）、JSPS 科研基盤研究（C）21L00531「多言語実践共同体の相互

作用秩序の交渉と変容」（2021 〜 23 年度）の助成を受けています。

引用文献

Atkinson, R. (1998). *The life story interview*. Sage.

Berry, J. W. (2006). Contexts of acculturation. In D. L. Sam & J. W. Berry (eds.), *The Cambridge handbook of acculturation psychology* (pp.27-42). Cambridge University Press.

Blommaert, J. (2005). *Discourse: A critical introduction*. Cambridge University Press.

Cameron, D. & Panović, I. (2014). *Working with written discourse*. Sage.

De Fina, A. & Georgakopoulou, A. (2012). *Analyzing narrative: Discourse and sociolinguistic perspectives*. Cambridge University Press.

Fairclough, N. (1992). *Discourse and social change*. Polity.

Gorenflo, L. J., Romaine, S., Mittermeier, R. A. & Walker-Painemilla, K. (2012). Co-occurrence of linguistic and biological diversity in biodiversity hotspots and high biodiversity wilderness areas. *Proceedings of the National Academy of Sciences*, 129 (21), 8032-8037.

Heller, M., Pietikäinen, S. & Pujolar, J. (2018). *Critical sociolinguistic research methods: Studying language issues that matter*. Routledge.

Hesselink, N. (2012). *SamulNori: Contemporary Korean drumming and the rebirth of itinerant performance culture*. University of Chicago Press.

Howard, K. (2015). *SamulNori: Korean percussion for a contemporary world*. Ashgate.

Howard, K. (2020). Equity in music education: Cultural appropriation versus cultural appreciation — understanding the difference. *Music Educators Journal,* 106 (3), 68-70.

髙正子（2010）.「〈民俗〉の発見から「伝統文化」の誕生へ」『現代韓国朝鮮研究』10, 89-99.

久米昭元・松田陽子・抱井尚子（2011）.「多文化社会日本と多文化関係学的アプローチ」多文化関係学会 編『多文化社会日本の課題：多文化関係学からのアプローチ』（pp. 9-37）明石書店 .

Levinson, S. (1983). *Pragmatics*. Cambridge University Press.

南雅彦（2009）.『言語と文化：言語学から読み解くことばのバリエーション』くろしお出版 .

村岡英裕・ファン サウクエン・髙民定（編）（2016）.『接触場面の言語学：母語話者・非母語話者から多言語話者へ』ココ出版 .

Rampton, B. (2016). Drilling down to the grain in superdiversity. In K. Arnaut, J. Blommaert, B. Rampton, & M. Spotti (eds.), *Language and superdiversity* (pp. 91-109). Routledge.

四物遊撃（1988）.『サムルノリ宣言』リットーミュージック .

Saruhashi, J. (2020). Language management in life story interviews: The case of first generation Zainichi Korean women in Japan. In G. C. Kimura, & L. Fairbrother (eds.), *A language management approach to language problems: Integrating macro and micro perspectives* (pp. 217-235). John Benjamins.

猿橋順子（2021）.「韓国伝統芸能従事者のライフヒストリー：演者としてのアイデンティティに注目して」*Aoyama Journal of International Studies,* 9, 1-13.

猿橋順子（2022）.「朝鮮芸能に携わる在日コリアンのライフヒストリー」『青山国際政経論集』108, 223-271.

猿橋順子・飯野公一・境一三（2021）.「東京を拠点とする韓国伝統芸能従事者の言語への態度：言語政策課題の探究に向けて」『言語政策』17, 83-102.

植村幸生（2009）.「解説：サムルノリの「方法」キムドクス」清水由希子 訳『世界を打ち鳴らせ：サムルノリ半世紀』（pp.283-298）岩波書店 .

van Leeuwen, T. (2005). *Introducing social semiotics.* Routledge.

Whorf, B. L. (1956). *Language, thought, and reality: Selected writings.* MIT Press［ウォーフ，B. L. (1993). 池上嘉彦 訳『言語・思考・現実』講談社］.

Wodak, R. (1996). *Disorders in discourse.* Longman.

Wodak, R. (2006). Review focus: Boundaries in discourse analysis. *Language in Society,* 35, 595-611.

Wortham, S., & Reyes, A. (2015). *Discourse analysis: Beyond the speech event.* Routledge.

山本華子（2011）.『李王職雅楽部の研究：植民地時代の朝鮮の宮廷音楽伝承』書肆フローラ .

第5章

エスノグラフィック・アプローチを
超えて
ブラジル移民短歌にみる日系文化の「見える化」と
グローバル・ヒストリー

金本伊津子（桃山学院大学）

5.1　はじめに

5.1.1　多文化関係学におけるエスノグラフィック・アプローチの可能性

　文化を探求する学問である文化人類学の技法は、フィールドワーク、参与観察（participant observation）、あるいはエスノグラフィー[1]といった経験主義的方法論にある（Malinowski, 1922/2014）。フィールドワーカーやエスノグラファーは、研究対象とする異文化に分け入って[2]、数年から数十年にわたる長期的な参与観察、そこで収集される膨大なインタビューや多種多様なアーカイブ（スピーチ、手紙や日記など）などから、異文化という他者性（Said, 1979）に対する理解を極める。文化人類学では、異文化で収集されたカオス的な情報は、フィールドワーカーあるいはエスノグラファーという身体性を持つフィルターをとおして記述・解釈され、ノモス的な情報の総体[3]であるエスノグラフィー（民族誌）の中に「文化」としてテキスト化される。

1　「エスノグラフィー」は、主に（1）調査方法論、（2）調査に基づき書かれた成果物（民族誌）の二つの意味で用いられる（藤田, 2018）。この論考においては、方法論を示すときには「エスノグラフィック・アプローチ」、成果物を示すときには「エスノグラフィー（民族誌）」を用いる。
2　欧米の白人の研究者によって発展を遂げた文化人類学においては、アフリカ、オセアニア、南米、アジアなどがフィールドとして選定されてきた歴史を持つ。
3　フィールドワークによって収集される情報は、日記のように時系列にそってフィールドノートに記録されることから、その内容項目は多種多様で混沌（カオス的）の様相を呈している。フィールドワーカーは、この膨大な情報を秩序だった状態（ノモス的）に整理・分類・解釈して、全体的な（holistic）「文化」を再構築する。たとえば、伝統的なエスノグラフィーにおいては、文化は言語、婚姻・家族・親族、宗教・儀礼などの項目（エスノグラフィーにおいては目次）で記述されている（Benedict, 1946; Lévi-Strauss, 1966; Radcliffe-Brown, 1952 など）。

　このようなヒト・モノ・情報の空間的移動が稀で、文化の境界線が明確な民族誌的近代（ethnographic modernity）においては、文化は、固定的・ホモジニアス的・調和的・非歴史的なものとして理解され描かれてきた（Guputa & Ferguson, 1997）。しかしながら、現代のポストコロニアル的状況——地球規模で移動・変容するヒト・モノ・情報によって境界線や空間が流動的になった状況——は、複数の文化がせめぎ合う領域を生み出し、古典的な文化の捉え方からフィールドワーカーを解き放った（松田，2013）。まさしく多文化関係学の知のフィールド（本書のテーマでもある知の「縁側」）はここに生まれ、文化の動的・ヘテロジニアス的・混沌的・歴史的な側面も合わせた探求を促している。学問の視座や方法論の「収斂」より「併存」が重視されている多文化関係学の質的研究においては（久米他，2011）、伝統的なエスノグラフィック・アプローチを超え、グローバル化する世界をミクロ的・マクロ的に捉えようとする新しいアプローチ——たとえば、すでに文化人類学研究においては、複数地のエスノグラフィー[4]（multi-sited ethnography、Marcus, 1995）やグローバル・エスノグラフィー[5]（global ethnography、Burawoy *et al.*, 2000）がある——が、大いに期待される。

5.1.2　伝統的なエスノグラフィック・アプローチを超えるストラテジー

　この論考においては、文化人類学研究における伝統的および新しいエスノグラフィック・アプローチの議論をふまえ[6]、次の三つのストラテジーをリサーチ・

4　multi-sited ethnography は、複数の調査地（field sites）を横断する文化的現象を参与観察する方法である。移民や移住者のような境界を越えて移動する人やモノを追いかけて、複数の調査地で観察される相互関係をシステムとして捉え、テキストの中に書き込むという考え方である。
　　筆者も、「在外日本人の老い」というテーマで、アメリカ、ブラジル、イギリス、ドイツ、オランダ、オーストラリアなどでフィールドワークを実施した経験がある。フィールドに留まる時間が短くなることから、「厚い記述（thick description）」の困難さを痛感している。
5　global ethnography は、グローバリゼーションの影響が人々によって受容されたり、抵抗されたりしてきた過程を歴史的に検討することが目的である。調査地の歴史資料や過去のエスノグラフィーを参照して「いま」の現場をあぶりだす手法なので、歴史的変化が見出せるフィールドを調査地として選定する。経年的変化によってフィールド自体が消滅してしまうこともあることから、すべてのフィールドで実施できるとは限らない。その事例を一般化するとともに、ミクロからマクロへの視点を移し、現在と過去を結びつけるために再帰性（調査者と現地の人々との対話、理論と観察の往復、調査地の断続的な訪問など）が重要となる。
6　たとえば、エスノグラフィーにおける表象記述の政治性に関する議論（Clifford & Marcus, 1986）、Anthropology of Women(Feminist Anthropology) による「文化」に埋め込まれたジェンダー・バイアスに関する議論（Reiter, 1975）、方法論的ナショナリズム批判（Marcus, 1995）などがある。

デザインに組み込むことにより、多文化関係学研究におけるエスノグラフィック・アプローチの可能性を探求する。

(1) 境界を越えて移動する人々の「声（voices）」によるフィールドの構築

　境界づけられた地域やコミュニティを調査者がフィールドとして選択するのではなく、境界を越えて移動する人々を追跡することによりフィールドを構築する。ここでは、1907 年に始まるブラジルへの日本人移住者とその子孫である日系人が、日常生活における経験や感情を現在にいたるまで詠み続けてきた「うた」というディスコース[7]の総体にフィールドを構築する。日本人移民は、日本においては「国（日本）に見捨てられた（棄）民」であり、ブラジルにおいても「白人人種を以てす」という理想に埋没しており（清谷, 1998）、いずれの「文化」にも表象され難い人々である。Abu-Lughod（1991）や松木（1999）の提案にあるように、中心から離れた周縁にいる人々が自ら発する声の多様性から生まれるディスコース（ナラティブ、語り、物語、オーラル・ライフ・ヒストリーなど）をマクロ的なグローバルな状況に紡いでいく技法の応用を試みる。

(2) QDA（Qualitative Data Analysis Software）ソフトを活用した質的データの「見える化」

　文化人類学においては、KJ 法に代表されるように、質的データをセグメント化して脱文脈化し、データベース化したデータの共通点からグループ化（コーディング）し、分類されたレベル（コード）によって再文脈化して、報告書や論文のストーリーラインに組み込んでいく。フィールドの全体像を把握するためには、個々の質的データを量的にも分析する必要が生じる。しかしながら、この膨大なデータを取り扱う作業には煩雑さや困難さが伴うため、この一連の分析作業に QDA ソフトを用いることとする。そして、そのソフトの新しい分析機能であるデータの視覚化を用いて表出されたデータの関係性から、「文化」を探求するデータ分析の新しい切り口を見出す。

　7　この論考においては、言語で表現された内容の総体を示す。

(3)「うた」に込められた個々のストーリーのグローバルなストーリーへの再
　文脈化
　「見える化」によって浮かび上がってきた「気づき」の再解釈を試みる。こ
の論考においては、「うた」のミクロな分析結果をグローバルなストーリーに
つなぎ合わせることにより、データの再文脈化を行う。この二つのレベルのス
トーリーの接点から「文化」の動的な側面を浮かび上がらせる。
　はたして、このストラテジーでこれまでのエスノグラフィック・アプローチ
を超えることができるであろうか。

5.2　ディスコースとしての「うた」

5.2.1　「うた」と日系移民

　日本人移民がブラジルに持ち込んだ文化の一つに、「うた」がある。この短
歌が持つ5・7・5・7・7という日本人に耳慣れた語調と、31音（モーラ）とい
う適切な長さが、ブラジルという異文化における移民生活から生起する心情や
葛藤を表出し記録する手段となった。移住者の増加とともに短歌の作者は多く
なり、短歌は各地の日系コロニア（コミュニティ）で多数の同人誌が発行され
るまでに発展した。1938年には短歌専門誌『椰子樹』（図5-1）が創刊され、各
地の同人誌、日系新聞の短歌欄、日系団体会員誌の短歌欄や私費出版による歌
集などに掲載された作品を含めると、現在にいたるまでに幾十万首の「うた」
がブラジルに生まれては消えていった。
　1920年代の後半から30年代前半までは移民が最も多かった時代であり、サ
ンパウロ州やパラナ州などの開拓が盛んで、多くの移住地において日本人会や
青年会などによる同好会の活動が活発になった。これにともない、「うた」の
発表の場として、刹那的な新聞歌壇より短歌専門誌の発行が強く望まれ、各地
に俳句・短歌の同人雑誌が創刊された。『おかぼ』（1931年創刊、アリアンサ移住
地）、『燎原』（1937年創刊、マリリア）、『白日』（創刊年不明、パラグアス・パウリスタ）、
そして『椰子樹』（1938年創刊、サンパウロ）などである（坂根, 1938）。1938年
から2002年までに『椰子樹』に発表された短歌総数が約15万首であることか
ら（清谷, 2002）、新聞歌壇、各日系コロニアの短歌会が発行する冊子、あるい

図 5-1　短歌専門誌『椰子樹』

は私費出版の歌集に掲載された作品を合算すると、おびただしい数の短歌が発表されたと推定される。

　しかしながら、日本語の担い手の減少にともない、「うた」は衰退の一途をたどる。2002 年の時点で存在していた短歌会は、サンパウロ短歌会、ジャバクワラ短歌会、スザノ短歌会、福博短歌会、ロンドリーナ短歌会、あらくさ歌会、クリチバ短歌会の七つとなった（清谷, 2002）。日本語新聞の読者の減少により、新聞歌壇を支えていたサンパウロ新聞は 2019 年に、ニッケイ新聞は 2021 年に廃刊（有馬, 2019；中村, 2021）となった。

5.2.2　歴史的証言としての「うた」

　移民短歌には、文芸作品としての評価より、「豊富なる伯國の天然と其の環境に於いて営まれる特異の生活とに参入して、日本人にのみ恵まれたる短歌形式によって、日本的情操を鍛錬してゆく」（椎木, 1938, p.6）ツールとしての役割が期待されていた。日系移民が創作する一首一首の短歌には、ブラジルにおける移民生活の中で心が揺さぶられたことが簡潔に記述され、その総体は日系移民の生活や人生そのものを網羅するまでに豊かになった。

　『椰子樹』の編集委員を務めた清谷益次（1998）は、この中から 121 首を選定し、日系移民史に準拠して、以下のような 13 のテーマにカテゴリー化している（表5-1）。そこには、(a) 移民初期の労苦、(b) 移民の挫折、(c) 郷愁（思郷・望郷）、(d) 子弟の教育とブラジル化への恐れ、(e) 日本移民排斥の風潮（日本語学校閉鎖・邦人新聞発禁）、(f) 戦争、(g)「勝ち組」短歌、(h)「異種婚」と「混血」の子孫、

表 5-1　移民短歌のカテゴリーと作品例

	テーマのカテゴリー	作品例	備考
	(a) 移民初期の労苦	水の如き粥すすりつつ植民の成功急ぐを思うて悲し	カマラダ：農村の日雇い労働者
	(b) 移民の挫折	死ぬほどの病癒える妻が炊く日に暖まりカマラダに出る／この国におおただしく乏し年月は遥に空しきもののごとく思え	コケーロの家：椰子の木を割って壁とした家
	(c) 郷愁	移り来て二十年経たれど我未だコケーロの家に住み貧しく暮らす／リオ・デ・ジャネイロなみうちぎわにおりたちて「日本」と砂に書きても見たり	海：移民と故郷をつなぐ唯一の道
歴史的テーマ	(d) 子弟の教育とブラジル化への恐れ	あくがれの夢り来る日は幻なりき書きぬ籍庭の如き日本を／十三といふ年にしてゆかたこの日本語との教育綾踏みたるか新聞に帰国挨拶の広告多し	作者はブラジル生まれの二世
	(e) 日本移民排斥の風潮	日本語学校閉鎖の記事みつつ勇し悲しみは消さむ術なし／官憲の家を捜査を受けし夜は移住の意義を想いていねず	日本語学校の閉鎖（1938年）／ブラジル対日国交断絶（1942年）
	(f) 戦争	祖国の終いの勝利は疑わず吾等生まをり敵の国土に／国交はついに断たれぬ祖国の言葉使え街歩めいろもも	ブラジル対日国交断絶（1942年）
	(g) 「勝ち組」短歌	負け組に娘はやらぬという組の一人に君の父あり／我がためのたたかいならば我勝たん世のためのならば勝も譲らん	終戦後のある時期までは日系社会の多くが「祖国は勝っているのだ」と信じ、十年間にわたり日系社会を混乱させた
	(h) 「異種婚」と「混血」の子孫	同化とは美しかれど血の混じるときの犠牲はやすらかならず／曾孫生まれるころまりも目の色をたずねしわれの性を悲しむ	
	(i) 出稼ぎ（日系社会の将来への不安など）	今更に何の勤めか国を出て出稼ぎに行くと六十二歳／こんな良い国はないのに何故捨てて出稼ぎの子の日本便り	ブラジル日系人の日本への出稼ぎは、1985年ごろから始まる

非歴史的テーマ	(j) 移民としての「老」の歌	永住と決めて移りし此の土地に妻と吾との墓を構ふ	「永住」：ブラジル国内での最後の居住地
	(k) 哀歓	にんにくをいためて豆を煮ることも慣れてゆくこの国に老ゆ	ブラジルの豆料理、フェジョーンのこと
		在りし日は故郷に帰りて死にたしと言いしもここに眠れり	
	(l) 風土	いささかも肥料はせねど畑つ物なべてみのりうましこの国	畑つ物：畑からの収穫物
		はつ夏の夕べ早くもパモーニャを売りくる声の今年も聞こゆ	パモーニャ：トウモロコシでできた生地を葉で包みゆでたブラジル料理
		住み古りし南回帰線の過ぎる都市夕焼け色のマンゴーを食ふ	
	(m) 日本人とは	金だすず兎角異議あり架けずにはおかれぬ橋に議論沸騰す	橋：日系コミュニティの共同使用の橋
		大風呂敷をひろげて得意なる政治屋に軽々しく移民問題を扱われたくなし	

（i）出稼ぎ（日系社会の将来への不安、肉親・親類・縁者の間に醸すもの、恥辱の思い）、（j）移民としての「老」の歌（誇り、諦観、悔恨・苦渋、懐旧）、（k）哀歓、（l）風土、（m）日本人とは、など日系移民の人生のテーマが浮かび上がっており、それぞれの作品はさながら歴史の証言となっている。

5.2.3　「うた」のエスノグラフィー

　この「うた」の総体は、フィールドワーカーやエスノグラファーのフィールドノートに記載されたテキストの総体に似ている。フィールドワーカーやエスノグラファーはフィールドで経験したことやインフォーマントにインタビューした内容のひとつひとつを記録に残すのであるが、日本からの移民という視点で構成された膨大な言葉の集合体に分け入ってみると、歴史の証言のみならず、「うた」という形式を持った日常生活を素朴に表したディスコースであることがわかる。自ずと日系移民が共有する日常生活の一コマ、慣習や価値観（「言葉」「家族」「国籍」などの文化的葛藤）もテーマとして浮かび上がってくる。

> ブラジル語解せぬ故に文盲とあなどられて来て長き歳月（言葉）
> ブラジル語習う心もなくなりて辞書いたずらに棚に古りたる（言葉）
> 異人の妻を伴う邦人が吾が瞳を外す罪あるごとく（家族）
> ことごとく夫よ毛唐と言う勿吾が姓吾が血を継ぐ孫の母（家族）
> 帰化もせずここブラジルに住み古りて日本国籍大事に保つ（国籍）

　この論考においては、ブラジル特有の風土や文化によって引き起こされる心情や葛藤を味わった者だけが作りうる作品のテーマの中でも、フローラ（植物相）[8]とファウナ（動物相）[9]に焦点をあて、日本とブラジルにそれぞれのバナキュラーな（vernacular: 土地に特有な）文化と、この二つの文化を移動する人々との関係性を分析するため、「食（材）」や「味（覚）」も含めた食文化（下線参照）に注目したい。

8　ある地域に生育している植物の全種類のこと。
9　ある地域に生息している動物の全種類のこと。

　　食料の豊かな国に住み古りてなお<u>日本食</u>を恋しと思う（日本）
　　アマゾンにてＮＨＫの番組の<u>日本食</u>をば貪りて見る（日本）
　　ブラジルに住みて七十年いまになほ正月となれば<u>雑煮</u>を食ぶる（日本）
　　久々に合ううから[10]なごやかに<u>シュラスコ</u>[11]匂い飛び交う会話（ブラジル）
　　喜寿祝いに又来ると固く指切り<u>シュラスコ</u>匂う庭を出で来ぬ（ブラジル）

　南半球にあるブラジルの移民としてブラジルの文化や社会とせめぎ合いながら、ブラジルに長年住んでもなお日本食を欲するというような食に関する共通の体験や、ブラジル文化環境の影響を受けて変わる日系文化の食の諸相が見えてくる。

5.3　「うた」にみる日系食文化の「見える化」

5.3.1　「見える化」の手法

　ここでは、膨大な質的なデータ分析を行うため、QDA ソフト（Qualitative Data Analysis Software）NVivo を使用した内容分析という手法を使って、移民短歌における食文化の「見える化」を試みる。このソフトは、QSR International (Qualitative Scientific Research International) によって開発・販売されている質的データ分析用のソフトで、インタビュー調査から得られた質的データやナラティブの分析に広く用いられている（古川，2019）。

　まず、1997 年から筆者がブラジルで実施したフィールドワークにおいて収集できた短歌専門誌『椰子樹』（発行：椰子樹社、出版地：サンパウロ）を「戦前」「戦後」「現在」の 3 期に分け、1 号（1938 年）、21 〜 27 号（1949 〜 1951 年）、298 〜 339 号（2002 〜 2008 年）、および特集号数巻（1994 〜 2002 年）に掲載されている短歌 37,731 首のデジタル化を行った（表 5-2）。

　年代によるデータ量の偏りが生じてしまった大きな理由は、発行部数が限られている雑誌資料のほとんどがインフォーマントによる寄贈によるところにあ

10　「うから」は親族のこと。
11　シュラスコはブラジルスタイルのバーベキュー。鉄製の串に刺した肉に岩塩を振って炭火で焼く。

表5-2　分析対象とした「うた」

	号数	掲載年度	掲載短歌総数	食に関する作品数	割合
戦前	1号	1938	313	22	7.0％
戦後	21 〜 24、27 号	1949 〜 1951	3,165	263	8.3％
現在	298 〜 339 号、特集号	1994、1996、1998、2002 〜 2008	34,253	2,117	6.2％
合計			37,731	2,402	6.4％

表5-3　移民短歌における食に関するカテゴリーの生成過程

うたのディスコース（作品数：2,402 首）	抽出語（2,795 語）	食のカテゴリー（974 カテゴリー）	フローラ・ファウナに基づく食文化
わが作る味噌汁じっとみておりて　もう覚えたと金髪の嫁	味噌汁	味噌汁	日本
佃煮を作る過程の紫蘇の香を　ブラジル娘は異臭という	佃煮　紫蘇の香	佃煮　紫蘇	日本
日本人のみが知りいるかゆの味　この味を知れば本当の病人か	かゆの味	粥	日本
街にみる林檎に梨に富有柿みな　日系努力の実りなり	林檎、梨、富有柿	りんご、梨、柿	日本
フェイジョンとビッフェを食す二世等は　体力旺盛を娘は疑わず	フェイジョン　ビッフェ	フェイジョン　ビッフェ	ブラジル
父の日に家族集まりシュラスコす　故郷に在す父語りつつ	シュラスコ	シュラスコ	ブラジル
労作のぶどうより高値に売られおり　ジャボチカバの太き円ら実	ジャボチカバ	ジャボチカバ	ブラジル
味のないシュシュの旨さをやっと知り　遅ればせにも永住決める	シュシュ	シュシュ	ブラジル

る。筆者は、日系人口の多いサンパウロ州（サンパウロ、グアルーリョス、スザノ、サントス）、パラナ州（ロンドリーナ、クリチーバ、マリンガ）、パラ州（ベレン）、アマゾナス州（マナウス）などの複数の調査地でフィールドワークを実施していたが、協力者であるインフォーマントの女性の一人が『椰子樹』の文芸活動に参加されており、自宅で長年保管されていた雑誌資料のすべてを「不要」として排出してくださった。欠号の資料も探したのであるが、発行された雑誌すべてを網羅することができなかった。特に外国語の出版物の検閲があった戦前、あるいは日系社会の混乱期にある終戦直後に発行された雑誌を入手することは、困難であった。

　次に、食に関する語句、たとえば、作品例から解析作業の過程を示した表5-3にあるように、「味噌汁」「佃煮」「紫蘇の香」「かゆの味」「林檎」「梨」「富有柿」

「フェイジョン（白米にかけて食べるブラジルの豆料理）」「ブッフェ」「シュラスコ」「ジャポチカバ（幹に直接生える、果皮が濃紫色の果実）」「シュシュ（日本名はハヤトウリ）」などを含む 2,402 首（全体の約 6.4%）を抽出し（抽出された語は 2,795 語）、類義語の整理を行った。たとえば、「林檎」「リンゴ」「赤りんご」「フジリンゴ」「フジ」などは「りんご」として、「珈琲」「カフェ」「カフェー」などは「コーヒー」として、「KAKI」「富有柿」「甘柿」などは「柿」として食のカテゴリーを生成した。そして、この 974 種の「食のカテゴリー」の質的データの分析を行った。

5.3.2　食のワードクラウド

　分析対象とした「うた」に表出したすべての「食のカテゴリー」の頻出単語を使ったワードクラウドによって「見える化」したものが図 5-2 である。ワードクラウド上にある文字の大きさは頻出度に比例しており、それの高い言葉ほど中央に、関連性の高い言葉がその近くに配置される。

　「コーヒー」のまわりに「りんご」「柿」「餅」「紫蘇」「味噌」「魚」などの最頻語が中央に位置し、その周辺に「ジャポチカバ」「マラクジャ（パッションフルーツ）」「マンジョカ（キャッサバ・芋）」などのブラジルの野菜・果実が配置されたワードクラウドとなっている。これは、日系人の食文化の中心にはコーヒー（エス

図 5-2　食文化のワードクラウド

プレッソに大量の砂糖を入れて飲むのがブラジル特有の飲み方）にあり、その外側に日本にバナキュラーな食環境が、さらにその外側にブラジルにバナキュラーな食文化が周辺に取り巻くように混在していることを示している。「うた」においては、たとえば、日本特有の食文化である「（梅干し用）紫蘇」「（正月用）雑煮」などは日本を象徴するものとして、ブラジル特有の「コーヒー」「フェイジョン」「マンゴ」「ゴヤバ（ブラジルの野菜・果物）」はブラジルを象徴するものとして表現されている。

5.4　食のワードクラウド比較

5.4.1　通文化的比較

　図5-3は、通時的な比較をするために「戦前」「戦後」「現代」の三つの年代区分ごとに、食のワードクラウドを作成したものである。各年代別のデータ量の偏りがあるが、それぞれの年代区分によるワードクラウドの食のカテゴリーの構造が浮かび上がり、1980年代までには日系移民のブラジル食文化へのバナキュラー化が進んでいたことがわかる。

　「戦前」（図5-3の左上）のワードクラウドにおいては「みかん」「コーヒー」「トマト」が抽出された。「戦後」（図5-3の右上）においては「コーヒー」「酒」「バナナ」「飯」「夕餉」「トマト」「柿」「味噌」などの抽出語が中央に位置している。「コーヒー」「バナナ」「トマト」を除けば、日本にバナキュラーな食のカテゴリーが多くを占めている。

　「現代」（図5-3の右下）においても、「コーヒー」が食の中心となっていることに変化はない。「コーヒー」に次いで「りんご」「柿」と続き、「餅」「酒」「味噌」などが中央近くに表出している。ブラジルにバナキュラーな食材（たとえば「ジャポチカバ」「アセローラ（赤色の果皮の果実）」「マンジョカ」など）のワードクラウド上における位置に変化は見られないが、その種類は豊かになっており、日系移民がブラジルの大地の恵みを受けながら生きてきたことが窺える。

5.4.2　「リンゴ」と「柿」のグローバル・ヒストリーと日系人のアイデンティティ

　図5-2および図5-3からは、日本にバナキュラーな食文化とブラジルにバナ

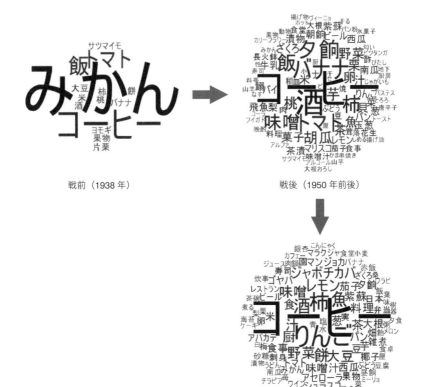

図 5-3　食のワードクラウドの通文化的比較

キュラーな食文化が、日系移民の日常の食生活の中で、分立しながら混在している様が見えた。さらに、食に関する作品数が最も多い「現代」のデータを使って、それぞれのバナキュラーな食文化に関わるカテゴリーだけを抽出し、ワードクラウドの比較を試みた（図 5-4、図 5-5）（金本，2022）。

　日本にバナキュラーな食文化を示すワードクラウド（図 5-4）からは、ステレオタイプ的な日本食の代表ともいえる「餅」「寿司」「天ぷら」が浮かび上がってくると推察したが、「リンゴ」と「柿」が最頻出ワードとして中央に浮かび上がってきた。ブラジルにバナキュラーな食のカテゴリーから作成されたワードクラウド（図 5-5）においては、日系人が生産者と生活者として関わっている「コーヒー」が中央に位置している。その周縁には、ブラジルの豊かな風土を

図5-4　日本にバナキュラーな食文化のワードクラウド

図5-5　ブラジルにバナキュラーな食文化のワードクラウド

象徴するように、多種多様な果物や野菜が配置されている。さながら日系人がフェイラ（市場）で日常の買い物をしているような活気に満ちた風景を彷彿させる。

　それでは、寿司やてんぷらといった現代日本の食のステレオタイプを超えて、この「うた」の「見える化」から浮かび上がってきた「りんご」と「柿」と、ブラジルの日系人の間にはどのような関係性が見出せるのであろうか。

(1)「ふじ」のグローバル・ヒストリーと日系人

　リンゴは、西アジアのコーカサス山脈地方を原産地として、ヨーロッパ、そこから次にアメリカを経て地球を西回りしながら東アジアに伝播してきた。日本においては、外国からの農作物が導入されるようになった1871年に、日本政府がアメリカから70種の苗木を輸入したことから始まるとされている（西宮, 2007; 西尾, 1997）。日本に根づいたリンゴは、「国光」「紅玉」「ゴールデン・デリシャス」などであったが、その後品種改良が進み、1960年代には果汁が多く、甘酸の調和があり、食味の良い新品種の「ふじ」が生産されるようになり、世界各国へ伝播していった（西宮, 2007）。

　一方、ブラジルのリンゴ栽培は、気候の点からも、営利栽培は行われていなかった（橋本, 1978）。日系移民より歴史の古いドイツ移民が欧州から持参したリンゴの実生（種子から発芽した幼植物）から見出され、ブラジルにおいても栽

培されるようになったが、1970 年代においても、ブラジルのリンゴの多くは
主にアルゼンチンから「高級果物」として輸入されていた。遠方からの輸送の
途中で水分が失われたものが多く、果肉の硬度が下がり柔らかくなったものが
ブラジル人にとってのリンゴであり、もっぱら病人用のスプーンですくって食
べる果物であった（三田，2011）。

　1960 年代末から 1970 年代初頭、サンタ・カタリーナ州の政府が日本のリン
ゴ研究の第一人者をブラジルに招聘し、日本人移民によって設立されたコチア
農業組合と連携を図りながら、「ふじ」を栽培する一大リンゴ生産団地をサン・
ジョアキンに作ることに成功を収めた（三田，2008）。現在においては、ブラジ
ルはリンゴの輸出国となり、日本人が育てたブラジル産りんご「ふじ」は、ブ
ラジルの経済や産業の発展に大きく貢献した（飯山，2016）。今やブラジルにお
けるリンゴは、日系移民が育てた「ふじ（maçã fuji）」となった。日系移民短歌
では、以下のように、リンゴのグローバルな歴史的発展の俯瞰図におけるブラ
ジル日系移民の足跡が記述されている。

　　フジのリンゴ柿は其のまま呼ばれ居て朝市にても知らぬ者なし
　　此の国にマッサンフジは定着すりんごさくさく日本の味
　　出盛りのブラジル産のりんご「富士」われらが日々の食卓潤う

(2)「富有」のグローバル・ヒストリーと日系人

　柿の原産地は、日本および中国である。柿は、18 世紀頃に日本からヨーロッ
パに新しい果実として紹介されて栽培されるようになり、1890 年頃にフラン
スの苗木業者と種子の交換により、ブラジルへ伝播してきたといわれている（橋
本，1978）。ブラジルに導入された柿は渋柿で、美味しく食するには渋抜きが必
要であった。渋抜きをした柿は、皮のまま櫛形に切り、完熟して柔らかい果
肉を「吸い」ながら、あるいはスプーンで「すくって」食べられていた（三田，
2011）。現在のブラジルのポルトガル語では "caqui" と表記されるが、1913 年ま
では "kaki" という表記が使われていた（三田，2017）。

　戦前の日系移民にとっての柿は、故郷の懐かしい故郷の風景のアイテムとし
て、あるいはお正月の干し柿などとして自家で消費するために庭先に植えられ

ていた。この日系移民がブラジルに持ち込んだ柿は、甘柿の「富有」（1916年）や「次郎」（1823年）であった。戦後の1950年代には、甘柿の栽培が順調に進み、完熟した渋柿よりは日持ちがするということからブラジルの消費市場で出回るようになり、今日では、ブラジル人にとって柿は"caqui fuyu"となり、固い果肉を「食べる」物となった（三田, 2011）。リンゴと同様、以下のような移民短歌には、柿のグローバルな歴史的発展とブラジル日系人の歴史との接線が現れ出ている。

　　KAKIいふ日本名なる果物が異国の店頭（みせ）で秋を告げおり
　　しみじみと一人で食める富有柿過ぎし日の団欒思い出しつつ
　　ポルトガル産柿がフェイラで売られいて何かを侵害されし思いす

(3) 日系人のアイデンティティ

　　街にみる林檎に梨に富有柿はみな日系の努力の実りなり

　「りんご」は、西アジアからヨーロッパを経てアメリカから日本に伝播し、日本人が改良を重ねて「ふじ」を生み、日本人移民がそれをブラジルに導入し、そして日系移民が発展させたというグローバルなストーリーを持つ果物であることが明らかとなった。一方、「富有」は、日本人移民が直接日本からブラジルに導入し、栽培し、成長させたという、グローバルな同様の歴史を持つ（南坊, 1959；小嶋, 2013）。いずれもブラジル社会において日本人・日系人が成しえた偉大な業績の一つと考えらえる。これらの果物の開発と普及は、日本からブラジルに移住した日系人の人生であり、歴史であり、彼らの誇りそのものである。

5.4.3　消えゆく「うた」文化
　文化は変容する。家族間の絆が強い日系大家族の世代間の移り変わりも、当然のことながら、日常生活の発見として「うた」に詠み込まれる。

　　日本語をはなせぬ二世も梅干しやおにぎりを好みほほばりている

114

　　一世とは家族の中に一人なりお雑煮食べつつ思う孤独よ

　これらの「うた」は、食文化は次世代にうまく継承されているが、世代間の
コミュニケーション・ツールである日本語はうまく継承されていないことを示
唆している。一世は、二・三世が話すブラジル・ポルトガル語を聞いて理解で
きても、複雑なことになるとブラジル・ポルトガル語で返答をすることは難し
い。その逆もまた然りである。このコミュニケーションの掛け違いは、長年ブ
ラジルに居住していても母語・母文化に依存する一世特有の「孤独」を生み出
している。
　移民短歌は、戦前の移住者である一世が中心となって発展してきた。現在に
至っては、一世の高齢化が進み、その担い手は減少の一途をたどっている。言
葉が大きな壁となって、若い世代の短歌作者を育てることが極めて困難なので
ある。今や、ブラジルの「うた」文化の衰退・消滅は、避けられない状況にある。
　一方、家族との毎日の食事や、結婚式、葬式や法事などの儀式、そして日系
コロニアにおける新年会や老人会、盆踊りや移民式典などの年中行事において
は、梅干しのおにぎり、寿司、焼きそば、うどん、饅頭などの手作りの日本食
が世代を越えて共食されており、言葉ではなく、食の記憶として若い世代に連
綿と受け継がれている。この新しい世代においては、日本語の「うた」ではな
く、SNS上の写真や映像がその代役となっている。このような日常生活の経験
や感情を吐露するメディアの変化は著しく、デジタル・スペースをフィールド
としたサイバー・エスノグラフィーとその方法論の議論も始まっている。多文
化関係学会においても、大いなる議論が待たれるところでもある。

5.5　おわりに

　筆者は「肘掛け椅子」人類学者ではないが、2020年から世界に広がったパ
ンデミックによって従来の研究方法を再検討せざるをえない状況となった。そ
こで、ローカルなフィールドに生活する人々とのミクロな相互作用から「文化」
を探求する方法ではなく、未整理状態のアーカイブの山々に分け入るフィール
ドワークにとりかかった。

　この論考で分析対象とした短歌集は、ブラジルの家庭や日系人会の本棚の角に放置されており、ほとんど捨てられかけていたものであったが、研究のリサーチ・デザインを再考・熟慮・深化させることで、分析に耐えうるテキスト・データに蘇らせることができた。ガラクタに埋もれていた膨大な数の日系移民の「うた」のひとつひとつは、境界を越えて移動する人々の「声（voices）」であり、その総体は文化そのものであった。戦前から現代までの数万という多種多様な声を整理しデータ化するためには、QDA ソフトが力強い研究助手の役割を果たしてくれた。長年にわたるフィールドワークによって染みついた「現場感覚」——あるいは、ローカルな人々に対する理解——は、テキスト・データのグルーバル・ヒストリーへの再文脈化を助けてくれた。この論考における伝統的なエスノグラフィック・アプローチを超える試みは、思いもかけない発見を導いてくれた。これは、「収斂」より「併存」という多文化関係学の包摂性に依拠するところが大きい。

　"Garbage in, garbage out（ガーベッジ・イン、ガーベッジ・アウト）" という格言がある。文化人類学に根を張るエスノグラフィック・アプローチや多文化関係学で多用されているインタビュー調査などの質的研究においては、研究の原石ともいえるデータの収集が要となることはいうまでもない。ゴミの中にも宝はある。データを極めて文化をテキスト化するのは、研究者自身であることを忘れてはならない。

謝辞
　長年にわたるブラジルにおけるフィールドワークにご協力いただいた日本人・日系人の皆様に感謝を申し上げます。
　また、本研究は、JSPS 科研費課題番号 20K01205（「在外日本人高齢者のリターン・マイグレーションに関する文化人類学的研究」研究代表者：金本伊津子）、JP24617023（「グローバル・マイグレーションと在外日本人の老いに関する文化人類学的研究」研究代表者：金本伊津子）、JP21320166（「少子高齢・多文化社会における福祉・教育空間の多機能化に関する歴史人類学的研究」研究代表者：鈴木七美）、JP16520513（「多文化社会における日本人移民の老いとエスニシティに関する文化人類学的研究」研究代表者：金本伊津子）、JP13871043（「ブラジル多文化社会における日本移民の老いとエスニシティに関する文化人類学的考察」研究代表者：金本伊津子）の助成を受けたものです。

引用文献

Abu-Lughod, L. (1991). Writing against culture. In R. G. Fox (ed), *Recapturing anthropology: Working in the present* (pp.137-162). School of American Research.

有馬亜希子（2019, June 19）.「サンパウロ新聞廃刊の経緯：元記者が書く最後の 9 か月赤字 1 千万レアル　読者 1800 人　分断する会社側と社員の気持ち　謎の投資家登場で二転三転」ブラジル日報『ブラジル日報』（朝刊）.

Benedict, R. (1946). *The Chrysanthemums and the sword: Patterns of Japanese culture.* Houghton Mifflin Company.

Burawoy, M., Blum, J. A., George, S., Gille, Z. & Thayer, M. (eds.)(2000). *Global ethnography: Forces, connections, and imaginations in a postmodern world.* University of California Press.

Clifford, J. & Marcus, G. E. (eds.) (1986). *Writing culture: The politics and the policies of ethnography.* University of California Press.

藤田結子（2018）.「グローバリゼーションをいかに記述するのか：ニュース政策とオーディエンスのエスノグラフィーを中心に」『マス・コミュニケーション研究』93, 5-16.

古川亮子（2019）.『看護研究のための NVivo 入門』新曜社 .

Guputa, A & Ferguson, J. (1997). Beyond culture. In Guputa, A. & Ferguson, J. (eds.), *Culture, power, and place* (pp. 1-29). Duke University Press.

橋本梧郎（1978）. ブラジルの果実　熱帯農業技術叢書, 15. 農林省熱帯農業研究センター .

飯山聖基（2016）.「ブラジル産「ふじリンゴ」を育てた日本人」『ODA メールマガジン』337. 外務省 . Retrieved from https://www.mofa.go.jp/mofaj/gaiko/oda/mail/bn_337.html（2021 年 8 月 8 日）.

金本伊津子（2022）.「ブラジルに消えゆく「うた」のエスノグラフィー：日系移民短歌にみる食文化」河原典史・大原関一浩 編『移民の衣食住 I：海を渡って何を食べるか』（pp. 218-223）文理閣 .

清谷益次（1998）.「証言としての移民短歌：ブラジル日系人の百二十一首とその周辺」梶山美那江 編『積乱雲：梶山秀之──その軌跡と周辺』（pp. 696-767）季節社 .

清谷益次（2002）.「ブラジル「移民短歌」の現況」『椰子樹』300, 34-38.

小嶋茂（2013）. 日本の食をアメリカに伝えた日本人移民（南米編）*FOOD CULTURE*（キッコーマン国際食文化研究センター誌［フードカルチャー］）23, 3-10.

久米昭元・松田陽子・抱井尚子（2011）.「序章　多文化社会日本と多文化関係学的アプローチ」多文化関係学会 編『多文化社会日本の課題：多文化関係学からのアプローチ』（pp. 9-37）明石書店 .

Lévi-Strauss, C. (1966). *The savage mind.* Weidenfeld & Nicolson.

Marcus, G. E. (1995). Ethnography in/of the world system: The emergence of multi-sited ethnography. *Annual Review of Anthropology,* 24, 95-117.

Malinowski, B. (1922/2014). *Argonauts of the Western Pacific.* Routledge Classics. (Original work published 1922, Routledge & Kegan Paul PLC)

松田素二（2013）.「現代社会における人類学的実践の困難と可能性」（第 7 回日本文化人類学会賞受賞記念論文）『文化人類学』78 (1), 1-25.

松木啓子（1999）.「ナラティブアプローチの可能性と限界をめぐって：「異文化」理解の詩学と政治学」『言語文化』1 (4), 759-780.

三田千代子（2008）.「文化のダイナミズムを生み出すヒトの移動」『ブラジル特報』1, 3-5.

三田千代子（2011）.「それはグローバルな旅の結果：ブラジルの栽培作物の変化と日本移民」『立教大学ラテンアメリカ研究所報』9, 51-60.

三田千代子（2017）.「南北アメリカに渡った Kaki：形而下の栽培作物の文化史」『天理大学アメリカス学会ニューズレター』77, 1-11.

南坊進策（1959）.「日本人移住者のブラジル農業への貢献」『熱帯農業』1 (3), 103-108.

中村聡也（2021, December 16）.「ブラジル最後の邦字紙「ニッケイ新聞」廃刊 “負け組” 元記者の思い」『毎日新聞』（朝刊）.

西宮俊之（2007）.「リンゴの消費や需要に見る歴史文化性の差異について」『弘前大学大学院地域社会研究科年報』4, 21-38.

西尾敏彦（1997）.「「農業の文明開花」を先導した田中芳男：リンゴ普及に技術者魂」公益社団法人農林水産・食品産業技術振興協会. Retrieved from https://www.jataff.or.jp/senjin/biwa.htm（2021 年 9 月 10 日）.

Radcliffe-Brown, A. R. (1952). *Structure and function in primitive society*. Cohen & West.

Reiter, R. (ed.) (1975). *Toward an anthropology of women*. Monthly Review Press.

Said, E. (1979). *Orientalism*. Random House.

坂根嵯峨（1938）.「椰子樹の創刊を祝ひて」『椰子樹』1 (1), 2.

椎木文也（1938）.「日本的情操の鍛錬」『椰子樹』1 (1), 6.

第6章
異文化滞在者の健康心理学的支援としての異文化間食育の提案

田中共子（岡山大学）

6.1 はじめに

6.1.1 多文化関係学と心理学的アプローチ

　多文化関係学は多様なディシプリンが集う極めて魅力的な場であり、筆者はそこに心理学ベースのアプローチをとって参加してきた。心理学の研究も国際的流動性の高まりを受けて、文化がらみの研究が増えてきている。心理現象における地域的バリエーションの発見は、西洋文化圏で発展した心理学を人類の心理学へと問い直す視点をもたらしている。

　文化を扱う心理学の主な研究の種類を、筆者なりに分けてみた。まず、比較文化心理学は、文化間の現象を比較して文化の特徴を示す研究といえよう。幸福感の国際比較（田中他，2021）など多くの研究があるが、文化の括り方には一般的ないし慣習な経験的区分がよく使われる。次に文化心理学は、文化という概念の説明を試みているように思われる。自己観をもとに心理現象を解釈しようとする北山（1994）などがみられ、文化の括りを所与のものとせず、差異を心理学用語で解読しようとする。そして、日本語訳が定着しきれていない感のある Indigenous psychology（Kim *et al.*, 2006）は、あるエスニック集団に特徴的な心理現象を描出してくる。日本なら「甘え」の研究（土居、2007）などがこの視点に該当するだろう。西洋は標準でも基準でもなく、世界は多極的であり、全ての文化に特徴があるとみる。最後に異文化間心理学は、異文化接触現象の心理を取り上げて、対人関係形成などの動的な現象に注目する。教育や応用と結びつき、応用言語学など隣接分野とも共同しやすい。筆者はこの分野と縁が

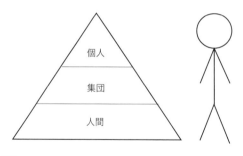

図 6-1　人間理解の 3 層モデル
Hofstede *et al.*（2010、岩井八郎・岩井紀子訳 2013）をもとに筆者が作成

深い。

　一昔前に信じられていた、心理現象は世界で均質であるというユニバーサル性を前提視する心理学は、実際のところ検証は未完である。しかし、心理学の発展の歴史が西洋で先んじるため、それを一般心理学、主流心理学と表現する見方もある。今のところ西洋以外からの発信力は発展途上にあり、多くの知見や法則がその検証を待っている。多様性の見取り図がまだ部分的なために、何がどこまで文化の影響で、どのような機序によるのかなどは、現在進行形の問いである。真にユニバーサルな心理学が完全に姿を現わすにはまだ時間を要すると思われ、その解明は将来への課題になっている。

6.1.2　研究の視点と対象

　筆者のたどってきた道は、課題を追う際の一つの例になるかもしれない。まず、文化を組み込んで人間を理解する基本的な人間観としては、人間理解の 3 層モデルを置いている（図 6-1）。最下層は人間としての共通の特徴、中層は所属集団の特徴、最上層は個人としての特徴で、まとめて一人の人間が理解されると考える。この中層を文化、上層をパーソナリティーとみることができる。中層のない 2 層モデルで人を見ると、集団の特徴を個人に帰属してしまうことになりかねない。集団の特徴を個人の個性によるものとして捉え、評価してしまう可能性が考えられる。逆に中層しか視野に入らなければ、文化決定論に陥る。どの特徴がどの層由来かは必ずしも明示されないため、人間理解に戸惑いと混乱が生じる。

　筆者は「異文化接触の心理学」の授業では、このモデルを示しながら、人間心理への文化の影響について「気づき（Awareness）」を得て、動態について「理解

（Understanding）」し、「対処（Coping）」を学習するという順に扱う。この枠組みを、AUC-GS 学習モデルと呼んでいる（田中, 2015a）。アクティブラーニング方式でこれらを学ぶと、文化が人間の心理に影響を与えていることへの理解が養える。

6.1.3　異文化適応研究の実施

　異文化適応研究の中では社会的関係性に注目して、異文化接触に伴うダイナミクスを解読しようと試みてきた。共同研究者と「多文化関係学」誌で発表した次の 10 本の論文は，こうした研究関心と多文化関係学との接点をよく表している。在日外国人ケア労働者の異文化適応と異文化間ソーシャルスキル（畠中・田中, 2013, 2015）、在日中国人の文化変容方略（趙・田中, 2020）、そして在日留学生の willingness to communicate（Simic *et al.*, 2007）では、在日外国人の異文化適応を取り上げた。日本人学生の異文化葛藤対応（奥西・田中, 2009）や留学生への文化的サポート（奥西・田中, 2008）、留学生に期待する文化行動（田中他, 2011）、在日ムスリムとの対人関係形成（中野・田中, 2017）、日本人学生の個人 - 集団主義（下田・田中, 2006）では、日本国内での異文化接触に焦点を当てた。在ブラジル日本人の異文化適応（迫・田中, 2018）では、在外日本人を対象に据えた。

　これらは異文化間心理学の関心を共有する、社会心理学、臨床心理学、応用言語学、日本語教育学、英語教育学、看護学、コミュニケーション学の学際チームで研究された。そこに縁側性が生まれ、シナジーが形作られていく様子がみられる。異文化接触はさまざまな現場で起きるので、そこに精通した研究者と組めば、現場の構造や事情を織り込んだ考察を深めることができる。上記の論文は、日本語教育や国際協力を専攻する学生や院生の教育にも使っている（田中, 2022）。「自分だったら次にどういう研究をしたいか、構想を自由に書いてください」という課題を出すと、各自の問題意識が反映されて興味深い。

6.2　健康心理学的視点からみた異文化滞在者

6.2.1　異文化圏への環境移行

　世界にはさまざまな文化圏があり、多文化関係学はその関係性に着目してき

たわけだが、生きた人間が異文化性を備えた生活圏の間を移行するとしたら、いかなる現象が生じるだろうか。異文化圏への環境移行では、大きな変化に直面して生活の調整を求められるが、滞在期間が長くなれば、社会との関わりが深まり、異文化滞在者としての反応はより複雑になる（田中，2000）。その健康にも変化が生じるだろう。

　筆者は異文化接触の心理に関する学際研究に従事してきたが、基盤は社会心理ベースの健康心理学にある。異文化滞在者の心身の健康を測定し、機序を探り、その応用として教育実践を計ってきた。健康という複合事象を「生理・心理・社会モデル」、すなわち、生理的な状態と心理的な力動と社会的な影響から読み解くべく実証的な把握を試みてきた。異文化滞在者の研究に心理学的な観点を導入してきたといえる。逆に心理学的な健康研究からみれば、異文化滞在者の健康を理解するのに、文化概念や異文化の要素を組み込んだ研究ということになる。別々だった両視点の邂逅が、新たな研究を生み出していったとみるなら、筆者らの多文化関係学的アプローチはそこをつないできた。

　健康心理学における文化への注目が比較的新しいことは、2002年刊行の健康心理学の基本テキストシリーズ（日本健康心理学会編，2002a，2002b，2003a，2003b）に文化の要素が希薄なことからもわかる。だが、2019年の『健康心理学事典』（日本健康心理学会編，2019）には、異文化滞在者や世界の健康格差の項目が載り、国際化時代の実践に関するコラムが入って、文化要素の取り入れが進んでいる。そこに多文化関係学の関連分野に及んだシナジーの表れを見ることができよう。

6.2.2　健康管理の応用問題

　国際的流動性の高まりは、環境移行が心身に与える影響への注目をもたらし、「カルチャーショック」という言葉が生まれた（Oberg, 1960）。人が異文化圏に移動した場合、徐々になじんでいく様子が見られるものの、苦労する時期を経ることも多く、その進展が難航する場合もある。こうした動態が、異文化適応という過程性の変化として捉えられるようになった。

　異文化適応は、個人と環境の相互作用の所産である。個人のパーソナリティーや能力の研究からも、ソーシャルサポートや偏見などの対人的、社会的な要素

の研究からもアプローチされる。困難体験は精神疾患や心身症の発生を促すため、臨床実践の対象にもなる。語学教育とも接点があり、日本語教育の能力試験に「異文化受容・適応」の問題が出題されるなど（たとえば、公益財団法人日本国際教育支援協会，2021）、異文化間教育や留学生教育に知見が活用されている。行政や NGO など、異文化滞在者の支援源となる組織からの関心も高い。

　異文化適応の過程では、しばしば健康状態が変化する。国際化時代の社会的課題として異文化適応が認識されてくると、現代人の健康管理を考えるにも、日常生活のみならず、異文化圏への環境移行を経た場合でも健康を保つという、新たな課題が登場してきた。生理・心理・社会モデルの「社会」に文化を入れて考えるなら、文化による健康概念や健康に関する価値観や健康法の違い、社会的資源の違いなどが扱える。背景や前提の異なる異文化環境への移動は、健康という動的な現象をいっそう複眼的に解読していく必要をもたらす。異文化接触に伴う動態をみる異文化間心理学の視点と健康心理学を重ねることで、cross-cultural/trans-cultural/intercultural health psychology（比較文化健康心理学、異文化間健康心理学）が生まれる。ドメスティックな健康教育に国際化時代の対象拡大を加え、「健康管理の応用問題」を探る研究主題が生み出されてくるのである。

　異文化適応の測定において社会的な馴化と主観的な安寧とを区別して、社会文化的適応と心理的適応とする考え方（Ward & Kennedy, 1999）は、適応に含まれる主要な二つの側面をよく表している。たとえば、異文化滞在者がホスト社会と密に交わる場合は、言葉や慣習などさまざまな違いを取り込んで、社会文化的適応を高めていく。だが、中にはホスト社会に距離を置いて、生活をなるべく変えずに安定的に暮らす、いわば出島型適応（田中，2010）もあり、これは心理的適応を優先する姿勢に通じる。

　筆者は留学生研究を多く手がけてきたため、ホスト社会の仕組みの中で学業達成を目指す人たちの社会文化的適応に注目してきた。しかし日本語の習得を要さず、英語で学ぶタイプの日本留学も登場している。ホスト社会からの距離を感じながら、英語で過ごすことも一つの選択肢になった（Simic et al., 2007）。異文化適応にはサブタイプがみられ、環境に自分を合わせていくタイプとそうでないタイプがいることもわかってきた（Okunishi & Tanaka, 2009）。社会になじ

むことは、心身の健康を保つことと一通りの関係にあるとはいえず、そこには複雑な関係があると推測される。

　社会の側の要因としても、異文化の許容度合いが変われば、異文化滞在者にとっての母文化維持の適応価が変わる（李・田中，2011）。ホスト文化とあえて距離をとる、または両文化を俯瞰するといった認知の仕方も、健康維持のために機能している可能性がある（Lee & Tanaka, 2019）。異文化適応は社会環境と絡み合いつつ進んでいく。ゲストを受け入れる社会環境は世界で一様ではないため、海外知見との連続性が見えにくいこともある。対象社会の構造を把握しながら綿密な研究を重ねて、現実に即した解釈を構築していく必要がある。個別のディシプリンを超えていこうとする多文化関係学に、現代社会の複合的な課題への貢献が期待されよう。

6.3　異文化環境における食ギャップの実証的研究

6.3.1　環境移行に伴う食の不連続性

　健康の問題のうち、本稿の主題としている食に焦点をあてよう。異文化圏に暮らせば、食環境と食習慣が異なる土地で、食生活の変更を余儀なくされることが多く、食の問題が生じる（たとえば、Benfante, 1992；Muramatsu & Harmer, 2005；安友・西尾，2008）。しかし、そこに異文化接触の心理学の視点は希薄で、異文化適応研究や異文化間教育への展開はおよそ未開拓だった。我々は留学生を対象に、食生活の実態把握を出発点に、食をめぐる困難と対処、食における文化受容や母文化とホスト文化の併存状況、個人の食の認識と食行動の選択、異文化適応における食の社会的機能といった、異文化接触の心理学の観点による探索を行った。その結果、食の二文化性の動態や食行動の社会性など、食と異文化適応とのつながりが少しずつ見えてきた。我々の研究から、いくつかの例を挙げてみよう。

6.3.2　在日外国人留学生の食に関する質問紙調査

　在日留学生200名と日本人学生187名を対象に、質問紙調査を行った（Tanaka & Hyodo, 2021）。留学生が環境移行に伴って向き合う食の不連続性を、我々は「食

ギャップ」と称した。留学生の食生活の概要は以下の通りである。彼らは一人暮らしが多く、母国にいた頃より自炊に取り組んでいるが、ライフスタイルの変化から体重の増減を経験し、食バランスが悪化したと感じている。約 3 割は食の問題が「ある」と答えており、内容（アンバランス、野菜不足、油脂過多など）、準備（面倒、時間不足、味のまずさなど）、食べ方（タイミング、量など）、文化差（ムスリムが食べられるハラルフード、ベジタリアンなど）、不調（食欲不振など）などの問題があるという。問題を自覚した者の 4 割は放置し、解決を諦めた者もいる。だが、自覚した者の 8 割は「解決したい」と答えており、これは全体の 9.4％にあたる。健康教育の考え方ではここを「支援ニーズがある」とみなす。彼らの健康意識は総じて緩やかで、食の「実行原則」は簡潔に「野菜・果物・多品種」の摂取にまとめられた。

　一方で日本人学生は、1 日 3 食、自分で料理する等の理想像があって逸脱を問題視しており、支援ニーズは 14.8％だった。自炊における技能や時間の障害を気にかけ、食をより難しく捉えていた。日本人学生になくて留学生に認められた特徴は、一つには異文化性の問題である。なじみのない食材、不慣れな調理の器具や方法、宗教的な制約などに戸惑っていた。もう一つは、多彩な食の社交機能で、エスニック料理や日本料理のパーティーが盛んだった。日本人学生はいわゆる飲み会が多く、国際交流は少ない。

　留学生の食の約 5 割は母国風、4 割は日本風であった。対人ネットワークはおよそ 5 割を同国人、3 割を日本人が占めた。使用言語のほぼ 3.5 割は母国語、4 割は日本語であった。社会文化的適応は、日本語使用や日本人との交流とは有意な正の相関が認められたが、日本風の食の割合とは有意な相関を示さなかった。すなわち、文化の受容と食の取り入れは別であることが示唆される。韓国では、韓国文化により興味を持つ外国人のほうが、より韓国食を採っていたというが (Seo *et al.,* 2012)、その知見とは一致しない。今回、文化理解と食のバランス意識の間には、弱い正の相関がみられた。単なる関心以上に価値観ややり方を理解したとき、あるいは単なる摂取量でなく、文化学習の深まりが生じたときに、発想の理解や情報の活用、実践が生まれるのかもしれない。

6.3.3　在日外国人留学生の食に関する面接調査

　集団ではなく、ひとりひとりの食生活をみた場合はどうだろうか。中国人留学生 21 人、韓国人留学生 14 人、西洋人留学生 10 人、および日本人学生 13 人の協力を得て面接調査を行った（Hatanaka & Tanaka, 2015, 2016；田中・中野，2016）。留学生は、渡日に伴って生活パターンと環境が変わり、食の困難と乱れを経験し、不健康を含めた文化受容が進んでいた。多忙や手間を理由に、外食やコンビニなど、簡便な現代の食が取り入れられていた。自炊は経済性や嗜好を満たすが、技術と時間がないと継続させにくい。外食は楽で楽しく、中食は便利で豊富で、美味しいものが多いが、忙しいと欠食や間食による代替も起きる。日本の食の異文化性は困難でも魅力でもあり、不摂生が生じていた。スナックやコンビニスイーツなど、安くて美味しい多様なお菓子でストレスを発散したり、美味しく多彩なお酒をつい過ごしたりする。ユネスコ無形文化遺産に登録された和食は、栄養的にも世界に誇る健康食とされる（農林水産省，2021）。しかし、健康的な伝統食に触れる機会や影響はわずかだった。ホームステイや料理教室で日本の調理に接することは少ない。彼らがなじみやすいのは、学生生活に身近な現代の日本の食生活である。食の文化間距離が遠い場合には、日本食イコール健康食と単純視し、日本のものなら大丈夫と思い込んで、何がどう健康かという理解を伴わない例もみられた。

　異文化滞在者の食の社会性は顕著で、同国人やホストや他の外国人との交流のソーシャルスキルとして食を活用する具体的な行動が語られた。食の共同性を重視する文化の出身者の場合は特に、交友関係の構築と維持に食の存在感が大きい。母文化のアイデンティティの確認、母文化の紹介や多文化間の相互交流に有効な小道具として食を使いこなし、そこに社交機能が認められる。

　日本人学生は栄養的な反省が細かく、成長段階での食育の浸透の反映と思われた。食の共行動は内集団において仲間意識を強化するために行われ、親密さを楽しんでいた。留学生が新しい出会いを求めてパーティーをするのとは、力点の置き方が異なる。

6.3.4　在外日本人留学生の食に関する事例的研究

　日本人学生が海外に留学した場合はどうだろうか。発達した食文化を持つフ

ランスに渡った、9 人の女子学生を現地に訪問して、語りと環境の確認から事例検討を行った（田中，2015b）。そこでの食のありようをみると、調理設備に制約がある寮生活でも自炊を工夫し、栄養や嗜好を調整して食の自己管理に努める様子がみられた。周辺の食環境は、買い物に公共交通機関が必要で、学食の営業時間が短い・口にあわない・量が多すぎるなど不便があった。だが、未知の食材も調べて使う、とりあえずコンソメスープで煮てみるなどの対策をとり、現地の食材事情や持参したい品などについて後輩への助言がみられた。

　健康教育で使われるシート（大城他，2006）で、栄養バランスの自己チェックをしてもらった。野菜不足、炭水化物や脂肪の多さなどに気付き、その後の修正や目標に言及があった。栄養を分類するという発想が定着しており、簡単な記録が日常の営みを客観視する契機となっていた。

　そこでなじんでいたのは、芸術的な食文化の上澄みではなく、学生の日常食だった。友人のホスト学生に凝った自炊はみられず、たまにその実家を訪問しても、学生寮では設備的に再現が無理と思われる献立が出た。現地の食は取り入れたが、総じて日本風の食が半分くらいで、二文化併存の状態であった。パン、チーズ、ワインは安くて美味しいので、日常食材の文化受容を楽しんでいた。糖質や脂質の摂取の増加など、現地事情への合流に伴う不健康な文化受容を認識する語りがあった。体調を崩してから食事に気をつけたなど、健康意識が向上した例がみられた。学生どうしでは頻繁に食事やパーティーが行われ、簡易な日本風の手料理やレストランの日本食を活用して交流しており、食の社交性が認められた。

6.4　多文化社会の往来に向けた異文化間食育の提案

6.4.1　異文化滞在者の食の支援

　多文化社会を往来する今日の社会で、食の健康教育を考えるとしたら何が望まれるだろうか。まず、日本で日本人向けに作られた食育がどこでも使えるというわけではないことは、認識しておく必要がある。日本人が外国へ行く場合、行き先の食事情は極めて多様だろう。滞在先に合わせた調整が求められることになる。自分の異文化適応のスタンスとして社会文化的適応に積極的に取り組

むのか、異文化適応のレベルとしてはどの程度まで進んでいる時点の対応なのかなどに合わせて、現地風の食を適宜取り入れていくことになろう。

　逆に、さまざまな地域出身の外国人が日本へ来た場合は、背景が多様なだけにより複雑なことが起きる。日本で日本人向けに作られた食育が、日本での生活だからといって誰にでも使えるわけではない。在日外国人にとって、日本は異文化圏である。異文化圏では採れる作物が変わるだけでなく、暮らし方や価値観が大きく異なることも珍しくない。住む人の身体的な体質も味覚も異なる。食の時期や内容の制限など宗教的規範が課されるケースでは、規範の遵守が栄養面より重視されることもある。世界には野菜をあまり摂らない生活形態の地域もあるし、内食より中食や外食が一般的な地域もある。伝統的な習慣や経験的な食の知恵はあっても、近代的な食が世界に広まる中で問題を抱えるようになる場合や、そもそも食育という営みや概念が希薄な場合もある。異文化滞在者に日本食の理解が十分とは限らないうえ、日本食への好みも分かれる。日本文化と母国文化のどちら寄りかという、文化的バランスポイント（中島・田中,2008）のグラデーションにおける位置どりも流動的である。

　在日外国人の適応支援の文脈で考えるなら、教育のための基準の設定や、アセスメントの方法や評価には、母文化の尊重が不可欠だろう。文化差は相対的で、異文化適応は段階的な現象のため、異文化滞在者の食に関する支援は一通りにはできない。考慮すべき視点の一つ目は、基準の多元性である。異文化滞在者は、母文化とホスト文化の二重性の中に暮らしている。目標設定に伴う多義性は、教育に求められる要素も散在させる。二つ目に、異文化適応の過程性である。時期的、段階的な変容を考えに入れる必要がある。指針を固定させられないので、時期的な適合性を考え合わせたアセスメントがいる。三つ目に、健康の習慣性である。健康心理学は健康習慣が形成され、維持され、制御される機序を読み解く。異文化環境にあっても、個人の健康行動に修正の必要を感じた場合は、不健康行動の抑制や健康行動の構築に健康教育の技術を活用できる。四つ目に、判断の主体性である。社会的な価値として規範、慣習、宗教などがある。個人の選択として嗜好、健康観、生活習慣などがある。行動の調整の判断が、個人に保証される必要があろう。

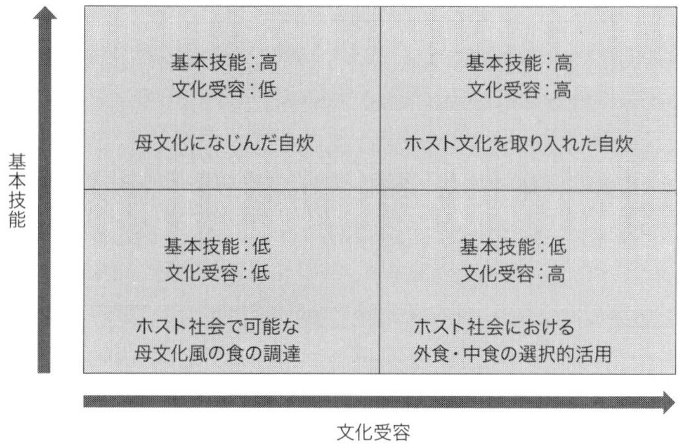

図 6-2　異文化間食育の 2 軸モデル
（Tanaka & Hyodo, 2021 を改訂）

6.4.2　異文化間食育の発想

　食をめぐる文化と健康に関するここまでの探求をもとに考えていくと、食育に異文化適応の発想を導入して、「異文化間食育」が提案できるように思われる。そこには何が必要だろうか。過程性の変化である異文化適応を扱うには、段階的な枠組みがなじむと思われる。個人差としてスタンスの違い、食の知識や技術のレベル、ニーズの取り込みも組み込むべきだろう。基本的な知識や技術の提供と、個人の選択の自由をともに保証する、主体性を基本に据えた多元的モデルが望まれる。文化差に向き合うことからは、母文化とホスト文化の理解を促す文化学習、異文化紹介、文化的支援の機会を設けて、立ち位置を理解する必要があろう。実際の支援では、個人にあわせたテイラードメニューがなじむと考えられる。

　これらの要素を組み込んで、文化受容と基本技能で食育のターゲットを分岐させるモデルを考案してみた（図 6-2）。異文化滞在者支援のコンテンツを、文化受容の度合いと食の知識・技能の度合いで分岐させていく構図を表現している。知識としては、基本的な教育、すなわち食と健康の関わりを知らせる。技能としては、基本的な調理技術、および簡便な設備や食材の情報を提供する。

　異文化適応の度合いに合わせた段階的な支援という観点からは、図 6-3 のような進め方が適していると考えられる。在日外国人留学生を対象に想定する

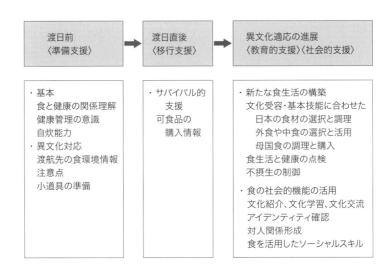

図 6-3　異文化間食育における段階的支援
（Hatanaka & Tanaka, 2015 を改訂）

と、以下のようになる。渡日前は準備期として、基本の知識や技能と情報の提供が望まれる。食と健康は結びついていることを認識し、調整するのは自分だという意識を養う。現地で注意すべき要素や、対応の知恵も伝える。渡日直後は、不便を緩和する当面の対応策を提供する。適応が進んでいけば、現地環境で可能な食習慣の構築と、社会的機能の発揮を支援していく。支援メニューを用意しておき、ニーズに合わせて選択する。食の持つ社交ツールとしての機能は、異文化滞在者の生活を豊かにする一助となる。文化の紹介や維持の機会を設けるのに、手料理を振る舞う際の具体的な支援や助言、レストランを活用する際の情報提供などが考えられる。ホストの社会文化的文脈のもとでも、彼らは二文化性を持った生活者である。二つの文化にはそれぞれ別の心理的な意味がある（Lee & Tanaka, 2019）。文化併存環境において、母文化の尊重と主体的選択を保証し、本人の選択を尊重する支援が望まれる。

　上記は、食育の基本的発想をベースに、在日外国人への適用可能性を考慮して、異文化間教育の文脈下でその再構成を試みたものである。在外日本人への支援としては、留学交流において、食の異文化適応を手助けする機会や手段の開発に期待したい。たとえば食生活の定期点検の機会をウェブで提供するなど

すれば、留学中の健康管理に意識的になる機会が持てる。健康に有用な情報や後輩への助言を伝えるサイトも役立つだろう。ウェブ環境の構築のほか、事前学習やオリエンテーションへの組み込みなども考えられる。

6.4.3　異文化間食育の可能性

　異文化滞在者の健康の研究では、社会環境と価値基準が異なる場所で、多様化した異文化適応スタイル、個性、能力を持った、そして長年培ってきた生活習慣を抱えた個人が示す、健康という複雑な現象をみていく。多文化間の環境移行における健康の維持・増進は、人間理解の 3 層モデル（図6-1）でいう中層の文化的多様性に上層の個人の習慣や個性が重なり、下層には生理的反応体としての人体があるという構図で考えることになる。

　食は毎日絶え間なく、一生のあいだ続く身近な営みで、命と暮らしに不可欠な健康の基盤である。しかし健康という価値を生み出す活動の構成要素は複雑である。日本に暮らす異文化滞在者には、従来日本国内で使われてきたような、詳細な栄養教育や洗練された生活習慣の修正技能の適用とは異なる視点が求められる。在外日本人の異文化滞在者には、現地の食環境や食習慣、食育との調整が求められる。現在は、我々の社会が受け入れや送り出しの経験の中で具体的な知見を蓄積し、異文化滞在の健康心理学的なアプローチを構築していく途上にある。

　在日外国人留学生にとって、日本留学が健康行動を身につけたり、健康観を深めたりする機会になるなら、それは一生の財産になろう。残念ながら今のところその証左は希薄で、健康的な食の自然学習は限定的と思われる（田中・中野, 2016）。しかし、健康意識が高まる例は見受けられ、食の支援ニーズも存在している（Tanaka & Hyodo, 2021）。留学を健康教育の機会にできる可能性が潜在しているといえるだろう。食のセルフマネジメント力を磨く機会が異文化滞在で得られるとしたら、それも留学成果の一つと呼べる。在日外国人留学生が食のありように触れて考える機会は、もっと増えてもよいように思われる。

　日本人が海外留学で健康管理の応用力を身につける場合も、それが世界で活躍するための一生の財産となろう。その支援は、もっと積極的になされてもよいように思われる。健康のセルフマネジメント力は、国がその育成に注力する

いわゆるグローバル人材の能力の一角に入れるべきであろう。グローバル人材の概念を見直して、越境の健康管理力を含めることを提案したい。これまでのところグローバル人材の能力観に、健康という活動基盤を構築する力への注目は弱い。これは欧米先進国における経済的牽引力を背景にした方向性から、グローバル人材の定義が生み出された（松尾, 2015）という経緯によるものだろう。

　英国の留学生研究では、留学生は学生、若者、異文化滞在者の三つの面を持つとの見方がある（Ward *et al.*, 2001）。学生生活の食環境や生活条件のもとで健康維持に心がけ、学業を安定的に仕上げるのは「学生」としての課題だろう。健康管理を身につけることは、いわば人生の発達課題の一つであり、健康に自覚的になり、調整を図る営みは、「若者」が成人となって過ごす一生の課題になろう。そして「異文化滞在者」としては、食ギャップからくる問題を解決し、かつ文化交流を充実させるという課題と向き合う。異文化間食育は、これらの課題の達成に繋がる。

　異文化適応研究にとっても、異文化滞在者の食の研究は示唆的である。ホスト文化になじめばそれでよいわけではない。ホスト文化の習慣が、全て望ましいかという問題がある。従来の適応研究は、総じてなじむことを肯定的に受け止めてきた。だが不健康な食の受容は、「異文化適応の負の側面」といえる。そこで個人の創造的な選択が問われる。異文化適応の新たな形を考えた場合、馴化ではなく、ホスト社会と共に現存する問題への対応を考えるタイプの異文化適応として、「創造型適応」とでもいえるスタイルが想定できよう。すなわち問題や改革を共にする異文化滞在者像が期待される。多文化関係学の縁側性は、この開発的な方向性に資すると思われる。

6.5　おわりに──多文化関係学への提言

　異なる視点や背景の持ち主を対象とした食育のあり方を求めて、日本との行き来を例に実証研究を展開し提案を行ってきた。従来の学問の枠を拡張したり重ねたりしながら、単一文化圏の価値観や習慣が通用しない、越境者のための健康教育の再構築を志向した。多文化関係学は、従来枠を超えた営みに伴走する分野としての強みを発揮して、この種の研究を受け止める場となっていける

だろう。

　最後に残された課題を考えてみる。アジア健康心理学会の基調講演では、異文化滞在者の食という主題に関する国際共同が呼びかけられた（Tanaka, 2018）。異文化圏での通用性を考えることは、翻って文化はどこまで特異的な変数かという問いをもたらす。単なる好みの個人差とは何が違うのか。文化的な多様性は想定されるバラエティの範囲内なのか、絶対的な差なのか。異文化間心理学の授業では、文化的な差異や影響の「気づき」は、平素は考え及びにくいものとして、それ自体が教育の目標となる（田中, 2022）。どこまでが文化のゆえか、文化で何をどこまで説明できるか、文化以外に還元可能なのかという疑問は、文化概念の有効性を問うものでもある。この問いは今後とも多文化関係学が探究していくものとなろう。

　異文化圏での食事法の適合性を判断するには、生理面において体質的な違いに関する研究も必要である。健康は環境の中で展開することから、生理・心理・社会モデルでいう社会を、自然を含めた環境として解釈することもできよう。バランス以前に、食の確保や安全が注視される場合もある。関連分野の基礎研究は常に進み、社会とのつながりも常に更新されていく。多様な視点との接点を求めていく姿勢は、やはり欠かせないだろう。

　この先の新たな問いとしては、文化の多様性を活用する方向にも期待したい。困難のみならず発見や魅力に注目し、異文化接触による能力拡大などに焦点を当てる姿勢は、ポジティブ心理学の発想によくなじむ。異文化環境を上手く乗り切る力について解明が進めば、その涵養への教育応用の道も見えてくるだろう。

　残された課題を意識しつつ、多文化関係学的視点とともに拓かれていく研究の可能性に期待したい。

引用文献

Benfante, R. (1992). Studies of cardiovascular disease and cause-specific mortality trends in Japanese-American men living in Hawaii and risk factor comparisons with other Japanese populations in the Pacific region: a review. *Human Biology,* 64 (6), 791-805.

趙師哲・田中共子（2020）.「在日中国人の文化変容方略に関する探索的研究：留学後に高

度外国人材となった 9 人における二文化への態度」『多文化関係学』17, 3-19.

土居健郎（2007）.『「甘え」の構造』弘文堂 .

畠中香織・田中共子（2013）.「日本のケア現場で就労する外国人労働者らの異文化適応：三層構造モデルを用いた事例的分析」『多文化関係学』10, 69-86.

畠中香織・田中共子（2015）.「在日外国人ケア労働者における異文化間ソーシャル・スキルの異文化適応への影響」『多文化関係学』12, 105-116.

Hatanaka, K., and Tanaka, T. (2015). Case study of dietary habits and acculturation in Chinese international students in Japan: Problems and necessity of intercultural dietary education. *International Journal of Health and Life-Sciences, Special Issue*, 1 (1), 238-252.

Hatanaka, K. & Tanaka, T. (2016). Comparison of Dietary Behaviors and Acculturation of Korean and Japanese Students in Japan. *The Asian Conference on Psychology and the Behavioral Sciences 2016 Official Conference Proceedings*, 75-85.

Hofstede, G., Hofstede, G. J. & Mincov, M. (2010). *Cultures and Organizations: Software and the Mind,* 3rd ed. McGraw-Hill［ホフステード, G., ホフステード, G. J., ミンコフ, M.（2013）. 岩井八郎・岩井紀子 訳『多文化世界：違いを学び未来への道を探る』（原著第 3 版）有斐閣］.

公益財団法人日本国際教育支援協会（2021）. 日本語教育能力検定試験　http://www.jees. or.jp/jltct/range.htm（2021 年 1 月 3 日閲覧）

Kim, U., Yang, K.-S. & Hwang, K-K. (2006). *Indigenous and Cultural Psychology: Understanding People in Context*. Springer.

北山忍（1994）.「文化的自己観と心理的プロセス」『社会心理学研究』10 (3), 153-167.

李正姫・田中共子（2011）.「海外移民の文化変容態度と文化的アイデンティティ研究にみる在日コリアン研究への示唆（1）：二次元モデルと心理学的変数を中心に」『岡山大学社会文化科学研究科紀要』32, 123-137.

Lee, J. & Tanaka, T. (2019). Acculturation attitudes among Zainichi Koreans living in Japan. *Japanese Journal of Applied Psychology,* 44 (3), 162-170.

松尾知明（2015）.『21 世紀型スキルとは何か：コンピテンシーに基づく教育改革の国際比較』明石書店.

Muramatsu, S. & Harmer, P. A. (2005). Lifestyle challenges for students on long-term study programs in the USA. *Bulletin for the Faculty of Education, Chiba University*, 53, 373-380.

中野祥子・田中共子（2017）.「日本人ホストはムスリム留学生とどのように対人関係を築くのか」『多文化関係学』14, 57-75.

中島美奈子・田中共子（2008）.「異文化交流 における日本人学生のソーシャルスキル：在日外国人留学生との交流の要領に関する分析」『留学生教育』13, 63-72.

日本健康心理学会編（2002a）.『健康心理学概論』実務教育出版 .

日本健康心理学会編（2002b）.『健康心理アセスメント概論』実務教育出版 .

日本健康心理学会編（2003a）.『健康心理カウンセリング概論』実務教育出版 .

日本健康心理学会編（2003b）.『健康教育概論』実務教育出版 .

日本健康心理学会編（2019）.『健康心理学事典』丸善出版 .

農林水産省（2021）.「和食で健康ライフをはじめよう！」 https://www.maff.go.jp/j/pr/aff/2011/spe1_01.html（2022 年 1 月 3 日閲覧）

Oberg, K. (1960). Cultural shock: Adjustment to new cultural environments. *Practical Anthropology*, 7, 177–182.

大城理沙・金城昇・神谷義人・島袋久美（2006）.「ライフスキルを育む食教育：食事バランスにおける目標設定スキル形成の検討」『琉球大学教育学部教育実践総合センター紀要』13, 101-107.

奥西有理・田中共子（2008）.「日本人ホスト学生による文化的サポート：留学生の異文化適応に関する支援的役割の検討」『多文化関係学』5, 1-16.

奥西有理・田中共子（2009）.「多文化環境下における日本人大学生の異文化葛藤への対応：AUC-GS 学習モデルに基づく類型の探索」『多文化関係学』6, 53-68.

Okunishi, Y. & Tanaka, T.（2009). Social skills and cross-cultural adaptation in international students in Japan. *Progress in Asian Psychology Series Volume 8, Individual, Group and Cultural Processes in Changing Societies*. MacMillian.

迫こゆり・田中共子（2018）.「在ブラジル日本人における異文化滞在のソーシャルスキルの検討：社会生活スキルと対人スキルの観点から」『多文化関係学』15, 3-17.

下田薫菜・田中共子（2006）.「日本人学生における集団主義－個人主義と高－低コンテクストと適応との関連」『多文化関係学』3, 33-74.

Simic, M., Tanaka, T. & Yashima, Y. (2007). Willingness to communicate in Japanese as a third language among international students in Japan.『多文化関係学』4, 101-122.

Seo, S., Phillips, W. J., Jang, J. & Kim, K. (2012). The effects of acculturation and uncertainty avoidance on foreign resident choice for Korean foods. *International Journal of hospitality Management*, 31 (3), 916- 927.

田中共子（2000）.「第 14 章第 2 節　外国人への心理的援助」平井誠也編『思いやりとホスピタリティの心理学』（pp. 216-223）北大路書房.

田中共子（2015a）.「AUC-GS 学習モデルに基づく日本人学生を対象とした心理教育的な異文化間教育の試み」『異文化間教育』41, 127-143.

田中共子（2015b）.「在仏日本人留学生における食の異文化適応：送り出し版異文化間食育への示唆」『留学生教育』20, 67-74.

Tanaka, T. (2018). Cross-cultural Health Psychological Perspective of Eating Behaviors: Developing Cross-cultural Dietary Education for Sojourners.『文化共生学研究』17, 95-104.

田中共子（2010）.「異文化適応とソーシャルスキル」『日本語教育』146, 61-75.

田中共子（2022）.『異文化接触の心理学――AUC-GS 学習モデルで学ぶ文化の交叉と共存』ナカニシヤ出版.

田中共子・畠中香織・奥西有理（2011）.「日本人学生が在日留学生の友人に期待する行動：異文化間ソーシャル・スキルの実践による異文化間対人関係形成への示唆」『多文化関係学』8, 35-54.

Tanaka, T. & Hyodo, Y. (2021). "Eating Gaps" and cross-cultural adaptation among foreign visitors: Implications regarding cross-cultural dietary education for international students in Japan.

Japanese Journal of Health Psychology, 33, 211-223.

田中共子・中野祥子（2016).「在日外国人留学生における食の異文化適応：異文化間食育への示唆」『異文化間教育』44，116-128.

田中芳幸・津田彰・内田由紀子・高橋義明（2021).「日本・オランダ・コスタリカ 3 か国におけるさまざまな幸福感と楽観性・悲観性との関連性」*Journal of Health Psychology Research*, 33 (Special Issue), 259-270.

Ward, C., & Kennedy, A. (1999). The measurement of sociocultural adaptation. *International Journal of Intercultural Relations, 23* (4), 659–677.

Ward, C., Bochner, S., & Furnham, A. (2001). *The Psychology of Culture Shock* (2nd ed.). Routledge.

安友裕子・西尾素子（2008).「留学生の食生活と食環境との関連に関する萌芽的研究：N大学の事例」『生活學論叢』14, 83-95.

第7章
仲介者として緩くつながる
地域日本語活動
「サードプレイス」における多文化協働

松永典子（九州大学）

7.1　はじめに——地域日本語活動をめぐる持続可能性と協働の課題

　本稿は、地域日本語活動における多様な個人や組織による協働の事例を傍証としつつ、活動の持続可能性を見据えた多文化協働の枠組みについて、試論的な提案を示す理論型研究である。地域日本語活動は協働のやり方如何で地域の居心地のよい居場所、「サードプレイス」となりうるが、従来は教育の枠の中で協働の課題が追求されてきた。本稿では、人間関係の媒介機能としての「仲介」の枠を通して多文化協働を見ることにより、「サードプレイス」ならではの緩やかな協働の形を提案する。

　1990年代末以降、世界規模の人の移動が進む中で、言語教育の目的は言語習得に特化したものから社会との関連を強く打ち出す方向へと広がりをみせている。日本語教育推進基本法（2019年施行）においても、日本語教育推進の目的は共生社会の実現、諸外国との交流、友好関係の維持・発展に寄与することとされる。近年のこうした動向や政策に先駆け、地域日本語活動は、多様な背景の参加者相互の対話と協働という理念のもと、市民によるボトムアップの活動として積み上げられてきた。

　しかし、その理念に対し、実践の多くは学校型（教授型）の「教える‐教わる」という非対称の教育方法をなぞることにより成り立ってきた。これに加え、コロナ禍では地域日本語活動における参加者間の非対称性の課題が改めて顕在化し、活動の持続可能性を阻害している[1]。こうした地域日本語活動の理念と実践との乖離がいまだに解消されないのには、教育という枠組みのもと、教授者

の観点から協働の課題が取り組まれてきた点に、そもそもの限界があったと考える。

　したがって、本稿では地域日本語活動を、従来の地域日本語「教育」ではなく、多文化共生社会の実現を目的とした市民参加による地域の日本語「学習活動およびそのシステム」と捉える。この捉え方の転換は、日本語教育の枠のみでは十分に掬い取れなかった課題に対し、多文化間の課題解決をめざす多文化関係学の観点から光を当てることとなり、両者の知見統合による課題解決を可能とする。

7.1.1　日本語教育における文化の捉え方の変化

　日本語教育学と多文化関係学との知見統合にあたり、まず、日本語教育における文化の捉え方の変化を概観する。欧米では、1990 年代から CEFR（Common European Framework of Reference for languages learning, teaching, assessment、ヨーロッパ言語共通参照枠[2]）をはじめ、言語と文化との統合学習による異文化理解の取り組みが進む。この CEFR の考え方は、本稿でも参照点とするが、CEFR に基づいて策定された JF 日本語教育スタンダード（JF は Japan Foundation、国際交流基金）には、言語学習を通した異文化理解の必要性は指摘されているものの、文化の定義や文化学習の指針への言及はみられない。

　日本語教育における文化概念についての検討は、留学生が日本文化を学習する科目としての「日本事情」の検討を通して行われてきた[3]。1960 年代から 1980 年代までの日本事情は、文化を固定的なものと捉え、留学生を対象に日本の政治・経済・歴史・思想・風習といった広範囲な知識を教科書により教授する形式が主流であった。日本事情における文化の議論が進んだのは、1990

1　たとえば、三重県では、新型コロナウイルス感染症拡大による日本語教室の休講、再開がくり返されるという物理的要因に、感染症に対する不安要因も重なり、学習者数・支援者数ともに減少傾向にあり、継続的な日本語学習活動が困難であることが報告されている（公益財団法人三重県国際交流財団、2021, p. 8）。これに関しては、学習者自身の自律学習不足との指摘もあるものの、教室の閉講は行政や支援者側の一方的な都合による面が大きく、学習者の学習機会の阻害につながっている。

2　CEFR とは欧州評議会により 2001 年に開発された外国語の学習、教育、評価のために用いられるガイドラインで、その背景には個人の視点から言語・文化を捉える「複言語・複文化主義」がある。

3　この間、『21 世紀の「日本事情」——日本語教育から文化リテラシーへ』（1〜5 号）から『リテラシーズ—ことば・文化・社会の言語教育へ』（2020 年で終刊）に引き継がれ、教育研究活動が展開されてきている。詳細は web 版『リテラシーズ』を参照。

年代以降、コミュニケーション能力の育成を主眼とする外国語指導法としての
コミュニカティブ・アプローチが日本語教育にも普及したことによる。それに
伴い、留学生が異文化環境の日本で適応するために日本の生活様式や日本人の
考え方を学ぶ日本事情から、日本人学生・留学生がともに対話や体験を通して
考え協働しながら、個の文化を発見していく異文化コミュニケーションの場へ
と日本事情の形式は変化していった。こうした文化の捉え方の変化は、文化的
同化を前提とした教育から、個々人の文化、すなわち多文化間の相互理解、関
係性の構築といった日本語教育の目的の変化でもある。そして、この多文化間
の相互理解、関係性の構築という目的こそが日本語教育学と多文化関係学との
結節点ともいえる。

7.1.2　多文化関係学における協働の課題解決に向けたアプローチ

　多文化関係学とは、多様な文化の相互関係や多文化社会構築に向けた課題を
考え、その課題解決をめざす学問領域である。ただし、「多文化の関係性」か
ら生じる課題は、一つの視点や単一のアプローチからだけでは解決が困難であ
り、複合的アプローチ[4]を必要とする。このため、多文化関係学では、多文化
間の課題解決に向け、課題に即した関係領域の視点や方法論を結節・統合する
方向性をいち早く打ち出した。さらに、集団、個人、そして、その中間といっ
た重層点視点からの研究を重視し、学問領域に限らない他領域との統合により
文化の動的・多面的関係性を捉えようとする。特に文化の関係性が二項対立的
なものというよりも重層的であることを提示する概念が文化媒介力である。こ
の文化媒介力を松田は、「ある目標に向けて協働すべき異文化の集団や組織を
つなぎ、その目標達成に寄与する力を指す概念」（松田, 2013, p. 237）とした。
また、この文化媒介力の発揮には、文化に対する認知・情意レベルでの深い理
解やシステム構築に関わるコミュニケーション能力、アイディア創成力等、技
能や能力が必要とされる。たとえば、ニューカマーとホスト社会の双方の視点
の理解、提示、共有や、多文化を背景とするメンバー間の摩擦の逓減等、多文

4　複合的アプローチとは、「関係性を見る軸を、二項対立的な視点ではなく、多面的・重層的・
　複眼的・通時的にすることで、動的で多面的な関係性を捉えようとする視座である」（松田,
　2010, p.18）。

化協働におけるファシリテーターやリーダー的役割を果たす仲介者により発揮される力が文化媒介力である。

　この文化媒介力は、本稿が分析枠組みとして用いる CEFR 増補版（Council of Europe, 2017）の仲介と呼ばれる活動においても発揮される。ただし、仲介は文化媒介力のように特殊な技能や能力を必ずしも活動の要件としておらず、その意味では協働に参画するすべての参加者が仲介者となる。つまり、仲介を参加者間の相互作用によりなされる「活動」と捉えるのが本稿の立場である。本稿の主題とする多文化協働の課題解決の観点からみて、この点は大きく異なるため、詳しくは 7.2.3 項で後述する。

7.2　地域日本語活動における学校型の「まじめな協働」の再考

　本節では、本稿の問題関心、分析対象、問題の所在、分析枠組みと方法について述べる。まず、問題関心の第一は、従来の学校型、つまり教育機関と同等の熱量を以て教授者の視点からきっちり取り組まれる「まじめな協働」についての再考である。具体的には、新型コロナウイルス感染症の拡大以降、公的施設の利用制限等により、ボランティアからは翻弄される活動に対するモチベーション低下、対応困難の悲鳴があがっている。そのため活動休止や停止に追い込まれる教室活動がある一方、従来なかったオンラインによる活動も出現した。つまり、活動形態の変化に伴い、協働も再考すべきときにきている。

　第二に、多文化協働における対話の方法論の探求である。文化的同質性の高い日本社会においては、互いの異なる情報を言語化して伝え合う対話の土壌が育成されにくい。言い換えれば、言語に頼らない情報共有や一方向的な情報伝達に慣れ親しんできた日本社会で多様な個人や組織による対話を通した協働を目指すのであれば、それに見合った協働の手立てが必要となる。先行実践においては、参加型学習や体験型イベントとしてのワークショップ等、対話をベースにした協働による活動（杉澤, 2012）の有効性、実践のレビューからは参加者の協働的姿勢や協働的言語使用の有効性が示唆される（松永, 2019）。参加型学習とは、「コミュニケーションを重視し、学習過程の中に双方向的な『関わり』を作り出す学習方法」であり、「住民の地域への参画を促す学習プログラムの

コンセプトとも親和的な学習手法である」(国立教育政策研究所社会教育実践研究
センター，2012，p. 15)。

　そして、今、国や自治体による日本語教育の推進、登録日本語教員（公認日
本語教師から仮称の変更：2022年5月）認定による日本語教師の専門性担保に向
けた制度化も進む。そうしたなか、地域日本語活動に無償で参加するボランティ
アに対しても、専門性を軸とした資格の明確化やそれに伴う役割の区別化が進
むことが期待される。ただし、専門性にかかわらずボトムアップの形で支えら
れてきた地域日本語活動では、特にボランティアの関わり方が活動を規定して
いく（米勢，2010）。このため、「まじめな協働」の再考に際し、多文化関係学
を実践的に体現した活動事例、つまり多文化間の課題解決を追求した活動事例
を傍証としつつ検討する。

7.2.1　分析対象——地域日本語活動の持続可能性へ向けた多文化協働の事例

　事例とするのは、2019年3月から筆者自身もコーディネーターの一人とし
て関わり、公民館を軸に地域単位での多文化共生のシステム構築を模索してき
たM教室である。M教室の開設にあたっては、安心・安全な地域づくりとい
う目的のもと、学校（教員、PTA）や地域（自治会、民生委員、住民）への調査から、
外国籍住民が居住することへの不安や共生へのニーズをくみ取る形で行政（区
役所、公民館）に働きかけた。そして、約1年間をかけ、企画（NPO、企業、大学）・
運営（公民館、ボランティア、サポート学生）・財政（行政）といった機能分化・重
層的システムを構築した（松永，2019）。

　しかし、M教室は半年間のボランティア養成講座（のべ10回）、半年間の試
行期間を経て、2020年度より活動を本格化していこうとする矢先に新型コロ
ナウイルス感染症による影響を直接的に被った。しかも、行政からの財政的支
援はスタートアップの1年間に限られ、自治体による緊急事態宣言中は公民館
の使用はできず、対面での学習活動は制限された。これに対し、M教室では
屋外の菜園活動、登山やウォーキング、オンラインによる会話活動といった複
数の活動形態が創出され、活動が維持されてきた。そうした意味において、M
教室はコロナ禍の環境変化に柔軟に対応した好事例といえる。

　2022年3月現在も情報共有と活動計画についての協議のため、対面・オン

ラインによる月1回のボランティア会議が実施されている。会議には、ボランティア養成講座時からのメンバーを核に計10数名が出席し、活動を支えている。内訳は公民館（館長、主事）、地縁者（自治会、町内会等の共同体をもとにした地域コミュニティのメンバー）、非地縁者（離れた地域から参加するボランティア、大学生、大学院生、教員）である。うち、学生の参加に関しては流動性が高いが、大学生2名、大学院生1名がオンラインを軸に活動を行ってきた。週1回の活動にも対面・オンライン合わせて20数名程度の学習者・ボランティアが参加している。このように、M教室は、社会人のみによる運営が主となる他の教室とは異なり、多様な個人や組織による継続的活動を続けており、多文化協働の課題と新型コロナウイルス感染症と共存する社会を見据えた地域日本語活動の持続可能性を検討するための事例として適している。

7.2.2　問題の所在——熟達度をめぐる確執と非対称性

　次に、最初に指摘したボランティアと学習者の非対称性の他に、何が活動の持続可能性を阻害しているのか、問題の所在を確認する。地域日本語活動は、実践共同体の学習モデルである状況的学習論（Lave & Wenger, 1991［佐伯訳 1993］）でいえば、実践共同体による協働を通した学習である。この観点からみて、学生の地域日本語活動への十全的参加、つまり活動で中核的な役割を果たすに至るまでには課題がある。具体的には、M教室では、日本人学生への参加要請は当初よりあったが、大学生や大学院生のように地域コミュニティに属さない参加者にとっては、実践共同体の組織原理や協働のやり方になじむまでに時間を要する。オンラインによる会話活動の開始は学生の参加への敷居を低くしたはずだが、学生からは、活動の役に立てていない、居心地の悪さを感じるといった声を聴く。

　片や、地縁者は、背景や属性はさまざまであるが、日頃から公民館を軸とした地域活動に十全的参加を果たし、日本語活動へもその一環で参加している。この立場に立つ地縁者からは、学生に対し、参加する以上は、他のボランティアと同等の義務と責任を負い、同量の熱量を期待する声があがる。また、留学生に対しては学習者として参加する場合とは別の配慮要因が働くらしく、いまだボランティア参加を懸念する声もある。こうした意味で、学生は地域日本語

活動に対し、地縁者と同等の役割を期待されながらも、実践共同体の組織原理に通じず熟達の域にも達していない「新参者」（正統的周辺参加[5]の段階）とみなされているということになる。同様の問題は学生に限らない。自治体開催の日本語ボランティア養成講座でも、人財不足解消のための講座実施がボランティアの新規参入に結びついておらず、その理由の一つとして活動参加への敷居の高さが挙げられてきた。この敷居の高さは、それぞれの日本語教室（実践共同体）の組織原理や参加者間の熟達度をめぐる確執に起因すると考えられる。

　もう一つはボランティア間の非対称性の問題である。M教室では、日本語最初歩の段階の学習者への対応が困難であることから、日本語教育の専門性を有するボランティアとそうではないボランティアの間に力関係が生じる様子が見られる。杉澤（2012, p. 47）が指摘するように、地域日本語活動に専門性が持ち込まれることにより、対等な関係性が容易に上下の関係、すなわち非対称性に置き換わってしまうのである。つまり、地域日本語活動においては、従来指摘されてきたような対学習者のみならず、ボランティア間においても、熟達度をめぐる確執や非対称性の問題が生じている。

　これらの課題は、実践共同体への各参加者の正統的周辺参加から十全的参加に至る過程の中で起こっていると捉えられる。よって、これらの課題を実践共同体による協働を通した学習上の発達の課題として議論することにより、課題解決の道筋がつかめると考える。

7.2.3　分析の枠組みと方法——仲介と「サードプレイス」の観点から

　その際に用いるのが前述した仲介という概念である。仲介とは「他者または自分自身との相互行為によって協働で構築した意味に社会的な観点からの洞察を加える活動」「必要に応じて見解の相違の解決や違いを超えた新たな関係を生み出すコミュニケーションおよび相互理解を促進する活動」（櫻井・奥村, 2021, p. 156）とされる。つまり、本稿では、地域日本語活動に参加する参加者個々人を、この「相互理解を促進する活動」における仲介者と捉える。そして、地

5　正統的周辺参加とは、地域日本語学習活動の場合、ボランティアや学習者が活動を通して周辺的な役割から徐々に中核的・十全的な役割を果たせるようになる過程のうち、知識や経験の不足から活動に参加はしているが、周辺的にしか参加できていない初期の段階をさす。

域日本語活動における多文化協働を仲介の枠組みから分析することが非対称性
の課題解決に資すると考える。

　本稿で仲介に注目するのは、増補版における仲介は、単に教育機関における
言語活動に限定されない包括性を有し、人間関係構築を促進するものだからで
ある。加えて、仲介能力は「言語に関わるだけではなく、複数の文化にも関わ
るもので、異なる言語や文化の衝突等を避ける仲介者にも求められる能力」（西
山，2018，p. 78）と指摘されている。このように、増補版の仲介能力は教育の場
でいえば、言語や文化を仲介する教師のみならず、教師や支援者とのやりとり
を通じて人間関係を築きあげるうえで学習者にも必要な能力だと捉えられてい
る。その点で、実践共同体による協働を通した学習としての地域日本語活動の
相互行為の分析にも十分機能すると考えられる。

　これに関連して、本稿では非対称性を解消する手立ての考察に、地域への柔
軟な関わり方として注目される「サードプレイス」という概念を用いる。「サー
ドプレイス」とはアメリカの社会学者オルデンバーグにより提唱されたもので、
家庭（第一の場所）や職場（第二の場所）でもない、地域の中にある居心地の良
い第三の場所をさす。言い換えれば、「サードプレイス」は日常生活において
個人的な関係性をもたない相手と対話により友好的な交流をもつ場所である。

　その特徴は、参加者の交流の可能性を広げ、社会的平等を担保する役割を担
う点にある（Oldenburg, R. 1999, pp. 23-26）。「サードプレイス」の概念を用いるこ
とにより、M教室に参加するすべての個人や組織は、知識や経験の多寡を軸
とした「教える、教わる」という非対称的関係ではなく、相互に対話による交
流を促進する仲介者と捉えることが可能となる。また、M教室の中で競合す
る地縁者と非地縁者といった異なるコミュニティ間のイデオロギーに対して、
二項対立ではない第三の地点、いわば多文化関係学が提唱する重層点視点から
の課題解決の方向性の検討が可能となる。これにより、従来の柔軟さに欠けた
学校型の「まじめな協働」のあり方についてコロナ禍の変化を含めて考察し、
新型コロナウイルス感染症と共存する社会を見据えた協働の枠組みについての
試論的な提案を示すことができると考える。

7.3　対話と協働を可能とする仲介

7.3.1　人間関係構築促進のための相互行為を捉える概念
──仲介と仲介者の位置づけ

　以上をふまえ、本節ではまず、協働における仲介と仲介者の位置づけを確認したうえで、次に、M 教室を事例に、仲介者としてふるまう仲介が相互理解をどう促進するかを考察する。

　CEFR 2001 年版では通訳や翻訳が仲介の中心と捉えられてきたが、増補版では、仲介を複数の受容、産出、相互行為を結びつけるものとして位置づけている（Council of Europe, 2017, p. 33）。また、増補版では、仲介は言語間の仲介に限

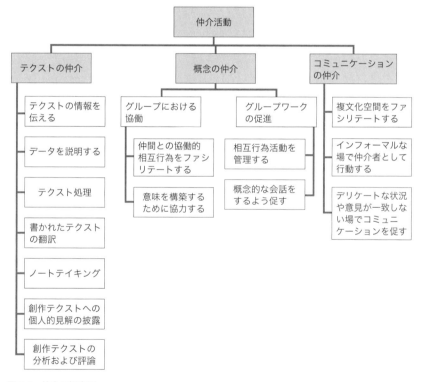

図 7-1　仲介の概念図
（増補版 :104 より引用、、日本語訳は引用者による）

定されるものではなく、お互いを直接理解することができない対話者、異なる言語の話者間の仲介者として機能するとされる。そのため、一つの言語の中でも行われる可能性があり、日本語をわかりやすく言い換えるやさしい日本語の使用等も仲介の一つとなりうる。

　第二に、CEFR 増補版が新しく提示した仲介における仲介者は、必ずしも通訳や翻訳のプロではない一般の人々であることを前提としている。増補版では、通訳や翻訳のプロの言語能力は C2 レベル以上、つまり CEFR の最上位レベルを超えたレベルであるとされ、仲介者一般の能力とは明確に区別されている。

　具体的に仲介の概念を示すのが図 7-1 である（Council of Europe, 2017, p. 104）。増補版の仲介には（1）「テクストの仲介」、（2）「概念の仲介」、（3）「コミュニケーションの仲介」の三つのカテゴリーがある。

　次いで、この三つのカテゴリーに沿い、M 教室の活動の中から、従来の学校型の活動からははみ出しているものの、対話と協働を可能とするような緩やかな仲介の具体例を抽出し、分析を行う。

7.3.2　テクストの仲介──言語・複数の文化の仲介

　「テクストの仲介」は、(a) テクストの情報を伝える、(b) データを説明する、(c) テクスト処理、(d) 書かれたテクストの翻訳、(e) ノートテイキング、(f) 創作テクストへの個人的見解の披露、(g) 創作テクストの分析および評論から成る。このうち、M 教室の活動で「テクストの情報」にあたるものは、教科書のテクストの他、スーパーのチラシ、ごみ捨てのルール表、地域のイベント情報、食品の原材料表示等、生活に密着したさまざまな情報や個々人の背景文化に関わる情報である。

　実際に M 教室の活動で行われている「テクストの仲介」にあてはまる活動のうち、特に学校型の教科書中心の学習活動ではない、緩やかな学習活動にあたる具体例を以下、挙げる。たとえば、(a) の「テクストの情報を伝える」では、学校型の日本語教育のように日本語一辺倒の活動のみならず、やさしい日本語で生活情報を伝える、日本語から英語等別の媒介語に置き換えて伝える、漢字やひらがな、ローマ字、アルファベット等で書いて伝えるといった活動もあてはまる。

　ほかには、(b) お菓子の原材料表示を見てイスラム教徒も食べられるか説明する、(c) かるたゲームで、読み上げられた読み札の内容を聞き取ってかるたを取る等、情報を処理して他者に伝える一連の学習活動、(d) 学習者が携帯のアプリを使って会話の中で出現した語彙を調べる、(e) ボランティアが会議や会話活動の中でメモをとるといった形でも行われる。(f) (g) では、ボランティアは、学習者が作成した自身の文化、研究紹介の資料についてアドバイスやコメントを加え、学習者と協働で資料を作成する。

　以上のように、地域日本語活動におけるテクストは必ずしも教科書に限定されておらず、参加者個々人により複数の言語・文化を媒介するものとして捉えられる。

7.3.3　概念の仲介——グループワークにおける協働の促進

　次に、「概念の仲介」は、(a) グループにおける協働、(b) グループワークの促進の二つである。下位項目は、i）仲間との協働的相互行為をファシリテートする、ii）意味を構築するために協力する、iii）相互行為活動を管理する、iv）概念的な会話をするよう促す、以上四つから成る。

　上記 (a) (b) は、いずれもグループワークにおける協働を促進する活動として捉えられている。そのため、マンツーマン方式の教授型の学習活動はここで示されている仲介にはあてはまらない。その点において、M 教室の活動においても、最初歩段階の学習者対象の教授型の学習活動はこれに相当しない。たとえば、M 教室では、オンライン会話活動のブレイクアウトルームで参加者が相互に会話を促進するといった活動が概念の仲介にあてはまる。オンライン会話活動では、毎週、違ったテーマをもとに参加者どうしがお互いの情報を交換している。たとえば、「お菓子」がテーマの回には、各自がフランス菓子カヌレやせんべい等、好きなお菓子を持ち寄り画面越しに紹介することで、参加者相互がお互いの出身文化に触れる機会となる。その意味で、誰もが仲介者として相互理解を促進している。

7.3.4　コミュニケーションの仲介——相互理解の促進

　最後に、「コミュニケーションの仲介」は、(a) 複文化空間をファシリテー

トする、(b) インフォーマルな場で仲介者として行動する、(c) デリケートな状況や意見が一致しない場でコミュニケーションを促す、以上三つから成る。なお、「コミュニケーションの仲介」にはインフォーマルな場も含まれており、「概念の仲介」より広範囲の場が想定されていると考えられる。たとえば、(a) では、M教室でボランティアとして参加した留学生が、参加者全員が交流できるようにゲーム形式による自己紹介活動の進行を担当する、教室のイベントとして行われたポットラックパーティーで、持ち寄られた日本料理について大学生が学習者に英語で説明するといった活動があてはまる。

　(b) では、芋ほり、茶会等のイベントへの参加を案内する、菜園活動で作物の収穫の仕方を自らやりながら示す、といった活動が挙げられる。(c) は、たとえば、月1回のボランティア会議では、プロ意識を有する教授志向のボランティアと交流志向のボランティアとの間で意見の対立が生じる場合もある。そうした場合に、中立的な立場からの意見を出す、参加者全員に発言を促すといった媒介が必要とされる。そうした意味からは、「コミュニケーションの仲介」はそれを意識して行うことにより、相互理解やコミュニケーションの促進が図られると考えられる。

7.3.5　仲介者として関わることは協働をどう変えるか

　本節では、増補版の仲介が協働的な相互行為としての学習活動に社会的な洞察を加え、コミュニケーションおよび相互理解を促進する活動として捉えられている点に着眼し、M教室で行われている仲介を具体的に抽出した。たとえば、「テクストの仲介」では、参加者個々人が相手に伝えたいと思うあらゆる生情報をテクストとし、あらゆるやり方を駆使して相互に情報を伝え合うことにより、対等な立場での対話が促進される。また、かるた等のゲームを行う、菜園活動で協力しながら作物を収穫するといった参加型の学習やオンライン会話活動等における参加者相互の仲介は、参加者がそれぞれ対等な立場で活動に参加することを可能とする。以上のように、非対称性の解消に対しては、参加型学習に加え、コロナ禍で創出されたオンライン会話活動等の協働学習の有効性が新たに指摘できる。さらに、参加者個々人が熟達度にかかわらず、仲介者として上述した活動に参加することは、共同体における経験を積み、熟達度を上げ

る機会となる。つまり、参加者相互による仲介は参加者間の非対称性を解消するとともに、学習を社会との橋渡しにする協働に押し上げていく可能性が示唆された。

7.4　地域と緩くつながる目的交流型サードプレイス

7.4.1　目的交流型サードプレイスとは

　次に「サードプレイス」の概念を用い、7.2.2 項で確認した確執や非対称性を解消する手立てを考察する。

　石山（2019, pp. 10-13）によれば、従来の地域への関わり方には、義務的共同体、癒し・憩い型、目的交流型が混在している。義務的共同体とは、自治会や消防団のように地域が機能していくために欠かせない地縁コミュニティのことである。癒し・憩い型サードプレイスは、カフェ等、個人が時間を気にせず、ゆったりと過ごす場をさす。目的交流型サードプレイスは、地域の NPO 等何らかの地域活動としての目的が存在し、自発的に人々が集まる場のことである。自発的であるという面では、義務的共同体のような義務や強制力はなく、その分、出入り自由で楽しさもある。また、その関わり方は地域の何かを変えたい、あるいは良くしたいという目的のもとに関わるため、居住地域に地縁者として関わるのみならず、居住はしていないが、ふるさとやファンといった立場で関わる場合もある。

　本稿が対象とする地域日本語活動は、地域における多文化共生を目的として活動しているという意味において、目的交流型に該当する。本稿で、この目的交流型サードプレイスに着目するのは、コロナ禍においては、特にボランティアの活動へのモチベーションの維持が課題として顕在化し、目的交流型活動に揺らぎが生じてきたということがある。

7.4.2　「自己目的型」の仲介者としての関わり方──大学院生の場合

　石山（2019）では非地縁の場合、地域を目的交流型サードプレイスと捉え、地域と緩くつながる関わり方の提案がなされている。ただし、石山（2019）は Handy（1994）の有給ワーク、学習・趣味ワーク、家庭ワーク、ギフト・地域ワー

ク等、四つのワークを枠組みとしている点も含め、大学生等若年層にはあてはまらない点があると述べている。そこで、若年層の事例として2021年4月からM教室の活動に参加した大学院生2名（A、B）の事例を取り上げる。

　大学院生Aの場合、先輩からのLINEグループを通じた教室活動の告知により、最初は「のぞいてみよう」という気持ちで参加した。オンラインの場合、「お互いの距離が縮めにくい」と感じたが、フランス人の友人もでき、一緒に遊びに行ったりするようになったことで、活動を「楽しいと思う」ようになった。その点では、Aにとっての活動は癒し・憩い型サードプレイスとなっていたといえる。

　大学院生B（中国人留学生）は、当初、「自分が習得した日本語を他の人に教えたりすることで日本語を学べるもう一つの場になる」と考え参加したが、M教室は「教えるのではなく話し合う場であった」。「オンラインの活動は面接みたいで、対面のほうが自然に話せる」と感じていた。Bの場合は癒しや憩いを求めてというより日本語を教えたり学んだりするため、つまり、自己研鑽の目的で参加していた点から考え、石山（2019）の類型にはないため、「自己目的型」と命名する。

　両名の参加動機はそれぞれであったが、夏休み（8月）以降は両名ともそれぞれの研究のフィールドでの活動が始まり、M教室への足は遠のいた。Aのほうは、11月の芋ほりには友人の留学生と参加したが、研究対象者である技能実習生がM教室には参加していないことも大きな要因である。Bのほうはオンラインでの活動を「授業以外で日本語を話せるもう一つの場」と捉えていたが、オンラインでは「話しにくい」と感じていたこともBの参加動機に影響を与えたものと考えられる。

　上記2名の事例は、研究や自己研鑽が参加動機になっている点で「自己目的型」というべき地域との関わり方といえる。「サードプレイス」との関わり方は自発的である以上、継続する義務はないが、「自己目的型」の参加動機の許容やフォローは学生の経験や特性を生かすことにつながる。つまり、Aのような友人関係構築や、Bが当初めざしたような日本語学習の経験者として日本語学習者と関わる活動は、仲間との協働を促進する「概念の仲介」として位置づけられ、学習者と教室を仲介する可能性がある。重要なのは、こうした仲介が

継続されれば、日本語学習者の正統的周辺参加を十全的参加へと導く足場かけ（熟達の域に達するよう熟達者が足場をかけて適切な援助を行うこと）の役割を果たす点である。このことは同時に、学生自身の熟達度の発達、ひいては十全的参加をも促すと考えられる。さらに、学生や日本語学習者の地域共同体への十全的参加は、人財不足に悩む地域日本語活動の持続可能性にも資する。

7.4.3　日本語教育の専門性にとらわれない仲介者としての関わり方
──地縁者の場合

　他の参加者の場合はどうだろうか。M 教室のボランティアには、自身を「先生」と呼ぶ教授志向と、活動を楽しみたい交流志向の両者が混在する。前者は外国籍住民支援のため他地域から M 教室に参加しているという点では目的交流型であるが、日本語教育の専門性を活かしたいという点では「自己目的型」ともいえる。よって専門性に特化しない仲介者を分析するには、後者の交流志向タイプを事例とするのが適当と考えられる。そこで、対面の活動を統括管理する教室代表者の C、オンライン活動を統括管理する広報担当者の D を取り上げる（役職は 2022 年 3 月現在のもの）。C、D はボランティア養成講座当時から教室開設の目的に賛同し活動している中心メンバーである。その意味で目的交流型の参加者といえる。

　既述してきたように、M 教室では緊急事態宣言により教室での活動が制限されながらも、屋外やオンラインでの活動を創出することにより活動を継続してきた。両名は活動の幅を広げるため、民間の活動助成に応募する等、日本語学習にとらわれない交流活動の推進に心を砕いてもきた。月 1 回のボランティア会議についても両名のいずれかがボランティアに案内を送り、週 1 回の活動についてもこの両名が記録をとっている。C の会議案内には「皆さんと顔を合わせ近況を伺いたく」会議を開催し、「お休み中の皆さんも久しぶりに楽しい話に花を咲かせましょう」といった文面が並ぶ。C は「顔を合わせて」「楽しく」活動することに主眼を置いており、コロナ禍で、参加者のモチベーションをどうやって保つか、活動をどう維持していくかが課題であることを意識している。こういった C の行為は、ボランティア間の相互行為活動を管理し、ファシリテートする「概念の仲介」に相当する。

　Dは大学生、大学院生のボランティアとの協働により、Zoom によるオンライン会話活動や Facebook やホームページを活用した広報活動を展開してきた。Dは、たとえば、ボランティア会議でプロ意識を有するボランティアの意見に会議の方向性が引っ張られそうになった際、参加者全員に発話を促す「コミュニケーションの仲介」を行っている。また、Dは留学生の研究目的（「自己目的型」）の活動に対し、当初は強い拒否反応を示していた。しかし、留学生のボランティアとしての参加は、学習者と教室をつなぐ役割を果たしていた面があり、コロナ禍で学習者の参加が減少する傾向になってからは「自己目的型」の参加に対しても許容する姿勢へと態度を軟化してきている。

　以上のように、両者はともに日本語教育の資格や専門性は有していないが、M教室の活動の中核を担い、ボランティア間、ボランティアと学習者間の仲介者の役割を果たしている。この事例からはボランティアの対話と協働の促進には、仲介者としてボランティア間の相互行為活動を管理し、ファシリテートする仲介が重要であり、この場合の仲介には教育の専門性が関わらないことがわかった。

7.4.4　教室を媒介とした社会との仲介者としての関わり方——学習者の場合

　学習者の場合はどうか。たとえば、2019 年 10 月の教室開設当時から継続して 2022 年 3 月現在も教室に通う留学生 E は、常にエジプトの同胞を教室に誘いながら参加してきた。2021 年 12 月までは就職のため日本語能力試験の受験を目標にしていたが、対面の活動が行われていないときは、オンラインの活動には参加せず「まったく学習していなかった」という。E を含め、M 教室の日本語最初歩段階の学習者 6 名に 2020 年 3 月に聞き取りを行った陳帥（2021, pp. 120-124）によれば、学習者にとっての M 教室の活用の仕方は個々に異なる。定住者 F の場合は、「地域日本語教室に参加していたときは結構自律的で、来週授業があると思ったら、前もって復習していた。今はコロナの影響でずっと家にいるので、効率が良くない。自分一人だけで学習時間をコントロールするのが難しい。日本語教室の授業と組み合わせて学習を進めたほうがいい」と、定期的な教室の活用が日本語学習の促進要因になっている。留学生 G の場合、「一人だけでも無理。誰かチェックしてくれる人がほしい。もしチェックする

人もいないなら、これからずっと間違える」「正直いうと、以前に学習したものはあまり見ない。試験がなければ怠け者」だと述べ、ボランティアとの学習活動や試験が日本語学習の促進要因となっている。

　また、M教室での日本語学習活動が社会とどうつながっているのかという点について、Eは東京や大阪に行ったとき、頑張って学んだ日本語を使い、教室で「いろいろな情報を手に入れ、この間博多でのイベントにも参加できた」。家族滞在者Hは、「この地域の特色や日本人の生活習慣等を理解できるようになり、他の国からの人と友達になっておもしろい」と述べている。

　以上の事例からは、M教室への参加により生活情報等の生のテクストを仲介し情報を得るのみならず、イベントに参加する、交友関係を広げるといったように社会との接点が増えていっていることがうかがえる。こうした社会との接点が増えることは、学習者の熟達度の発達につながる点である。

　7.3.1項で、M教室の「テクストの情報」にあたるものは、生活に密着したさまざまな情報や個々人の背景文化に関わる情報である割合が教育機関よりも高くなる点を指摘したが、そうしたテクストの性質が社会との接点を増す要因となっていると考えられる。社会構成主義では、知識は社会関係の中にあるとされる（Gergen, 1994［永田・深尾 訳, 2004］pp. 29-30）が、地域日本語活動におけるテクストはまさに、社会関係の中にある知識である。そうした社会関係の中にある地域日本語活動は「受動的な知識受容型ではなく、能動的な参加・活動型」（佐々木, 2006, p. 272）となる。この点は、構成主義的教育[6]の理念が知識伝達的にではなく、自律的、協働的に構成されている点と通じる点である。

7.4.5　コロナ後を見据えた多文化協働の選択肢
──仲介者として地域と緩くつながる協働

　以上、M教室の参加者の地域日本語活動については、地縁・非地縁にかかわらず、目的交流型、癒し・憩い型、「自己目的型」としての関わり方が混在することがわかった。「自己目的型」とは、従来の「サードプレイス」の分類にはなかったが、自身の研究活動や日本語学習、あるいは専門性発揮のために地

6　教授型のように教師からの一方向的な知識の注入・伝達ではなく、構成主義的な教育では、学習者自身が中心となって学習対象を選び、知識を構成していくと考える。

域日本語活動に参加しているケースが見受けられたため、新たに命名した。このように M 教室では地縁者、非地縁者それぞれの中に複数のコミュニティイデオロギーが競合していることが顕在化された。ただし、いずれにおいても「楽しく活動したい」という点では共通している（松永, 2021）。

　こうしたイデオロギーの競合を、ヴィゴツキー[7]の流れを汲む第 3 世代の活動理論ではコンフリクトと捉えるのではなく、活動システムの変化と発達のための動因力と捉えている（茂呂他, 2012, p. 10）。この観点から考えて、この「楽しく活動したい」を結節点として、「自己目的型」を含め、参加者相互のさまざまな参加動機が許容される緩い協働は、多様な個人や組織の関わりを促進し、活動システムの変化と発達のための動因力となりうる。中高年の知恵や経験を地域活動で活かす（国立教育政策研究所社会教育実践センター, 2012）という発想だけでなく、若年層や外国籍住民が社会的関係の中で成り立つ地域日本語活動に自律的・協働的に関わっていくことは、社会構成主義の観点からも不可欠である。なぜなら、社会構成主義では、一人ではできない問題解決や創造的課題に取り組むことで、発達が生じると考えており、この点において、若年層、外国籍住民の活動には、仲介者による適切な援助や「自己目的型」関わり方への許容が必要とされることは見てきたとおりである。つまり、若年層、外国籍住民の場合は、新規参入者同様、協働における正統的周辺参加から十全的参加へと移行する過程での仲介者による足場かけの援助が必要とされる。この熟達に至る過程やシステム構築の過程における援助に関しては、参加者誰もが可能というわけではなく、いわゆる文化媒介力を備えた熟達者による援助が必要になると考えられる。

7.5　おわりに──多文化関係学探求による成果と課題

　本稿では、多文化協働の課題解決における日本語教育学の方法論の限界に言及したうえで、多文化関係学を実践的に体現した活動事例を傍証としつつ、仲介や「サードプレイス」の概念、社会構成主義等、多文化関係学探求に必要な

7　子どもや学習者の言語や思考の発達は、社会的な交流によりなされると考える立場の心理学者。

複合的なアプローチを用いた。これにより、コロナ禍で新たに顕在化したコミュニティイデオロギーの競合という課題を、多文化間の相互作用を通した学習上の発達の課題として考察した。これらの点に本稿の独自性がある。

　考察の結果、地域日本語活動における多文化協働を持続させるには、従来の「まじめな協働」にとらわれず、誰もが仲介者として緩く、しかも楽しくつながるという関わり方を許容していくことが課題解決の糸口になることが示唆された。すなわち、本稿では、地域日本語活動に参加する個々人が相互理解を促進する仲介者として活動に参加することを提案する。活動形態の学校型（教授型）から参加型への転換は参加者間の関係の緩やかさにつながり、協働における非対称性解消の手立てとなる。

　また、これを実質化するため、以下 2 点を自治体との協働を通して実施する。2 点は（a）機能分化・重層的システムの構築、（b）教授型と交流型の活動の区別化である。（a）は、従来のボトムアップで成り立ってきたシステムのうち、施設・財政・人財管理といったハード面は自治体側へ、活動の企画・運営はボランティア側へと機能を分化することである。（a）と（b）は関連しており、両方が機能することで、地域日本語活動における従来のボランティア主導による活動の自由度は担保される。

　他方、ボランティア間の熟達度の差による非対称性の解消には、専門性を有する日本語教師と交流志向のボランティアとを区別し、専門性を有する日本語教師には専門性に見合った資格と処遇が与えられるよう制度を整える。これにより、地域日本語活動は教授型、交流型に大別される。この区別自体は「武蔵野方式[8]」と大差ないが、本稿の提案は以下の 2 点で異なる。一つは教室単位ではなく自治体との協働を通して人財を確保し派遣することで、活動の自由度を担保した自治体単位のシステムづくりをねらいとしている点である。もう一つは、個々人の地域への関わり方として仲介者として緩く関わるという選択肢を自ずと可能とする選択型の活動を制度化する点である。ただし、これについては今回の考察では十分に議論しきれていない点があり、検討の余地を残している。

8　週 1 回の文法・文型を教える教室活動と、週 1 回のマンツーマンの交流活動の組み合わせ（杉澤, 2012）。

　最後に、本稿の考察が多文化関係学へ貢献できる点として、以下3点をまとめる。(1) 多文化関係学では、文化間の非対称性に関して、技能や能力といった個別の要因による解消を目指す傾向にある。これに対し、本稿では、対話と協働を可能とする仲介の概念を用い、必ずしも文化媒介力のような特別な技能や能力を持たずとも、協働に参画する個々人を文化と文化、学習と社会との仲介者と捉えることが非対称性の解消につながることを示唆した。(2) 多様な個人や組織がどうイデオロギーの競合をコンフリクトではなく動因力として協働していくかについて、地域の居場所としての「サードプレイス」の概念を用い、参加者相互のさまざまな関わり方が許容される緩い協働の枠組みを提案した。(3) 協働の発達のためには若年層や外国籍住民等の文化的多様性を考慮した、熟達に至る過程における援助が必要であることを提起した。

　以上の考察の結果を実行化し、定式化することは今後の課題である。ただし、地域日本語活動をめぐる社会の動きが活発化する今こそ、地域日本語活動における多文化協働を社会との関わりの中で実質化していく好機である。

引用文献

陳帥（2021).「学習者を社会参加へと導く地域日本語教育に関する研究：「生活のための日本語」を学べる自律学習プログラムの開発と実践から」九州大学大学院地球社会統合科学府博士論文（未公刊）.

Council of Europe (2001). *Common European framework of reference for languages: learning, teaching, assessment*. Cambridge university press.［ヨーロッパ評議会 (2004). 吉島茂・大橋理枝 他編訳『外国語の学習、教授、評価のためのヨーロッパ共通参照枠 (外国語教育II)』朝日出版社］

Council of Europe (2017). Common European framework of reference for languages: Learning, teaching, assessment. companion volume with new descriptors. https://rm.coe.int/cefr-companion-volume-with-new-descriptors-2018/1680787989（2021 年 7 月 20 日).

Gergen, K.J. (1994). *Realities and relationships: Soundings in social constructions*. Harvard University Press.［ガーゲン，K. J. (2004). 永田素彦・深尾誠 訳『社会構成主義の理論と実践——関係性が現実をつくる』ナカニシヤ出版］

Handy, C. B. (1994). *The age of paradox*. Harvard Business School Press.

石山恒貴（2019).『地域とゆるくつながろう！——サードプレイスと関係人口の時代』静岡新聞社 .

公益財団法人三重県国際交流財団（2021).「令和 2 年度三重県日本語教育実態調査報告書」

file:///C:/Users/owner/Downloads/000945082.pdf（2022 年 3 月 24 日）.

国立教育政策研究所社会教育実践研究センター（2012）.「中高年等の地域への参画を促す学習プログラム集」（中高年等の地域への参画を促す学習プログラムの開発に関する調査研究報告書）.

Lave, J. & Wenger, E. (1991). Situated learning: legitimate peripheral participation. Cambridge University Press.［レイヴ, J. エティエンヌ・ウェンガー（1993/2012）. 佐伯胖 訳『状況に埋め込まれた学習：正統的周辺参加』産業図書］

リテラシーズ研究会（編）.『リテラシーズ』くろしお出版（http://literacies.9640.jp/index.html、2022 年 3 月 24 日）

松田陽子（2010）.「多文化関係学へのアプローチ」多文化関係学会 編『多文化社会日本の課題：多文化関係学からのアプローチ』(pp. 16-24) 明石書店 .

松田陽子（2013）.「文化媒介力」石井敏・久米昭元 編『異文化コミュニケーション事典』(p. 237) 春風社 .

松永典子（2019）.「多文化シナジーを醸成する対話活動とチーム協働のモデル提案，地域日本語教室の開設過程を事例として」『多文化関係学会第 18 回年次大会プログラム＆予稿』22-25.

松永典子（2021, May22-23）.「大学と地域日本語教室の持続可能な連携：「仲介者」として緩くつながる」日本語教育学会 2021 年度第 1 回支部集会（交流ひろば発表）.

茂呂雄二・有元典文・青山征彦・伊藤崇・香川秀太・岡部大介（編）（2012）.『状況と活動の心理学：コンセプト・方法・実践』新曜社 .

21 世紀の「日本事情」編集委員会（編）（1999 〜 2002）.『21 世紀の「日本事情」：日本語教育から文化リテラシーへ（1 〜 5）』くろしお出版 .

西山教行（2018）.「CEFR の増補版計画について」『言語政策』14, 77-80.

Oldenburg, R.（1999）. The great good place: Cafés, coffee shops, bookstores, bars, hair salons, and other hangouts at the heart of a community. Marlowe.［オルデンバーグ, R.（2013）. 忠平美幸 訳『サードプレイス：コミュニティの核になる「とびきり居心地よい場所」』みすず書房］

櫻井直子・奥村三菜子（2021）.「CEFR Companion Volume with New Descriptors における「仲介」に関する考察」『日本語教育』178, 154-169.

佐々木倫子（2006）.「パラダイムシフト再考」国立国語研究所（編）『日本語教育の新たな文脈：学習環境、接触場面、コミュニケーションの多様性』(pp. 259-282) アルク .

杉澤経子（2012）.「「仕組みを創る」：外国人住民施策を担当する立場から」『多言語・多文化協働実践研究』15, 40-51.

米勢治子（2010）.「地域日本語教育における人材養成」『日本語教育』144, 61-72.

III

未来へ拓く
多文化関係学の潜在力

多文化関係学の新たな方向性を探る

河野秀樹（目白大学）

　第III部では、設立 20 周年を迎えた多文化関係学会の今後を見据え、これまでにない多文化関係学の方向性を探るべく、研究の視座、対象、方法に関し、同分野における新たな研究の展開に向けての布石を打つことを目途として書かれた 5 編の論考が示されている。

　まず、第 8 章の出口・小坂論考では、日本のラップシーンをさまざまな背景を持つプレーヤーたちのひしめく対話の場と捉え、彼 / 彼女らのくり広げる「終わらない対話」を、その表現のあり方とリリックから読み解く試みがなされる。そこでは、制度やエスニシティという括りでは捉えきれない当事者によるアイデンティティの認識と、自己と他者の声が複雑に絡み合う対話の様相が、複数の事例の提示により噎せ返るような息吹とともに現実感を伴って描写される。自他を突き刺すようなリリックのフレーズに表れた、ラッパーたちによる日本社会の中での複雑な自らの立ち位置に対するやり場のない感情の吐露に、読み手は「多文化」概念の見直しを迫られる。同時に、そうした「対話」が必ずしも調和をもたらすものではなく、互いの相克も孕みつつ、多面的・重層的な関係性の上に成立していることを実感するであろう。

　続く第 9 章の鳥塚論考では、南米アンデスの高地に暮らす人々と家畜との関係性が新たな文化人類学的視座から考察される。論考では、「文化」の担い手を人間に限定せず、家畜を含めた多種間の関係性の中から立ち現れる一つの集合体に求めるという、人類学の「存在論的転回」の流れを汲む文化生成と関係構築の主体観の転換が事例とともに示される。実際、鳥塚自身の行った現地での観察事例では、人々が個体ごとに多様な性格をもつ家畜のリャマやアルパカの放牧をめぐり、日常的に発生するさまざまな「偶発的」出来事への即興的な対応を迫られ、その積み重ねが現地での文化的文脈を形成していく様子が描かれる。そこでの放畜の営みとは、必ずしも人間が特権的立場から主導しているのではなく、人々はむしろ予測できない家畜や自然の動きに振り回されながら、その都度状況への向き合い方を変えつつ事

態を乗り切っていく。そこにみる文化とは、非人間を含むさまざまなアクターの相互作用の連鎖から生じるネットワークを基体として生成するものであり、それ自体が内的多文化性を前提として構成されていることを、鳥塚は訴えている。

　第10章の吉田論考は、一般に多文化関係学が標榜するとみなされる、文化間の軋轢や摩擦の解消の意義を疑うことから始まる。むしろ、そうした「裂け目」を抱えたまま異質な他者とともにあることの意味を正面から受け止めることが求められているのではないかとの問題提起のもと、20世紀初頭に起きた博覧会における沖縄人の「陳列」に端を発する「人類館事件」を扱った戯曲『人類館』が題材として取り上げられる。論考では劇が露わにするさまざまな「裂け目」をオーディエンスが感じ取ることの重要性が指摘される。沖縄大和口に「翻訳」され、沖縄口も交えて「沖縄人」にしか通じない含意をこめて進行する劇にふれた「日本人」オーディエンスは、「不安感」「居心地の悪さ」としてその裂け目を意識に上らせることで、「沖縄と日本の非対称な関係性」を悟る契機を得る。さらにそれは、オーディエンス自身に対する「ずれ」への思惟を促すことで、日本対沖縄という構図を超え、差別の構造そのものや固定化された文化集団の枠づけへの疑問を喚起する可能性をもつ。読者は吉田があえて「日本人」「沖縄人」という文言を用いていることに注意されたい。それは、さまざまな差異を差異として受け止めることの意味、さらには差異そのものを伝える翻訳が、「類縁性に基づかない連帯」の契機となることへの筆者の思いによるものである。

　第11章の叶・根橋・中原論考では、文化神経科学の視座から脳活動と文化との関係性が論じられる。同視座からは、神経生物学的プロセスと文化的要素のあいだに双方向的な干渉が存在するとの前提から、人間の認知・行動、文化、脳神経活動の三者間の関連のあり方が議論される。さらに、論考では遺伝子という第四の軸を加えて認知・行動、文化、脳活動、遺伝の相互の関与の可能性が、関連する研究の知見を交えて論じられる。筆者らは四者間の具体的な機能上の相関のあり方につい

ては、いまだ未解明な点が多いとしながら、文化研究に生物学・生理学的視座を取り入れることで、文化内および文化間に生起する現象の本質の解明に向け、定量的検証の可能性が開かれることの意義を強調する。人文科学、特に質的研究に偏りがちな多文化関係学全体の近年の動向に鑑みるとき、自然科学にもとづく定量的アプローチの可能性が示されている点で、本論考は同分野における研究の新たな方法論を拓くための布石として重要な示唆をもつものといえよう。

　最後に第12章の河野論考では、「身体（性）」を鍵概念として、文化的枠組みの生成と認知、文化の共有、さらには文化的枠組みを超えた間文化的・超文化的な社会的文脈形成に、「身体」がいかに関与しうるのかが議論される。論考ではまず、現象学的身体論の知見を援用し、はたらきとしての身体観のもと、理性を介在せず意識下でなされる世界に対する意味的分節作用の存在が明らかにされる。さらにそうした身体が前反省的に文化的要素を孕みながら、他者の身体と結びつき、文化を伝え、共有する主体となるとともに、集合的に文化的枠組みを構成していく主体にもなりうることが事例とともに示される。

　そして、そうした身体のはたらきが、文化の枠そのものを超え出て構成員の文化的多様性を保持しながら一つの秩序系を形成する媒体となる可能性が、生命科学的「場」の理論をもとに論じられる。河野は、文化現象のすべてを身体に還元することは能わないとしながら、文化および多文化関係に関わる事象を論ずるうえでこれまで光の当てられることの少なかった身体の意味と役割に目を向けることの意義を訴えている。

　第Ⅲ部に寄せられたこれらの論考は、いずれも多文化関係学の新たなありうる方向性をそれぞれの専門領域から試論として論じたものである点で、厳密な検証を経てもたらされた研究成果を提示することを企図した実証研究とは異なる趣旨をもつことを改めて述べておきたい。冒頭に述べたとおり、それらはむしろこれまでにない多文化関係学のあり方の地平を拓くものとして、あえて既存の研究対象、概念、

方法の枠組みを大胆に踏み越えようとする挑戦的な試みである。読者は、各論考に盛り込まれた概念構成や議論展開の複雑さとつかみどころのなさに頭を抱えるかもしれない。しかしこれらの論考には、本出版の最大の目的でもある、多様な参画者を招き入れ、越境的な研究のあり方を模索するための議論の場である、多文化関係学の「縁側」をひらくための重要なヒントが鏤められている。本パートが、多文化関係学に関わる人々の間に闊達な議論を巻き起こし、同分野の新たな展開へのきっかけとなれば幸いである。

第 8 章
多文化社会の対話的成り立ち
両義・多声的ラップのリリック内容分析を通して

出口朋美 (近畿大学)、小坂貴志 (神田外語大学)

8.1　はじめに

　今、この原稿を執筆している 2022 年 3 月、世界中がロシアとウクライナの停戦交渉を、祈りを込めて見守っている。交渉とはお互いの妥協と利益の落とし所を対話によってすり合わせることであるが (小坂, 2012)、このような状況を目の当たりにすると国家間の交渉という複雑で抽象的な概念の内実が、実はたった複数人の人間どうしの対話のことであることに気づかされる。EU が 2008 年を「異文化対話年」(Year of Intercultural Dialogue) と定めたように、対話は多文化社会を成立、維持、発展させるためにきわめて重要な方法である。情報通信技術が発展し、誰もが声を持つようになった今、私たちは日常の中で多様な人々がくり広げる対話を目撃するようになった。Black Lives Matter、#MeToo、性的マイノリティーなどの社会運動から、多様な背景を持った人たちの生きにくさをめぐる個人的な告発まで、今まで存在すら知られていなかった人たちの声は世界に響き、終わりのない対話があちらこちらで生まれている。

　多文化関係学会 10 周年を記念して 2011 年に刊行された『多文化社会日本の課題——多文化関係学からのアプローチ』の中で、久米 (2011) は多文化関係学を「地球社会における課題に対して多面的かつ動的に考察し、それぞれの社会において文化的背景を異にする人々が互いにとって望ましい関係性を構築するための方途を探求する新しい研究分野」(p. 9) と定義している。この、「望ましい関係性を構築するための方途」の一つに、対話が含まれないだろうか。多文化関係学のこれまでの学会誌に掲載された論文のタイトルとキーワードの

頻出語を分析した湊 (2020) の研究では、「異文化」「文化」「日本人」「外国人」などをはじめ多くの語が紹介されていたが、その中に「対話」は含まれていない。一方で上述したように、世界は多文化関係を構築するための対話で溢れている。

対話論の理論的基礎を構築した Bakhtin（1984）は

"To live means to participate in dialogue: to ask questions, to heed, to respond, to agree, and so forth. In this dialogue a person participates wholly and throughout his whole life:"（p. 293）.

［生きるとは、対話に参加することである。問いかけ、注目し、応答し、同意する。このような対話に、人は生涯にわたり心と身体のすべてをもって参加している：著者訳］

と主張している。本論稿ではこれを応用して、多文化社会に生きる人々からの問いかけ、注目、応答、同意（や不同意）をめぐる声、そして終わりなき対話への参加を「多文化関係」と捉えることを提案したい。そして、声や対話を視座とすることで、学校や職場、医療現場や地域コミュニティーといった正統的、制度的なフィールドに加えて、これまであまり論じられてこなかったネット空間やサブカルチャーの現場など、周辺的、非制度的なフィールドで多文化社会がどのように成り立っているのかを明らかにしたい。

本論稿は多文化関係学における対話論の重要性と可能性を提案したうえで、対話がくり広げられている現場として日本のラップシーンを選び、多文化社会の対話的成り立ちについて議論していく。

8.2　日本のラップシーンに表象される多文化社会

8.2.1　ラップの特徴──地域性重視とストーリーテリング

そのミュージックビデオを初めて見たとき、私（出口）は目が釘づけになった。倒れた自転車、アメリカ西海岸のギャングスタ風のファッションを身にまとったラッパーたち、「PERIGO！あぶない！」とポルトガル語と日本語で書かれた看板、腕に彫られた「東新町」のタトゥー。日系ペルー人の ACHA、日

系ブラジル人の DJ PIG、Flight-A、Swag-A、BARCO、日本人の Crazy-K で構成
されるラップグループ GREEN KIDS による「E.N.T」(2018 年)[1] だ。育った団地、
やんちゃな昔の思い出、地元への愛やそこで育ったプライドがビートに乗せて
ラップで語られる。これまで読んできた論文や専門書で扱われていたどの現場
とも違う。未だ「移民」という言葉が公的には使われることがない日本社会で、
あまり知られていない、でも確実にそこにある、いる、コミュニティー、人た
ち。1 本のミュージックビデオが、「多文化社会」という言葉がどこか遠い国
の話だと思っている人々の肩を揺さぶっている。「ここにいるよ」「まわりをよ
く見てみなよ」、と。

　ラップがこれまで多文化関係学や異文化コミュニケーション、異文化間教育
学の分野でまったく注目されてこなかったわけではない。たとえば、2009 年
の異文化間教育学会第 30 回大会（東京学芸大学）では、公開シンポジウム「『境
界』を生きる」で「HipHop が伝えるもの　対話：多様な自分、多様な表現」
（異文化間教育委員会第 30 回準備委員会，2009）というテーマの下、KP という在日
コリアンのラッパーユニットによるライブと講演が行われた。多文化関係学で
も、落合（2010）が日本に暮らすベトナム人青年が作成したラップのリリック
を分析した論文が発表されている。これらから 10 年以上たった 2022 年、日本
のラップシーンでは上述した GREEN KIDS をはじめ、多様な文化的・言語的
背景を持つアーティストが活躍している。杉原（2019）のインタビューで日本
のヒップホップシーンに詳しいライターの磯部涼氏が言及しているように「コ
ミュティのなかで様々なバックグラウンドの人々が『普通に』混在している」
(p. 129) 状態なのだ。そうであればなおさら、ラップシーンは上記の分野から
の学術的議論を継続するのに値するフィールドなのではないだろうか。

　1970 年代にニューヨークのブロンクスでのブロックパーティーとして誕生
したヒップホップ文化の一ジャンルであるラップに関して、木本（2019）は「①
リズムに合わせて言葉を乗せていく様式を持つ。②一般的な楽器による演奏を
行わないというスタイルを持つ。③自作自演に対する強いこだわりを持つ。④
地域性に対する強いこだわりを持つ」(p. 6) の四つの特徴を説明している。さ

1　本章で紹介している曲は、付録の QR コード一覧表から視聴できる。

らに、ラッパーたちはよく作品を通して「自らの立ち位置を表明」（p. 7）する。ロックやポップ、ダンスなど他の音楽ジャンルと比較しても、ラップだけが特にその傾向が強い。それはなぜだろうか。このことを理解するには、白人が権力を握るアメリカ社会において、ヒップホップ文化がどのような意味を持つのかを考える必要がある。

　黒人や中南米系などエスニック・マイノリティーが多く暮らすブロンクス生まれのラップは、彼らの生活をめぐる喜びや問題点を明らかにしてきた（Rose, 1994）。ラッパーはマイクを持ちビートに乗せて自らについて語ることで、自分たちの存在をマジョリティー（つまり権力を持っている白人）に気づかせ、声を聞かせることに成功した。Rose はラッパーたちがミュージックビデオの中で、「たいてい若い男性が、自分とコミュニティーのために語っている。どんなときに、どんな方法で、自分たちが選んだ課題を取り上げて欲しいかを語っている」（p. 32）と指摘している。ラップはブロックパーティーが誕生の場であるが、パーティーを楽しむための音楽というだけではなく、権力との闘争、抑圧からの開放という実践的要素を孕んでいるのだ（Rose, 1994）。

　社会の多様な辺境から聞こえてくる声はもちろん日本のラップシーンにも響いている。たとえば、前述した磯部は『文藝』2019 年秋号から「移民とラップ」というタイトルで連載を行い、第 1 回目で日本のラップシーンにおいて、日本人ラッパーのリリックに外国人（移民）がどのように登場するのか、同時にどのように当事者である移民のラッパーがシーンに登場してきたのかを時系列に紹介しており、その変遷がとても興味深い。さまざまなラッパーの具体的な曲をあげながら、1990 年代初頭は東京にやってきたニューカマー、1990 年代後半でアンダーグラウンドな世界で対立する相手、そして 2010 年代になると同じ街で育つ仲間という位置づけに変化しているというのだ。紹介された曲はいずれも東京（上野、新宿、赤坂）、川崎と具体的な地域でのストリートが舞台となっている。磯部氏はこれをリーマンショックや地域の多文化化になぞらえて鋭く分析しているが、日本社会の多文化化を具体的な地域でくり広げられる日常として教えてくれる音楽ジャンルが他にあるだろうか。耳を澄ますと多くの（「日本人」）マジョリティーがその存在に気づいてすらいないであろう、ありとあらゆる立場の人の声がさまざまなビートに乗って聞こえてくる。なぜラップ

シーンだけがそのようなことが可能なのだろうか。バフチンのカーニヴァルという概念が、この疑問にヒントを与えてくれる。

8.2.2　ラップシーンのカーニヴァル的性質

　桑野（2021）によると、バフチンは「支配者がとりおこなう祝祭と、民衆が広場でくりひろげるカーニヴァルとを区別しており、前者は『既成の勝利し、支配的になっている真実、永劫不変で反駁の余地なきものとして立ちあらわれた真実を祝賀するものであった』のにたいして、後者は『支配的な真実、現存体制からのいわば一時的な解放を祝した』ことを強調」（pp. 86-87）していた。さらに、文学におけるカーニヴァル特有のカテゴリーについて（1）人々どうしの自由で無遠慮な接触、（2）常軌からの逸脱、奇矯、（3）ちぐはぐな組み合わせ、（4）冒涜、の 4 点をあげている（桑野, 2020）。この 4 点に準えてラップシーンを説明する。

　（1）カーニヴァルでは人々どうしの自由で無遠慮な接触が行われ、それが身振りの自由さや言葉のあけっぴろげを引き起こすと指摘されている（桑野, 2020）。これを聞いて連想できるのが、ラップシーンにおけるサイファー[2]やフリースタイルバトルの文化である。サイファーはいわゆるラッパーどうしの「井戸端会議」（佐藤, 2016, p.202）で、有志のラッパー数人が円になって即興的に順番でラップを行うセッションのことである。フリースタイルバトルでは主に二者のラッパーがステージの上でビートに合わせて 8 小節や 16 小節ごと、交互にラップし、オーディエンスの前でその腕を競い合う。勝敗の判定は即興性、内容、ディス（相手に対する侮辱、悪口）、セルフボースト（自己讃美、自己顕示）、韻、フロー（スタイル、表現）が基準となる（晋平太, 2016）。これらの場では、さまざまな性別、経験、出身地、スキルの差、職業、訛り、年齢の者が入り混じり、ラップを通して無遠慮な言葉の紡ぎ合いが行われる。特にバトルにおけるディスは、無遠慮の極みである。韻を踏みながら鋭い言葉で相手の身体や服装、スキルのなさ、性格、個人的なストーリーを、ときにはユーモラスにぶつける瞬間、観客は感嘆と笑いの声をあげ、フロアが熱狂的な雰囲気となる。

　2　ラッパーたちが輪になって順番で即興のラップを披露する遊び。勝ち負けを競うバトルとは異なり、気楽な雰囲気で行われる（晋平太, 2016）。

　（2）については、「カーニバルにおいては、半ば現実、半ば演技として経験される経験的・感覚的形式の中で、外部の生活では万能の社会的ヒエラルキーと真っ向から対立する、人間の相関関係の新しい様態が作り出される。人間の振る舞い、身振り、言葉は、外部世界でそれらをまるごと規定していたあらゆるヒエラルキー的与件（階層、地位、年齢、財産）の支配下を脱し、それゆえに通常の外部世界の論理に照らすと、常軌を逸した場違いなものとなる」（Bakhtin, 1963［望月・鈴木 訳, 1995］p. 249）と説明されている。たとえばフリースタイルバトルを行う二人は、日常の中で彼 / 彼女らを位置づけるあらゆるものから解放される[3]。まるで公衆浴場のように、ラッパーたちはありのままでそこにいることができるのだ。二木（2016）はラップについて「自由な解放を求める者の生存をかけた、自己を維持する手段」（p. 77）と説明しているが、すべてのしがらみや立場、ジレンマ、抑圧から解放される場、それがフリースタイルバトルである。マイク1本でどれだけ会場を沸かせられるか、上記の基準を相手より上回ることができるか、それだけが人々の関心ごとであり、偉大なる価値となる。

　（3）については、「カーニバル外のヒエラルキー的世界観の中で閉ざされ、孤立し、引き離されていたものすべてが、カーニバル的接触や結合に突入する。カーニバルは神聖なものと冒涜的なもの、高いものと低いもの、偉大なものと下らぬもの、賢いものと愚かなもの等々を近づけ、まとめ、手を取り合わせ、結合させるのである」（Bakhtin, 1963［望月・鈴木 訳, 1995］p. 249）と説明されている。ラップの歌詞の中では韻を踏むという目的のもと、しばし言葉がブリコラージュ的に集められ、ちぐはぐな組み合わせがさらりと実践されている。またサンプリング[4]という音楽的文化が、異質なものどうしの結合を容易なものにしている。生と死、神様とギャングスタ[5]、娼婦と聖女、エゴとオルターエゴ、伝統的音楽とヒップホップ的ビート、警察官と犯罪者、下ネタと祈り、鬱状態と躁状態が交代で現れるリリック、ちぐはぐなもの、あべこべなもの、異質な

3　たとえば、1988年にリリースされた N.W.A. による "Fuck the Police" は、アメリカの警察官による人種差別的行為に対するプロテストソングとして社会に大きな影響を与えた（宇多丸他, 2018）。
4　既存の曲の一部を利用して新しい音を作ること。
5　ラップとキリスト教の関連性については、山下（2019）で鋭く考察されている。

ものはすべてまとまり、ラッパーによって個人的な物語となる。

　(4) 冒涜は「それ（卑俗化）はカーニバル流の聖物冒涜、一大体系をなすカーニバル流の格下げや地上化、大地や肉体の奔放な力と結びついたカーニバル流の卑猥さ、聖典や格言のカーニバル流パロディーである」(Bakhtin, 1963［望月・鈴木訳, 1995］p. 249)。親が子供に聞かせたくないジャンルの音楽として、よく挙げられるラップであるが、その理由の一つはやはり歌詞の卑猥さ、下品さ、暴力性であろう。頻繁に使われる F ワード、N ワード [6]、性的な表現は歌詞の中であらかじめ用意されたり、またフリースタイルバトルでは即興的に相手に投げかけられたりする。

8.2.3　ラップの対話論的性質

　カーニヴァル論は複数の声が混ざり合うラップシーンを理解するための理論的素地になるが、個々のラッパーの声を聴き分けるには対話論の考え方も同時に参考になる。これまでの議論をふまえて、ここではバフチンを中心とした対話論の概念と各概念に関係するラップの実践的特徴を列挙し、重なり合う部分を表 8-1 にまとめておく。対話論の概念が、表現形式や慣習といったラップシーンで見られる特徴といかに関係が深いかが理解できるだろう。これらの類似性をもとに小坂・出口 (2021) は、ラップの一形態であるフリースタイルバトルで投げ交わされたラップのリリック分析を通して、緊張感の中から、即興的、かつ闘技的にラッパーのアイデンティティー構築が行われていくプロセスを紹介した。

　本論考の後半では、これら対話論の概念に基づいてラップの分析を行っていく。特に、Moment Joon となみちえという二人のラッパーからの問いかけ、注目、応答、同意（や不同意）をめぐる声を聴き分け、対話論の観点から「多文化関係」をこれ以降議論していく。

6　黒人に対する差別用語である Nigga/Nigger のこと。ヒップホップ文化の文脈では、最初のほうの綴りを使用する場合が多い。

表 8-1　ラップの対話論的性質

	対話論の概念	ラップとの関連性	ラップで使われる用語
応答性	応答性（responsivity）、応答責任（responsibility）に大別され、言葉は常に他者への呼びかけを期待している。	フリースタイルの主要構成要素の一つ。バトルを行なっているラッパーどうし、ラッパーと観客の間で頻繁に行われる。フリースタイル以外でも、あるラッパーの作品に触発された別のラッパーが、その曲のアンサーとなる内容の作品を作ることもある。	コール＆レスポンス[7] アンサー[8]
多声性	「自立しており融合していない複数の声や意識、すなわち十全な価値をもった声たちの真のポリフォニー」（バフチン，1929［桑野，2013］p. 18）のことであり、対話論の主要鍵概念である。多文化関係を先鋭化しうるメタファーとなる。	ラッパーは地域をレペゼンし、自らのリアルなストーリーを紡ぐ。それぞれの物語は決して交わり合おうとはせず、ラッパーの個々の声が多様化、多文化化の礎となる。	レペゼン[9] 地域性
全体性	対話とは生きることであり、声は全人格を表す。	フリースタイルでは、ラッパー、MC、審査員、観客など全員参加型でイベントが成り立っている。	フリースタイル
闘技性	闘技性はオング（1991）が唱えた第二の声の文化[10]の特徴の一つである。	自己誇張（ボースティング）、中傷（ディス）をお互いに即興的に投げかけることで両者は闘技性を高めていく。	ボースティング ディス 賞賛
緊張性	対話のあるところには問題が生じ、その解決の過程で、当事者間に緊張が生じる。対話は緊張性とそれに伴うアイデンティティーのゆらぎを起こす。	フリースタイルバトルを行うラッパーたちの間は、多くの場合、緊張性が高まった状態である。ラップでのバトルは、ときとして地元や自身のアイデンティティーをディスられたことを発端に、ビーフに発展することがある。	バトル リアル ビーフ[11]
即興性	対話は多くの場合、即興的である。相手の発話に対し能動的な聴き手とならなければ、即興的な応答を返すことができない。	フリースタイルバトルでは相手のラップを集中して聴き、常に即興で韻を踏みながら気の利いた応答をする必要がある。	フリースタイル
両義性	意味の矛盾、アイデンティティーの葛藤。実現可能性と実現不可能性との混在（小坂，2017）	既存権力と対抗言説との二元論、矛盾に包まれたラッパーの自己アイデンティティー	アイデンティティー
外在性	異文化を真に理解するには、その文化の外から眺める以外に方法はない。	ラッパーのアイデンティティーはときとして複層的に表現されているがゆえに、問題に対して敏感となり、自由な立ち位置から対抗言説としての声を発することができる。	両義的アイデンティティー

7　ステージ上のラッパーの呼びかけに対する観客の応答。たとえばラッパーが "Say ho!" と呼びかけると、観客が "Ho!" と応答する。

8　フリースタイルバトルなどにおいて、相手が言った単語を拾って、韻を踏み返したり、相手の論点のズレを指摘すること、相手からのディスりを否定して自分の正当性を主張することも、すべてラップシーンではアンサーと言われる（晋平太，2016）。

8.3　リリック分析によるケーススタディー

8.3.1　Moment Joon

　対話とラップを論じるにあたって、Moment Joon よりふさわしいアーティストはいないだろう。1991 年に韓国で生まれた彼は、LA に住んでいた小学校のころからラップを始め、歌詞を書き始める。日本語や日本文化が好きだったため、「（受験競争や社会的地位が高い仕事につかなければならないという社会のプレッシャーなど）韓国の現実から逃げる選択肢として」（Yamada, 2018）2010 年に大阪大学に留学生として来日した。学部生時代に Mastermind という HIPHOP/R&B サークルに所属しながら Moment 名義で発表したのが "I LOVE HANDAI" という作品だ。アメリカのラッパー、Asher Roth の "I Love College" というパーティーに明け暮れる大学生活について歌った曲が、そのまま阪大バージョンの替え歌になっている。この曲は「教科書なんか I've barely peeped it」や「めっちゃ遊んでも留年はなし」などお気楽大学生の視点や、大学公式ネット掲示板の操作のしにくさ、交通の不便さなど、阪大生であれば「あるある」と内輪受けする大学へのツッコミが満載だ。しかし同時に「授業料免除 SEASON ポイントは Who's got the saddest story 受付は二日[12]」や「英語が問題、留学は出来ないわ　じゃ　やろうぜ　外人と英会話　でもほとんど Asian Domination 外人 comrades under one nation 白人　英語圏じゃなくてゴメン」（Moment「I LOVE HANDAI」より）などといった阪大での留学生としての苦労やアジア人留学生からの皮肉も散りばめられているのだ。注目すべきは YouTube で公開されたこの曲のタイトルには Moment の横にわざわざ「外人ラッパー」と書いてあること

9　「自分の出身地を代表する、背負う」という意味のレペゼンは、英語の represent が由来で、発音された音がそのままカタカナ表記になっている。

10　オング（1982　桜井他訳, 1991）は読み書きが始まる以前の一次的な声の文化（primary oral culture）と、文字・印刷術の発明・普及による文字の文化や電話やラジオなど高度技術発展の後の二次的な声の文化（secondary oral culture）を区別した。Rose（1994）はラップが詩的テキストとテクノロジーを使った器楽的テキストをあわせ持つ、二次的な声の文化であることを指摘している。

11　諍いのこと。「ディスが高じて論争やケンカの状態になること」（宇多丸他, 2018 , p.40）。ヒップホップの歴史の中で最も有名なビーフはアメリカ東海岸を代表する The Notorious B. I. G. と西海岸を代表する 2PAC の間で起こったもので、抗争が激化し、両者とも何者かによって銃殺されるという結末を迎えた（宇多丸他, 2018）。

12　授業料免除の申請受付が 2 日間しかないことを意味している。

だ。ラッパーとして注目を浴びるようになった近年のインタビューでも「日本
では、よく"外人ラッパー"と呼ばれます。外人はいつまでも外のもので、日
本社会の一部だと思っていないから」(Yamada, 2018) と答えているが、阪大学
部在学当時から日本社会の中での自らの社会的・文化的位置づけに意識的で
あったことが、わざわざ自らを動画のタイトルで「外人ラッパー」と書いてあ
ることからも読み取れる。その9年後、Moment Joon と名前を変えた彼は自ら
を（「日本人」から烙印として与えられた）「外人ラッパー」から「移民ラッパー」
と再定義し（近藤, 2019）、ファーストソロアルバム "Passport & Garcon" を発表
する。本アルバムは移民として日本で生きていくことを決意した彼の葛藤や希
望、闘争をめぐる、鋭く、詩的な対話で埋め尽くされており、日本のヒップホッ
プシーンに新たな歴史を刻む名作となっている。

　アルバムは「KIX/Limo」という緊張感のある曲で始まる。KIX は関西国際空
港、Limo は空港から自宅に帰る際に乗るリムジンバス、そしてラッパーとし
て成功を収めた際に将来乗るリムジンカーのことだ。6分50秒もあるこの曲は、
前半と後半でまったく性格の異なる Moment Joon が登場し、他者との対話や自
分自身の内的対話が重層的に散りばめられ、複雑な構成となっている。

　始まりは飛行機のジェット音、ゲートに着くまでのキャビンアテンダントに
よる最後のアナウンス、空港で待つ（同じく阪大に通う留学生の）恋人に自分の
到着を告げる電話。「もしもし、今もう降りたよ。パスポート準備してる。も
し通れなかったら、そのまま帰って」。同じく留学生である彼女は電話の向こ
う側でどのような返答をしているのだろうか。その声が聞こえてこない分、想
像がふくらむ。

　　　2019 か 18　騒ぐ観光客たち帰国する日本人まで
　　　それぞれの手には虹色 Passport
　　　震える足　引っ掛かりそうな所持品なし
　　　ただ気になるのは追い出された時にカバンに入れたままの絶望
　　　「次の方どうぞ」って叫ぶ　ミスターオフィサー Please
　　　パスポートじゃなく涙が俺の本人確認書類
　　　凍っちゃう　冷たい審査官の目に

　　もし通れなかったら待たないで帰って Baby

Rose（1994）はラッパーが持つ声の力とストーリーテラーとしての役割が、ラッ
プをヒップホップの文化で中核的表現法に押し上げたことを指摘しているが、
Moment Joon もこの曲の中でさまざまな声を使い分けながら、「移民」という
視点から日本への「入国」という最もわかりやすい状況で生じた心の機微を演
じている。前半消え入りそうな声で歌われる、「観光客」でも「日本人」でも
ない「大切な人がすぐそこで待っているのに入国できないかもしれない者」と
しての不安な心情。すると「通れなかったら　入れなかったら　もし君の側に
居られなくなっちゃったら」とくり返されるエモーショナルな曲調がピタリと
止められ、「冷たい審査官」との会話が挿入される。

　　「次の方どうぞ」
　　「よろしくお願いします」（パソコンの音）[13]
　　「半年前に出国しましたよね。どうしたんですか？」
　　「あのぅ、ビザの更新の不許可で、いったん出国しました」
　　「（鼻で笑いながら）それは出国ではなくて帰国ですね」
　　「そうですね」

ほんの短いやり取りから審査官との間で、「出国」「帰国」という言葉の使い方
をめぐって対立が起こっている。Moment Joon がここで対話を行っている相手
は、入国審査官という肉体を借りて声を持ち、腹話術を行っている、日本とい
う国である。Moment Joon がどんなに強く日本でこれから生きていこうと決心
しようが、入国審査官という絶対的権力は冷たく「日本はあなたの国ではない」
と言い放つ。ダイアローグにはけっして成りえない教義主義的モノローグ[14]に
は「そうですね」と屈するしかないのだ。Rose はラッパーが「警察や教育シ
ステムとのやりとりにおける彼らの側の経験を語り、支配集団との接触を描く」

13　括弧内は効果音の説明。
14　Moment Joon は自伝的小説『三代（抄）──兵役、逃亡、夢』で、「父親」や「軍隊の先輩」
　　からの教義的モノローグとの葛藤を描いている。

（p. 196）と指摘しているが、この曲を聴くと移民にとって空港がどのような場所であるのかに気づかされる。

　ここから曲のテンポがガラッと変わる。「次の方どうぞ」という審査官の声、Moment Joon の「帰国」できて嬉しそうな叫び声、「おかえり」という恋人らしき女性の声が聞こえてくる。勇ましいドラムは帰路を急ぐ足音のようだ。そしてさらにダークで不安定な曲調へと変化する。聞こえてくる F ワード。審査官と話していたときのソフトな声とは打って変わって、叩きつけるような声。日本のラップシーンというカーニヴァルに放たれた自由の音だ。Moment Joon が KIX や審査官に中指を立てて KIX を去っている姿が目に浮かぶ。

　　ずっと飢えてた俺の舌は鋭い　まるでナイフ
　　これで太らせなきゃ　俺の財布
　　授業料は 53 万　それで維持する　阪大の看板
　　幸い家賃は 2 万　でも言ったでしょ？「生存以上生活未満」
　　「あのクソチョン」と言われちゃった前のバイト
　　戻らないためにもラップ頑張らないと

大学院に在籍するために 53 万円で得る日本での在留資格。生活は楽ではないし、差別されることもある。それでも日本のラップシーンで成功を目指す力強い言葉が続く。

　　欲しいものなら奪っちゃうかただ勝ち取る
　　一回でも悪いこと考えたことないと言ったらそれは嘘
　　でも警察は知ってるよ　俺のグリーンハウスの住所
　　飽きた Fucking 辛ラーメン
　　でもそれよりも飽きてるのは仮面
　　俺は常に本当に自分で居たいだけただ
　　だから必要 レンガみたいな札束
　　それを入管に投げ込んで買っちゃうぜ自由
　　俺のホーム Fucking 大阪 I see you

　　バスの窓から見えてくる通天閣

　　K-Dot になった気分でリリックを書く

　この曲の前半と後半で Moment Joon は、まったく異なる内的対話を展開している。入国審査までは日本という国から「よそ者」として位置づけられる周辺的な存在としての声、入国してからは日本のラップシーンで確実に居場所を持つ（しかも将来、中心的な存在になる可能性を十分に秘めた）「内輪の者」としての声。リリックから浮かび上がる、彼の自分自身に対する複雑な創造的理解はすべて、「恋人」「入国審査官」「差別してきたバイト先の人」「警察」、スペースの都合上、ここでは紹介できなかったが(Moment Joon の成功を信じている)「マネージャーのシバさん」「ライバルであるまわりのラッパー」、そしてアイデンティティーの矛盾、つまり両義性を孕んでいる自分自身との対話を鏡にして到達されているのだ。

　Kix/Limo から始まるアルバムはすべての曲の内容が連動しており、いずれの曲も他者や自己の声が複雑に絡むポリフォニー [15] や内的対話 [16] が必ず登場する。Moment Joon の実際の住所（部屋番号も！）をリリックにし、差別主義者に対して「文句ある奴は会いに来い」とラップする IGUCHIDO（井口堂）[17]、差別主義者によって書き込まれたデマや噂が人格化された「朝鮮人」の「虚構」と「説明しても無理　チョン [18] である罪　違うと言っても俺のことは聞こえないふり」と嘆く Moment Joon の「実際」が交互に語る KIMUCHI DE BINTA、そして日本に生きることへの決意と希望、同じ立場の人々へ語りかけ、その人々と自分への祈りを歌う TENO HIRA。桑野（2021）は「対話的関係なくしては、ひとはあるがままの自分になることすらできない」(p. 10) と述べている。差別

────────────

15　単一のメロディーが鳴り響くシンフォニーとの比較で、交わろうとしない複数の声が投げ交わされるドストエフスキー作品を、比喩的にポリフォニー小説とバフチンは命名した。

16　自分の中のもう一人の自分との対話。

17　Moment Joon が居住する地域。

18　韓国・朝鮮人に対する差別用語である「チョン」を使用することに対し、Moment Joon (2021) は「その言葉を発することによる『力の逆転』を意図することで、また議論が始まることを愛しているのです」(p. 113) と答えている。アメリカのヒップホップ文化では黒人が自らや相手などをリリックなどで指すときに N ワードを使用する習慣があるが、Moment Joon の意図的な「チョン」という侮蔑語の使用はこれを踏襲していると考えられる。なお、Moment Joon は大阪大学に提出した自らの修士論文を「アメリカと日本の大衆音楽における差別用語の使用（主にヒップホップを中心に）」というタイトルで書き上げている。

主義者にまで「文句ある奴には会いに来い」と語りかける Moment Joon はインタビューで「いちばん怖いのは否定よりも無視されることなんですよね」（斎井, 2020）と答えているが、言葉の力を信じている彼が日本で堂々と自分らしく、自由に生きていくために必要なこと、それはさまざまな人たちとの対等で継続的な対話なのである。

8.3.2　なみちえ

　YouTube で「【合唱】ウキウキハッピー！今日はどこに？？可愛いペットとのお散歩動画！【犬】」と奇妙なタイトルが付けられたその動画を再生すると、突然誰かの両手で抱かれた亀がアップで現れる。「おまえをにがす」と中央に出てくるピンクの文字と、その亀を片手で持ち、黒いハイカラーシャツを着こなしクールに佇むアフロヘアの女性。低音のビートが響きその女性が字幕とともにラップでこうくり返す。「お前を逃がす　お前を逃がす　お前を逃がす　お前を逃がす」。たしかに日本語では「お前を逃す」と聞こえるし、字幕もその通りであるし、これは小出川という名の川に逃される亀についての曲のようなのだが、英語を理解する者、ラップを聴く者にとっては、その言葉は確実に "Oh my Niggas" または "All my Niggas" と聞こえ、ダブルミーニングであることに気づく。

　このユーモアと皮肉に溢れた動画でラップしているのは、なみちえだ。東京藝術大学を首席で卒業し、芸術家として活躍する彼女が自身を表現する方法は、着ぐるみ、ラップ、詩やエッセイなどの文筆、動画、バンドなど多岐にわたっている。ラップについては「あまりにもいろんな人から肌の色や見た目、髪について色々言われるから、逆手にとって（これだったら言いたいことを言い逃げ出来るなと思って）やってみようと思った」（宮崎, 2020, p.188）ことがきっかけとなっている。特にラップの韻が「私の言いたいことをわかりやすくコンパクトにしてくれる」（BT, 2019, p.67）ため、書かれたリリックは韻が固く踏まれ、豊富なボキャブラリーが散りばめられていることが特徴だ。なみちえの創作の原動力は社会構造への批判だ（タウンニュース, 2020）。特に自身のアイデンティティー、他者から自分に向けられた視点と自己認識のズレ、そしてそこから生じる排外主義やルッキズム[19]、差別への批判がウィットに富んだ作品に込めら

れている。彼女が初めて公の場で発表したのは、2016 年に大学祭で発表した「国人ラップ」という曲だ。この曲のタイトルも前述の「おまえをにがす」と同様、音だけ聞いたら「黒人ラップ」であると思い込んでしまうが、実は「国人」と書かれており、その意味について考えさせられる仕掛けとなっている。YouTube にアップされている学祭の動画では、オールドスクールヒップホップの代表的ファッションである黒のアディダスのジャージを身につけ、舞台の真ん中に座布団を敷きフロアを盛り上げるなみちえがいる。

> あいうえお　いろはにほへと　日本生まれ　日本育ち
> 名字は田村　レペゼン茅ヶ崎　19 歳まだ私はガキ
> 夏はそうめん　冬はおでん　ギャップ埋めない　優性遺伝の
> 見た目からすれば「洋楽歌いそう」
> いや、涙そうそう・山下達郎　歌うからみんなドン引きなんだ
> 目指していた客寄せパンダ　なんだまだ、出せてないの本能？
> 俺より上手く使えよ　日本語

この曲について彼女は「"私はこの国の人である"という、いつでも振り返るべき大事なスタートラインになっています」(音楽ナタリー, 2020) と語っている。「国人」とは「この国の人」のことである。Rose (1994) は男性と女性のラッパーを比較して、男性ラッパーは批判の対象として警察や政府、支配的なメディア機構について言及することが多い一方、女性ラッパーは「女性が独立することの困難、アイデンティティーやコミュニティーの問題を、政治・社会批判と結びつける」(p. 203) 傾向があると論じている。この曲においても、なみちえの個人的な物語を聞きながら、私たちは日本社会を覆い尽くしている多様性に関する無理解、そこから発生する差別、単一民族神話の強固性に気づかされる。

　現代ビジネスのウェブサイトに掲載されているエッセイ「忍耐が友達だった、私の 22 年間」では、ガーナの父と日本の母を持つというだけで、これまでの人生で幾度となく初対面の人やクラスメイトから、何人であるかを確認された

19　外見至上主義のこと。

り、露骨な差別をされたりしてきた具体的な経験が数多く語られている（なみちえ，2021）。別のエッセイでも「日本社会でのレッテルの貼られ方は心地良いものではなかった」（なみちえ，2018）と語っているが、見た目だけで日本で生まれ育とうが、日本語を話そうが、日常的に常に誰かから自分の存在について問われ続け、差異化され続けることのストレスや疲弊感は想像を絶する。そしてそのような「他者からのレッテル」は彼女が作品や経歴を通して、メディアに注目されたのちも、インタビューという一見、対話的なやりとりにおいても続いていた。

> インタビューって、私を引き出すように見えて、実は違った私を新たに作り出すだけ。たとえば『私はマイノリティです』みたいな話を発信することを、自分の仕事の何割かに置くこと自体、マイノリティが"普通"の仕事をできない原因になっている。なぜだかわからないけど、わかりやすい言葉、わかりやすい表現、わかりやすいかたちを求めている人だけが、『なみちえ様様』みたいな感じになってて（Iijima, 2020）

メディアから「黒人のハーフ」という括られ方をすることに対し、「別枠の人だと認識されるからこそ粗雑に出来る分断行為であると嫌でも私の魂は感じてしまう」（宮崎，2020, p. 187）となみちえは批判している。バフチンは人を一方的に決定づけない姿勢こそがむしろ能動的である（桑野，2021）とし、「ひとをモノ化しないためには『気をゆるめることなくむすびつきながらも、距離を保とうとする』ことが必要である」（桑野，2021, p. 40）と論じている。この「距離」に関して、なみちえもインタビューで似たような発言をしている。

> 私は聞かれることで傷ついてきたから、人に何も聞かない術を見出してしまっているんですよ。基本的に「朝のルーティンはなんですか？」とかマジで傷つけない言葉しか初対面の人に聞かないっていうディスタンス力。これは別に人間嫌いとかじゃなくて、人を傷つけない絶対的な距離があるというか（Iijima, 2020）。

　テレビ東京の「You は何しに日本へ？」という人気バラエティー番組がある。空港にて初対面で会った「外国人」に突撃インタビューをして、さまざまな来日理由を紹介するという内容だ。この番組にインタビューされた経験を持つなみちえは、2020 年に発表したアルバム「毎日来日」の中で「Ｙ○Ｕ は何しに日本へ？ feat. まな」という、番組に対するアンサーをラップしている[20]。

　　Ｙ○u は何しに日本へ？　さっさと俺の前から引っ込んで
　　what do you think tell me that seriously
　　ちゃんと言いたいこと言うヒップホップで
　　Ｙ○u は何しに日本へ？　さっさと俺の前から引っ込んで
　　what do you think tell me seriously
　　ちゃんと言いたいこと言うヒップホップで
　　say ハロー　アブラカダブラ　頑なな感じ　苗字は田村
　　至って最近　の事じゃない　見た目ガイジン　の物語
　　相対性がメイキンビジュアル　卑屈んなる reason
　　「単一性こそ最高の精神」で着付けた細胞　まさに緊急性
　　プライベート強行突破　対人関係　想像困惑？
　　虜になる un 想像の余地　合法の境地　妄想の合意
　　興味もないのに関わんな　マネーの為だけなら腹たつわ
　　けどお構い無しに話しかける「すみません　よくわかりません」

　「日本人が日本的生活に基づいた現実世界を生きていて、そのなかで除け者みたいに扱われるのが前提の私には、常に外国人としてのレッテルが貼られる下準備がなされている[21]」（なみちえ，2020）と語る彼女にとって、多くの視聴者がエンターテイメントとして消費する「You は何しに日本へ？」という問いは、これまで受けてきた数えきれないほどの失礼な質問の一つにしかすぎない。見た目だけで「外国人」と他者をモノ化するこの質問は、「プライベート

<hr>

20　Moment Joon も「令和フリースタイル」という曲の中で「定番の質問『日本に何しに？』今答えは『お前を殺しに』そんなの聞かれない日本が見たいならば　君だって My people」とラップしている。
21　太字は原文のまま。

強行突破」とあるように、対等な関係性での対話が成立するための距離感が皆無である。Rose（1994）はラップが権力に対する闘争であり、「不服従というイデオロギー立場を演じている」（p. 196）と説明しているが、なみちえのこの曲は支配的なメディア機構や「日本人性」という権力に対する闘争そのものである。そして「ちゃんと言いたいこと言うヒップホップで」とあるように、ラップという表現方法が、なみちえに戦うための声をもたらしている。

　これまで部分的になみちえのリリックを紹介してきたが、気づいた人はいるだろうか。彼女がリリックの中で「俺」を一人称として多く使っているのだ。彼女はジェンダーについても頻繁に作品の中で問題提起している。たとえば、冒頭で紹介した「おまえをにがす」は「ヒップホップのMVにおける女性の立場の反対のことをしたくて演じている」（宮崎, 2020, p. 188）と語っている。ヒップホップ文化への批判の一つとして、男性ラッパーのマッチョイズムや女性への性的眼差しといった、家父長主義的なジェンダー観がある。日本のヒップホップコミュニティーの一員であるなみちえは、数少ないフィーメールラッパーとしての声も保持しているのだ。Rose（1994）は女性ラッパーを男性ラッパーの反対勢力として捉えるのではなく、対話的な関係から論じる重要性を唱えている。そうすることによって「ラップの性の政治に見られる明白な矛盾や不一致を、日常生活や抵抗活動にはつきものの複雑さ、または不調和として考えることを可能にし、女性ラッパーの作品様式が複雑であることの意味を理解可能にするのである」（p. 285）。この一節は、なみちえのMVの中でのファッション、一人称の使い方、エッセイでときおり言及される女性としての自分（なみちえ, 2020）などを、マジョリティーや社会との対話として捉えることの正当性を担保している。ジェンダーギャップ指数146か国中116位の国（World Economic Forum, 2022）。「自分たちの身近に差別があることに気づきすらしない」（宮崎, 2020, p. 188）国。なみちえの声は、たしかに現在の日本を生きる人の声なのだ。

8.4　ラップシーン──終わらない対話が聞こえてくる現場

　本論稿では多文化社会の現場として日本のラップシーンに着目し、二人の

アーティストのリリックを対話論の観点から読み解いてきた。この二人に共通しているメッセージは、日本社会の中で他者から押し付けられた「外国人」「異質な者」「マイノリティー」としてのアイデンティティーに対する抵抗や闘争である。彼／彼女たちの声に耳を傾けると、そのアイデンティティーが文化や国籍だけではなく、ジェンダー、アーティストであること、世代、家族や仲間がいること、出身地、住んでいる地域、（どの集団にも属していない）個性を持った人間など、複雑で多層的であることがわかる。この人間の在り方のリアルさが作品から感じられるのも、ラップが「自分自身を語る」という特性をもったジャンルだからだろう。松田（2011）は多文化関係学における「関係性」を文化の二項対立で論じるのではなく、「多面的・重層的・複眼的・通時的にすることで、動的で多面的な関係性を捉えようとする視座」(p. 18) から捉える複合的アプローチを提唱している。本論稿で紹介した作品を通して、アーティストたちはまさに文化の二項対立を否定し、複合的な存在としての自分を主張している。自分をめぐる物語を通して、ときにシリアスに、ときにユーモアや皮肉たっぷりに、ラッパーは自己や他者と対話的関係性を築こうと試みている。

　ラップシーンで展開している対話は、アーティストの作品内にのみとどまるものではない。ライブにおけるラッパーとオーディエンスの対話的やりとり、YouTube 公開されている作品に対するコメント欄で展開される対話、女性ラッパーたちの作品やインタビューにおける対話的ジェンダーエンパワーメントなど、今後もさまざまな角度から検討できよう。

　久米（2011）が指摘するように、単一民族国家として語られがちな日本は、実際には戦前から今まで常に豊かな多文化社会としてあり続けてきた。これは日本社会のありとあらゆる場で多文化が共存し、そこで生きる人々の間で対話が行われ、関係性が構築されていることを意味する。思いがけない場所でこれまで聞き逃されていた声、ないものとされていた対話があるはずだ。これまで研究対象としてあまり注目されてこなかった周辺的、非制度的な場を見つけ、そこでの声や対話に着目することが、多文化関係学の可能性を広げるのではないだろうか。

　ラップシーンから聞こえてくる声は、日本で普通に生きる人たちの豊かさや複雑さを教えてくれている。私たちが多文化関係学という分野から挑戦できる

こと、それはその声を聞き、意味を理解しようと努め、応答し、内省をくり返しながら、対話的交通をやめないことだ。これからもラップシーンというカーニヴァルに響く声に耳を澄ませながら、対話の螺旋階段を登り続けたい。

引用文献

Bakhtin, M. M. (1929). *Проблемы творчества Достоевского, Ленинград: Прибой.* ［バフチン, M. M.（2013）. 桑野隆 訳『ドストエフスキーの創作の問題』平凡社］

Bakhtin, M. M.（1963）. *Проблемы поэтики Достоевского. Советский писатель.*［バフチン, M. M.（1995）. 望月哲男・鈴木淳一 訳『ドストエフスキーの詩学』ちくま学芸文庫］

Bakhtin, M. M. (1984). Appendix II. "Toward a reworking of the Dostoevsky book" (C. Emerson Trans.) In C.Emerson (ed.) *Problems of Dostoevsky's poetics* (pp.283-302). University of Minnesota Press. (Original work published in 1961)

BT（2019）.「新進アーティストに聞いた新移民時代のアート・社会・アイデンティティなみちえ」『美術手帖』12 月号，66-67.

二木信（2016）.「Rap attack——日本語ラップは何を歌っているのか」『ユリイカ』6 月号，71-77.

Green Kids.（2018年11月5日）. E.N.T [Video]. YouTube. https://www.youtube.com/watch?v= EohC7_mNnR8

GROW UP UNDERGROUND RECORDS.（2019年5月31日）. Moment Joon- 令和フリースタイル（Reiwa Freestyle）. [Video]. YouTube. https://www.youtube.com/watch?v= QluE594hKWM

GROW UP UNDERGROUND RECORDS.（2020年1月1日）. Moment Joon-TENO HIRA. [Video]. YouTube. https://www.youtube.com/watch?v=2tstbd0901E

異文化間教育学会第 30 回大会準備委員会（2009 年 5 月 29-31 日）.「境界」を生きる【第 1 部】HipHop が伝えるもの　対話：多様な自分、多様な表現［公開シンポジウム］異文化間教育学会第 30 回大会，東京，日本.

Iijima. A.（2020 年 11 月 7 日）. なみちえがインタビューに抱いた懐疑心。「その『わかりやすく』は機能していない」GRIN. https://grinweb.jp/feature/0005

磯部涼（2019）.「移民とラップ——日本を歌う」『文藝』秋季号，230-247.

木本玲一（2019）.『グローバリゼーションと音楽文化——日本のラップ・ミュージック』勁草書房.

小坂貴志（2012）.『異文化対話論入門——多声性とメディアのコミュニケーション』研究社.

小坂貴志（2017）.『現代対話学入門』明石書店.

小坂貴志・出口朋美（2021 月 10 月 23-24 日）. ラップのフリースタイルバトルに見る即興性と多声性——多文化関係を読み解く対話的研究技巧の構築を目指して［個人発表］多文化関係学会第 20 回年次大会，オンライン開催 https://sites.google.com/view/tabunka-annual/

近藤玲央名（2019年9月3日）.「韓国からの"移民者"ラッパー Moment Joon ──「僕に言いたいことがある人は直接会いに来てほしい」」『GQ Japan』https://www.gqjapan.jp/culture/article/20190903-moment-joon-interview

久米昭元（2011）.「多文化社会日本と多文化関係学的アプローチ　パート 1　多文化社会としての日本」『多文化社会日本の課題──多文化関係学からのアプローチ』, 9-16.

桑野隆（2020）.『バフチン──カーニヴァル・対話・笑い』平凡社.

桑野隆（2021）.『生きることとしてのダイアローグ──バフチン対話思想のエッセンス』岩波書店.

masterindchannel.（2011年6月13日）. I LOVE HANDAI-MOMENT「外人ラッパー」（On Asher Roth's 'I Love College'）. [Video]. YouTube. https://www.youtube.com/watch?v= A63gi4m WTkI&t=161s

モグテレビ（2019 年3月20日）. なみちえ -YoU は何しに日本へ？ feat. まな（2019.03.20）. [Video]. YouTube. https://www.youtube.com/watch?v=e3JmJuCOgC8

松田陽子（2011）.「多文化社会日本と多文化関係学的アプローチ　パート 2　多文化関係学へのアプローチ」『多文化社会日本の課題──多文化関係学からのアプローチ』16-24.

湊邦生（2020年10月24日）.『多文化関係学』は何に取り組んできたのか──学会誌掲載研究タイトル・キーワードの計量テキスト分析に見る研究の動向と特徴［個人発表］多文化関係学会第 19 回年次大会，オンライン開催 https://sites.google.com/view/jsmr2020.

宮崎敬太（2020）.「私を手玉に取る"肌色"の手　なみちえ」『現代思想』10 月臨時増刊号, 186-189.

Moment Joon.（2019）.「三代（抄）──兵役、逃亡、夢」『文藝』秋季号, 208-229.

Moment Joon.（2020年3月12日）. KIMUCHI DE BINTA. [Video]. YouTube. https://www.youtube.com/watch?v=sx3WWe27d_E

Moment Joon.（2020年3月12日）. KIX/Limo [Video]. YouTube.https://www.youtube.com/watch?v=qeaqGzje8pQ

Moment Joon.（2021）.『日本移民日記』岩波書店.

なみちえ（2018年3月31日）.「母は転勤族の娘　私はアカン族の娘」note https://note.com/namichie_tamura/n/nc64051216f0c

なみちえ（2020年1月25日）.「忍耐が友達だった、私の 22 年間」『現代ビジネス』https://gendai.ismedia.jp/articles/-/69977?imp=0

N.W.A. (2020, March 1). Fuk Da Police. [Video]. YouTube. https://www.youtube.com/watch?v=qZuxPKUVGiw

Rose, T. (1994). *Black noise: Rap music and black culture in contemporary America.* Wesleyan University Press.［ローズ，T.（2009）. 新田啓子 訳『ブラック・ノイズ』みすず書房］

落合知子（2010）.「外国人青年がホスト社会にもたらす気づき──表現活動における発話分析」『多文化関係学』7, 123-135.

Ong, W. J.(1982). Orality and literacy: The technolizing the word. Routledge.［オング, W. J.(1991). 桜井直文・林正寛・糟谷啓介 訳『声の文化と文字の文化』藤原書店］

音楽ナタリー（2020 年 6 月 18 日）.「差別ってどう思う？　なみちえ擁するグローバル シャイが問う 2nd シングル「国人ラップ」」『音楽ナタリー』https://natalie.mu/music/ news/383834

斎井直史（2020）.「これは日本にケンカを売る作品、否定でもいいから絶対無視させ ない —— Moment Joon が "いま" 伝えたいこと」『OTOTOY』https://ototoy.jp/feature/ 2020041501

佐藤雄一（2016）.（座談会）「DOTAMA ACE CHARLES サイファー /MC バトルの方法論」『ユ リイカ』6 月号，201-215.

晋平太（2016）.『フリースタイル・ラップの教科書——MC バトルはじめの一歩』イース トプレス.

杉原環樹（2019）.「Special Talk 移民文化の生まれるところ——音楽、映画、食、文学に見 る「移民」の現在と歴史　菊地成孔（音楽家、文筆家）× 磯部涼（ライター）× ハン・ トンヒョン（日本映画大学准教授）」『美術手帖』12 月号，118-131.

Tamura King.（2019年5月14日）.【合唱】ウキウキハッピー！今日はどこに？？可愛いペッ トとのお散歩動画【犬】[Video]. YouTube. https://www.youtube.com/watch?v=GB_9JQyZkXI

タウンニュース（2020 月 3 月 27 日）. Close up! 社会への疑問、それが生きる意味　茅ヶ 崎在住のラッパー・なみちえ　神奈川県全域・東京多摩地域の地域情報誌タウンニュー ス https://www.townnews.co.jp/0603/2020/03/27/522803.html

宇多丸・高橋芳朗・DJ YANATAKE・渡辺志保（2018）.『ライムスター宇多丸の「ラップ史」 入門』NHK 出版.

World Economic Forum. (2022). Global Gender Gap Report 2022. https://www.weforum.org/ reports/global-gender-gap-report-2022/in-full/1-benchmarking-gender-gaps-2022#1-2-global- results

Yamada, S.（2018 年 3 月 27 日）.「Moment Joon について知っておくべき 10 のこと」『i-D』 https://i-d.vice.com/jp/article/mbxjk4/10-thing-you-need-to-know-about-moment-joon

山下壮起（2019）.『ヒップホップ・レザレクション』新教出版社.

付録　本論稿で紹介した曲の QR コード一覧

ページ	アーチスト名	曲名	QR コード
167	Green Kids	E.N.T	
170	N.W.A.	Fuck the Police	
173	Moment	I LOVE HANDAI	
174	Moment Joon	KIX/Limo	
177	Moment Joon	IGUCHIDO（井口堂）	
177	Moment Joon	KIMUCHI DE BINTA	
177	Moment Joon	TENO HIRA	
178	なみちえ	おまえをにがす	
179	なみちえ	国人ラップ	
181	なみちえ	Ｙ○ u は何しに日本へ？ feau. まな	

第9章

人間・家畜・自然の関わり合いから生成される文化

アンデス高地で家畜とともに生きる人々から学ぶ

鳥塚あゆち（関西外国語大学）

9.1　はじめに

　南米大陸の西側を南北に走るアンデス山脈の中央部、現在のペルー共和国を中心とする地域には、紀元前 3000 年頃からナスカやインカなどの多くの古代文明が栄えた。高度な文明を築いた先住の人々は、15、16 世紀のスペイン人による征服とその後の植民地支配の中で、強制的な社会・文化の転換を経験し、生き残る知恵として他を受け入れ、既存の文化の中で異なるものを再解釈して共生する道を模索してきた。現在のアンデス各地の言語、宗教、食などに認められる文化の混淆は長い歴史の一部であり、「共生」という名による抵抗とも捉えられている（*cf.* 清水, 2017）。その歴史において、人々はまた、標高 4000 m 以上の高地環境に適応したラクダ科動物から、リャマとアルパカを家畜化した。野生動物を馴致して人間のそばにおくことで、毛・肉・皮・糞・脂肪・運搬等、多様な利用が可能となった。古代文明の発展に寄与し、人々の生活を豊かなものにしたリャマ・アルパカの重要性は、植民地時代に旧大陸由来のヒツジ・ウシ・ウマなどの家畜が導入されても失われることはなく、在来の家畜の群れに異種が受け入れられ、現在の「アンデス牧畜文化」が形成されている。

　文化の定義は数多あれども、おおむね共通するのは、所与のものではなく後天的に獲得され、特定の集団に属する人々によって習得され共有される行動・生活様式の体系という理解であろう。それは、他者との関わりの中で変化してゆく動的なものであり、人々の生活を支える知恵であるともいわれる（Ingold, 2018 [奥野・宮崎 訳, 2020]）。この、地球社会の多様な文化の担い手は、人間だ

けなのだろうか。たとえば牧畜文化では一般的に、家畜は人間が保護し、その
生殖をコントロールし、生きるために利用するものとされる。しかしながら、
フィールドでしばしば観察できるのは、家畜に振り回され、1日の、また年間
の行動を決める人間の姿であり、文化を構成する諸行為の主体が常に人間であ
るとは言い難い。文化人類学では、とくに2010年代から、存在論的転回と呼
ばれる潮流が注目を集めている。これは、人間中心主義への批判とともに、一
つの自然に対する多の文化という構図や、人間を唯一の行為主体とみなしてき
たことを否定的に再考し、世界および研究手法を捉え直そうという挑戦である
（久保，2016；里見，2019）。

　本稿ではこれらの議論の中で、とくに多種間の関係性から世界を捉え直そう
とするマルチスピーシーズ民族誌の手法を援用し、人間、家畜、自然の関わり
合いのプロセスを記述する。これにより、人間が構築する文化がいかに他の存
在によって左右されるかを確認し、家畜や自然も人間とともに文化を生成する
主体となりうることを示す。人間が人間以外の多様な存在と共生関係を築きな
がらともに生きる世界を形成していることに、より自覚的になることで、多文
化研究において欠かせない他者性を捉え直す契機としたい。

9.2　フィールドワーク——多種が絡まり合う現場

　筆者は、2004年から現在まで、ペルー共和国クスコ県南部に位置する牧民
社会でフィールドワークを継続している[1]。調査は、現地の人々の家に住み込
んで生活をともにし、そこでの参与観察と聞き取り調査を中心とする典型的な
文化人類学的手法で進めた。このような方法は、教育の場で教科書を用いて教
えられるものではなく、調査地で経験すること、人々とともに生活する実践で
あると述べられている（Cerwonka & Malkki, 2007；浜本, 2015）。どれほどの経験を
積んでも、調査地では必ず予測不可能な出来事に直面する。それゆえ、「フィー
ルドワークのオープンエンドな性格と、そこでの即興性」が強調される（浜本,
2015, p. 343）。浜本（2015, p. 359）は、この性格に同意しつつも、フィールドワー

---

[1]　調査・研究は、科学研究費倫理学習および日本文化人類学会倫理綱領の定めにしたがって
　実施された。調査の主旨については、調査時に村人に口頭で説明を行い、了承を得たうえで
　進めた。

クが社会的実践である点を重視し、「調査者が人々の社会生活に参入し、ほぼ
ゼロから新たな人間関係のネットワークを構築してゆき、そうした生成する人
間関係のネットワークを通してその社会についての知識を手に入れていくとい
う、まさにそのプロセスそのもの」を、その特徴としている。つまり、日常に
埋め込まれた実践を通して状況的な知識を得ることが、人類学のフィールド
ワークの独自性であると主張される。

　たしかに、調査地域の先行研究から事前に知識を得てフィールドに入っても、
偶発的に生じる出来事にはその場で対応するほか術がない。調査開始後に筆者
がまず衝撃を受けたのは、屠畜だった。

　ある日、群れの中から選んで捕えた 1 頭のヒツジの首を押さえろと、村人に
言われる。当然、初めての経験で、抵抗もあり、またこれは調査者である私が
やることなのかという思いをもちつつも、他に手伝う人がいないからと言われ、
従う。私の手に抵抗していた力が失われ、血のにおいが漂う。露わになった気
管から次第に呼吸ができなくなるのを見て手を放しても、その体温は残る。屠
畜の際、たいてい「強く押さえろ」と言われる。一度、手を緩めてみたら血が
地面に飛び散り、「もったいない」と叱られた。地面の血は飼いイヌが舐めとっ
ていた。わずかな命も無駄にしない人々の暮らしが、そこにあることを学んだ。
同時に、こちらの都合で「調査者」のままでいることができないこともわかった。

　このように、外部からの特権的な観察者ではなく自身も人々の生活の一部に
なったり、彼らのネットワークに入り込んだりして、内在的に観察することで
知りうることは多い。研究対象とする人々の生活世界を理解するには、まずは
調査者もその社会での生活に参入してみることが肝要である。

　フィールドワーク中に直面する偶発的な出来事はまた、人間によってのみ引
き起こされるわけではない。そしてそれは、調査者だけが直面するのではなく、
調査対象者である経験豊富な牧民も同様で、家畜の予期せぬ行動により日常が
乱されることもある。次節では、牧畜文化を形成する諸行為と、その中で生じ
る偶発的出来事を通して、文化における行為の主体について考察するが、その
前に、行為の主体性に関わる文化人類学の近年の議論を概観しておきたい。

　調査対象の人々が動物・微生物・植物・モノ・大地・神々などの非人間を、「い
かに認識・表象するか」という従来の人類学を批判的に検討し、人々の世界に

「何が存在するか」を「真剣に受け取る」のが、「存在論的転回（the ontological turn）」を主導する研究者の姿勢である（e.g. 里見，2019；Viveros de Castro, 2005［近藤 訳，2016]）。その背景には、人間活動が地球環境に与える影響を問題視した「人新世（Anthropocene）」の提唱（e.g. 大村，2020）、ならびに、「単一の自然 / 複数の文化」という近代的二分法を保留し、人間にのみ行為の主体性を認めるのではなく、客体として扱われてきた非人間を人間と対等に扱い、多様なアクターの相互作用によって形成される関係性から異種混淆の集合体として世界を捉え直そうとするアクターネットワーク理論の影響がある（e.g. Latour, 2005［伊藤訳，2019]）。そこには、人間のみが特別に他の種を搾取（利用）できると考えた結果が人新世の時代の問題ならば、人間と非人間との関わり合いそのものを見直すことでこの問題に踏み込み、地球社会での共存を考えてゆこうとする意図がある[2]。奥野（2017, p. 78）はその特徴を、「人文科学は人間を超えた視野を獲得することによって、西洋思考に潜在する人間中心主義を脱中心化しつつある。その中核に位置づけられるのが、人間と非人間のどちらかに特権を与えることなしに、人間と非人間の両方の活動を認めるというアイデア」だと述べている。

　これらの議論は、文化・社会の中心にいる人間の行為を研究対象とし、多様な非人間をその周辺に位置づけてきたという、研究の前提となる他者性の捉え直しと理解できよう。長らく、モノや自然が主体性をもって登場するのは寓話や神話においてであり、これらは調査対象となる人々の世界観や信念、あるいは象徴として理解されてきた。しかしながら、彼らは必ずしも非人間を人間の世界の周辺に追いやっていたわけではないし、人間だけが例外的に特権をもって存在するとは考えていない。この他者の世界のあり方を、真剣に受け取るべきだと主張されたのである。

　この思考の転換の中で展開されているのが、マルチスピーシーズ民族誌である（e.g. Haraway, 2003［永野 訳，2013]；Kirksey & Helmreich, 2010［近藤 訳，2017]；近藤，2019；奥野，2021；Tsing, 2015［赤嶺 訳，2019]；van Dooren *et al.*, 2016）。この分野では、人間と人間以外の多種多様な存在が絡まり合うことで生成・変容しながら「と

2　この潮流の下、非人間の政治参加から、天然資源開発における先住民の抵抗運動を考察した研究もある（e.g. Blaser, 2009; de la Cadena, 2015）。

もに生きる」関係となって構築される世界が、民族誌の手法に基づいて記述されるため（奥野，2017, p. 79；2021, p. 50）、アンデス高地での人間、家畜、自然の関係性の考察に適していると思われる。その特徴は、異種間の創発的出会いを取り上げ、人間に現れる範囲でのみ他種を捉えず、人間を含む複数種の 3 ＋ n 者の「絡まり合い（entanglement）」と複数種が「ともに生きる」ことを強調し、人間を越えた領域へと人類学を拡張するものと要約されよう（奥野, 2019；2021）[3]。この中では、「種」は自律的・自己完結的で安定的なものではなく、関わりの中で生成されるものと考えられるため、人間も同様に、静的な「人間 - 存在（human beings）」ではなく、動的な「人間 - 生成（human becomings）」とみなされる[4]。

　たとえば、Tsing（2015［赤嶺 訳, 2019］）の事例研究ではマツタケを中心に据え、森林、マツ、マツタケ、菌根菌、マツタケ採取人、集荷人、日本の消費者などが偶然に出会い、地域・民族・目的などを越えてつながり、絡まり合うことで相互の生存が可能になると論じられる。痩せた土壌でのマツと菌の共存によるマツタケの生成、人間による生態系の攪乱によってマツタケに適した環境がつくられること、販売による人々の個別の紐帯の強化等は、種の偶発的な出会いによって可能となる。この状況は、「すべてが一緒になってたがいに育てあっているといってよい。それぞれが、それぞれの世界を制作していくのに、たがいに協力しあっているのである」（p. 228）と説明される。このように、多種の存在が出会うことで汚染し合い（染め合い）、種内・種間の協働を通して変化することで多様性はつくられるという（pp. 43-53）。

　多様な文化間の相互作用や関係性を明らかにすることを主題とする多文化関係学においても、文化の主体を人間に限定せず、人間とともに生きる多様な存在を含めることで、それぞれの協働により形成される多様な文化や世界を、より生き生きとしたものとして捉えられるのではないか。以下、多種の存在の絡まり合いを重視するマルチスピーシーズ民族誌の立場を参考に、アンデス高地

3　他分野の研究者や芸術家、農民、先住民などとの連携・協力への志向や、人類学では通例的な一つの調査地に限定せず多地点をフィールドとするといった特徴もあわせ持っている（奥野，2019; van Dooren *et al.*, 2016）。多種、多数の媒体、多数の者、多数の場所といった多様性が重視されている（奥野，2021，p. 47）。
4　人間の重要な伴侶種としてイヌを取り上げた Haraway（2003［永野 訳, 2013］p. 21）は、両者はともに関わり合いに先んじて存在せず、その関わり合いはたった 1 回きりでは済まない、相互構成的な関係性であると述べている。

で共存する、人間、多種の家畜、自然の関わり合いについて具体的な事例を挙げて記述したい。

9.3　家畜とともに生きることとは

9.3.1　アンデス牧民社会

　アンデス地域では、アンデス山脈が生み出す多様な自然環境により、比較的狭い範囲に異なる生態系が連続して分布している。人々は古くから、垂直的に分布する多様な生態系を利用しながら生活を成り立たせてきた（Murra, 1956; Pulgar Vidal, 1996）。とくに際立って高いところにまで人が暮らす中央アンデスは、緯度が低く熱帯に位置するため、高地でも気温の年較差が少なく安定しており、強い日射により牧草が生育する環境にある（稲村, 2007；山本, 2007）。現地語でプーナ（puna）と称される標高 4000m 以上の高原地帯では、作物の栽培限界高度を超えることから、農耕を行うことはできない。そこには専業牧民の生活圏が広がっている。熱帯高地では乾季でも牧草が枯れてしまうことはなく、気温が下がっても完全に凍結することもない。その牧草を食料とするラクダ科動物の存在が、高地における人間の生存を可能にしてきた。プーナは 1 年を通して寒冷で、朝晩は氷点下まで気温が下がることもある。おおよそ人間が居住するのに適した環境とはいえない。そのような場所で人々が暮らすのは、ひとえに家畜の生息域に合わせたからである。

　筆者の調査地・H 村も、このようなアンデス高地に位置する。村の人口は約 360 人、50 家族ほどで構成される[5]。領域は、標高約 4300m から 4900m の高所に広がるため、人々は家畜を飼養することで生活を成り立たせている。家畜の種類は、リャマ、アルパカ、ヒツジ、ウシ、ウマである。前者 3 種は、通常、一つの群れを成すが、近年では家畜の品質改良を目的に、アルパカの種オスを別群にして放牧する者もいる。

　居住地には固定家屋と家畜囲いがあり、その周辺に牧草地が広がる。日々の放牧は、住居と牧草地の間を往復する日帰り放牧の形態で行われている。早朝、人々は日の出前に起床し、朝食の準備にとりかかる。朝食を済ませ、8 時

5　2004 年 12 月の調査による。

前には家畜の群れを集め、放牧エリアに向けて出発する。到着すると、自由に牧草を食べさせる。放牧中は、群れが広がり過ぎないか、隣人の家畜と混じることはないか、きちんと牧草を食べているかなど、様子を見ながら群れをコントロールしている。繁殖期には、出産間近のメスや生まれたばかりの仔畜にとくに注意を向ける必要がある。家畜には帰巣本能があり、15 時を過ぎると徐々に居住地に向かって歩み出し、日没頃には付近まで自然と戻ってくる。人々は周囲が暗くなる前に散らばっている群れを集め、囲いに入れて休ませる。その後、夕食をとり、20 時頃には就寝する。

9.3.2　日常に見られる非日常——偶発的出来事と即興の対応

　牧民の日々の生活は変化のないルーティンのように見えるが、実際には異なる様相が確認できる。村人は、牧草の状態、前日の家畜の様子、出産期には群れの構成（妊娠しているメスや当歳子の数）、繁殖期のオスの存在などを考えたうえで、その日の放牧エリアを決定している。1 日穏やかに放牧できる日もあれば、隣人の家畜が乱入したり、予定していないエリアに家畜が進んでしまって方向転換するのに苦労したりする日もある。ラクダ科動物の繁殖期と出産期は、ほぼ同時期の 1 月から 3 月である。この時期には、とくに妊娠メスに注意が必要となる。

　以下、H 村の日常の中で生じた偶発的出来事に関する五つの事例を提示しよう。事例 1 から 3 は、2016 年 3 月に観察した繁殖と出産に関する事例である。

事例 1　発情したオスのアルパカ

　3 月 10 日、放牧エリアに向かう途中、別の囲いに入れていたアルパカの種オス群の近くを通ったせいで、発情したオスが 1 頭囲いから出てしまい、メス群に混じってしまった。オスは交尾をしようとして、妊娠中のメスのアルパカを追いかけた。メスは、妊娠中は鳴いて威嚇し、交尾を拒否する。オスが長時間追いかけると、メスが走り疲れて流産するかもしれないし、他の個体も鳴き声に警戒して牧草を食べようとしない。このメスを救うため、村人と私は起伏の激しい牧草地の斜面を走り、2 頭を離そうと試みた。しかし、言うことを聞かないオスは、その後も他のメスを追いか

け続けた。これに触発されたのか、若獣のオス・アルパカもメスを追いか
け、しばらく収拾がつかない状態のまま放牧した。

　ペルーでは、国際獣毛市場の需要に応じ、市場価値の高い白色単色毛を生
産するため、1960年代から、とくにアルパカの品質改良が促進されてきた。H
村でも、1990年代後半に改良活動が開始され、現在まで継続されている。改
良は家畜の交配を管理する手法で進められるため、自然交配を避ける目的で種
オスは別群にまとめられる。生殖能力のない2歳までの若オスは、去勢オスと
ともにメス群で管理される。このように、人々は繁殖期の群れを分けることで
生殖管理を行っているのだが、事例のように管理がうまくいかないことも稀で
はない。この種オスの体色は茶で、白色のメスとの交配は望ましいものではな
かった。村人は、「普通メスが妊娠していたら交尾しないのに、このオスはお
かしい」と言い、放牧が失敗した原因を、オスの性格に求めた。

事例2　リャマの出産

　同日、リャマ2頭（2歳・黒茶色、3歳・白色に茶の斑）が他の家畜と距離
を保ち、牧草を食べずに地面に座していた。出産だった。8時45分、ま
ず黒茶色のリャマの出産が始まった。10分以内に脚、頭の順に仔の体が
現れ、20分で終わった。白色の方も、9時に仔の頭が出始めた。頭が完全
に出たのは18分後で、その5分後に脚も見えたが、なかなか終わらない。
見かねた村人が近づき、仔の首と脚を持って途中まで引き抜いた。出産に
は40分かかった。

　リャマやアルパカは、出産時には群れと距離をとり、他の個体が近づくのを
嫌がる。この2頭も、様子を伺いに来たリャマに唾を吐いて威嚇していた。人
間が近づくと警戒するため、筆者も少し距離をとって観察した。しかし、2頭
は近くで出産した。いずれも初産だったため、村人は群れを放牧しつつ注意を
払っていた。リャマ・白色の出産が進行しなかったことから、出産介助が行わ
れたが、このような介入はごく稀にしか行わないという。牧民は、リャマが逃
げないよう背後からゆっくりと近づき、リャマは威嚇することなく立ち止まっ

て介助を受けた。

　出産後、村人は2組を引き離した。生まれた仔が間違えて別の母畜について行かないようにするためである。仔は生まれて30分もすると立って歩き出し、哺乳のために乳房を探す。通常、母畜はにおいで自分の仔を認識するが、2頭とも経験がなかったため仔を置いて立ち去る可能性があるという。村人は、「白い方はおとなしいけど、黒茶のリャマは仔を放っておくかもしれないから」と、母リャマに「お乳をあげろ」と言い、仔を抱きかかえて鳴き声をまね、母をおびき寄せた。基本的に、母子認識は家畜自身に任せられるが、ここでも人が介入した。

事例3　アルパカの死産

　3月11日9時10分、出産が近いのか、尾を立て、同じ場所で回ったり、立ったり座ったりして落ち着かない様子のアルパカが1頭いた。出産が始まって1時間たっても、仔は頭しか出ておらず、動いている気配もない。その後、産み落とされたが死産だった。母アルパカは仔のそばを離れようとしない。村人は、母子を離さないといつまでもその場に留まるからと言い、仔の遺体を母畜から遠ざけた。

　仔の体に触れると、すぐに毛が抜け落ちた。これは早産の証だという。本来は1、2週間後に生まれる予定だったが、昨日のオス（事例1）のせいで出産が早まったと村人は説明した。仔を遠ざけられた母は、排出された胎盤をにおいから自分の仔だと思い込み、その場から動かずにいたため、村人はそれも取り上げた。しかし、その後も、母アルパカは産んだ場所のにおいを嗅ぎ、鳴いて仔を呼んでいた。村人はその様子を見て、「かわいそうに」と同情した。

　次は、母畜が仔にうまく授乳しない場合に見られる事例である。母畜は、初産だったり、高齢や栄養不足で乳が十分に出なかったり、生まれた仔が未熟だったりすると、育児放棄することがある。このような仔は「チェタ（cheta）」と呼ばれ、牧民が人工哺乳する。

事例4　育児放棄された仔

　2017年8月、生後3か月のヒツジの仔に村人がミルクをあげていた。購入された牛乳（エバミルク）に水を足して温め、哺乳瓶に入れられたものである。温度は人肌より少し高めで、「温めすぎると私たちみたいに火傷する」と言い、何度も確認して調整する。囲いの群れに近づいて「チェタ、チェタ」と呼ぶと、声に気づいたヒツジが鳴きながら駆け寄ってきた。哺乳は1日2回、放牧に出発する前の7時頃と、帰宅後18時頃になされていた。

　放牧前後の時間帯は、群れが散開しがちで統制をとる必要がある。同時に、人々は食事の準備もしなければならない。これらの理由から、筆者はチェタに哺乳するよう依頼された。村人は、温度が高すぎて仔が火傷すると二度と哺乳瓶から飲んでくれないからと、火にかける際に注意を促す。また、哺乳時は、母畜の腹部の高さから与えるようにと教えられた。

　この仔ヒツジの母は、放牧中の事故で死んでしまったという。他地域では、本当の仔をおとりにして、別の母畜から哺乳させる乳母づけの事例も確認されているが（谷, 1997）、アンデスでは見られない。村人に理由を尋ねると、「自分の仔じゃないと嫌がる」と述べた。チェタの中には、ペットのようにして人間の近くで育てられる個体もおり、名づけされる場合もある。比較的メスが多いようで、生育するとよく仔を産むと信じられている。

　最後の事例は、自然との関わりの中で観察できたものである。

事例5　落雷からの退避

　2014年2月20日、14時過ぎに家畜を居住地に帰し始めた。しばらくして、この日に生まれた仔が1頭いないことに気づき、村人の1人は放牧エリアに探しに戻る。別の村人と私とともに居住地に向かってゆっくり進んでいた群れが、突然走り出したので、急いでそれを追った。2月は雨季の真っただ中で、午前中は晴れたり曇ったりしていても、午後になると天気が急変する。家畜が走り出したのも、そのせいだった。雹が降り始め、近

> くに雷が何度も落ちる。群れを追っていると、今度は突然歩みを止め、その場から動かなくなった。しばらく静止していた群れが徐々に凝集し、一つの塊のようになったと思ったら、いっせいに同じ方角に向きを変え、首を地面近くまで低くした体勢で座り込んだ。

　雨季のこのような天候は珍しくはなく、前後にも毎日のように雷が鳴り、雹が降っていた。しかし、この日は稲妻もくっきりと見え、かなり近くに落雷を確認できた。その後、ともに群れを追っていた村人も仔を探しに行くというので、筆者は動かなくなった群れとその場に留まることになった。その際、村人は、家畜を見て「彼らがするように頭を低くして待っているように」と筆者に命じた。30分ほどで落雷がやむと、家畜は立ち上がって歩き始め、16時半頃には居住地に帰り着いた。

　ここで提示した五つの事例は、いずれも日常において観察したものである。出産やチェタへの哺乳は毎年見られることではあるが、出産介助や落雷時の家畜の行動は稀にしか観察しえない出来事であり、筆者はこれらの事例には一度ずつしか出会わなかった。予期せぬ出来事が生じると、それに即興で対応することになる。その対応は、あらかじめ準備できたものではないため、多様な生が交差する現場では対象に合わせて変えるほかない[6]。それゆえ、日常の中で生じる偶発性を伴う出来事、つまり「出会い」は、人間と家畜、家畜どうし、家畜と自然等の関係を、より明瞭に示すことになる。そして同様の出来事が重なると、それが経験となり、「文化」として切り取られるものとなってゆくのかもしれない。

9.3.3　人間と家畜の相互作用の連鎖

　特権的な存在である人間のみが文化や社会を形成するという人間中心主義を脱し、世界を多様な主体から成るものと捉える視点は、存在論的転回の一連の潮流に共通していた。このなかでも、マルチスピーシーズ民族誌は多種の絡まり合いから世界を描こうとしている[7]。この「絡まり合い」とは、「人間と人間

6　ある程度予測できるとはいえ、出産期にチェタ用のミルクがストックされているわけではない。

以外の多種、あるいは人間を含む多種どうしが働きかけたり働きかけられたり
しながら、特定の関係性が継続したり断続したり途切れたりしながら生み出さ
れる現象」（奥野, 2021, p. 48）と説明され、二者間の相互作用ではなく、三者
以上の多種間の働きかけに重点が置かれる[8]。ここでは、前項で提示した各事
例の行為の主体性に留意しつつ、多種間の協働によって生成されるアンデス牧
畜文化の諸相を描出したい。

　事例1と2は同日の出来事であり、事例3は翌日に、事例1が原因で生じた。
家畜の放牧とは、飼養・管理する動物に人間が給餌する行為である。しかし事
例1では、「人間‐アルパカ」間の関係において、管理する側の人間がアルパ
カの動きを制御しえなかったことで、放牧は予定通りに遂行されなかった。こ
の事例は、一般に「管理」や「制御」という言葉で表される両者の関係の範囲
を越え、家畜は人間が一方的に従属させうる客体ではないことを明示してい
る。事例2では、「人間‐リャマ」の間に「保護‐被保護」の関係が確認できる。
家畜は人間が保護し、その繁殖を願う存在と考えられるため、出産に問題があ
り母子ともに危険な場合、介助は当然の行為と推測される。しかしながら、リャ
マやアルパカの出産に牧民が介入するのは稀であり、通常は家畜の主体性に任
せられる。牧民が仔の体をすべて引き出さなかったのが、その証左である。人
間が過剰に介入しないことで、母子の関係は分断されることなく、つながるこ
とになる。事例2ではまた、牧民は出産後の2頭のリャマに対して、個別の性
格の違いを把握して対応し、母子が無事に相互認識するよう、1頭にのみ介助
を行っていた。これは、「人間‐リャマ」の相互関係におけるヴァリエーショ
ンと捉えられよう。

　事例3は、事例1の偶発性から引き起こされた予期せぬ出来事であった。翌
12日も同じエリアで放牧したため、母アルパカは死産した場所付近を通りか
かると死んだ仔を探し、牧草を食べずにいた。牧民は「においがするからどこ
かに仔がいると思って探している」と言って同情し、同時に「良い品質のアル
パカだったから（きっと仔の質も良かっただろうに）」と落胆した。その翌日からは、

7　この観点から、「家畜化」も人間による一方的な行為の結果とは捉えられていない（Haraway,
　2003［永野 訳, 2013]）。
8　たとえば、人間と動物という二者間の「一対一」の関係ではなく、多種の絡まり合いに目
　を向けることで、二項の間の境界線を曖昧化する意味があるという（奥野, 2021, p. 53）。

別のエリアを選んで放牧することになった。また、死んだ仔の肉は、人間の食事となった。ここでは、「人間 - オス・アルパカ」の相互の働きかけが成立しなかったことで、「人間 - メス・アルパカ」の関係が生じたといえる。予測不可能な出来事はまた、人間に放牧エリアの変更という対応を求めた。しかしこれは、家畜の改良のために種オスを分けていなければ、また異なる色の間での交配を避ける必要がなければ、生じなかった問題とも考えられる。この死産に、人間は直接的に関わってはいないが、原因（改良活動）と結果（食事）には関与している[9]。一連の出来事は、結果として「人間 - オス・アルパカ - メス・アルパカ - 仔 - 人間」と関係をつなぐことになった。そして、死んだ仔アルパカの肉は、偶発的な出来事により「資源となった」といえよう。死したものも、社会生活の一部となるのである（*cf.* Tsing, 2015 [赤嶺訳，2019] p. 418）。

　事例1で、アルパカのオスはアルパカのメスを追いかけ、触発された若獣オスも同じ行動をとった。しかしその間、リャマは無関心に牧草を食べていた。同様に事例2でも、出産するリャマ2頭は近くにいたが、他の個体とは距離をおいていた。出産が近づくと他のリャマは関心を示したが、アルパカは無関心のままだった。これらは同種／異種間による反応の相違を明瞭に示しており、「アルパカ - アルパカ」「リャマ - リャマ」の結びつきの中に、「リャマ - アルパカ」の無関心さも垣間見える。同じ構図は、事例4でも確認できる。

　事例4は、人間が育児放棄された仔を見捨てず、次の世代の繁殖を見越して行う行為であった。チェタは囲いの中で、どこにいても人間の声を聞きつけて応える。同時に、他の個体も耳を動かし声に反応するが、自分が呼ばれていないことを理解している。人工哺乳では、「人間 - チェタ」間の相互作用のみならず、他の家畜の非応答も行為が成立するための必要な条件となっている。

　最後の事例は五つの中でやや特殊で、事例1や2とは異なり家畜の種間の差が表れず、むしろその一体感が確認できた。雷と稲妻は、雨季の高地で頻繁に起こる危険な現象であると同時に、畏怖の対象でもある。H村では、落雷を3度受けても生存している人物は霊的な力をもつといわれ、儀礼を執行する役割

9　人間は多種の生命を自らの内に取り込みながら、往々にしてそのことに無自覚である。しかし、少なくとも牧民は、責任をもって育てた動物の生をもらい受ける重大さを理解している。食料を自給しない者こそ、人間や人間が作り出したものが他種にどのような影響を及ぼすかを考えるべきであろう。

を担うことがある。抗うことのできない自然に対し、牧民は無理に群れを制御しようとせず、筆者に家畜を保護するよう命じることなく、家畜と同じ行動をとるよう指示した。牧民は家畜をより自然を理解している存在とみなし、筆者はその行動に「倣う＝習う」ことで危険を回避した[10]。したがってこの事例では、「雷‐家畜‐人間」の種間関係の連鎖が確認できた。

　以上のように、アンデス牧民社会では、人間と家畜、家畜と家畜、相互の協力により牧畜が成立していると理解できる。人間が家畜に働きかけてなされる多様な「利用」は、日々の関係構築により可能となる。そして、なかには家畜との呼応や、家畜の主体的行為を利用することによって成立する牧畜活動もある。二者間の相互作用とその連鎖は、多様な存在を巻き込んでゆく。その絡まり合いの中には、チェタへの哺乳や出産の事例のように、他者が主体的に関係しないことで成り立つ行為があることも明らかとなった。

　上で述べた「管理」「保護」「介助」は、その行為を観察した筆者を含む研究者の、牧民と家畜との関係の理解・解釈であり、牧民自身は「管理・保護している」とは言わない。彼らが放牧する際に使用する動詞は、「追う・集める・引きとめる・連れ戻す・助ける」などであり、その総合的行為として「放牧」が成り立っている。それを、観察者が「管理している」と理解しているにすぎない。すわなち、家畜の「管理・保護・利用」や「資源」といった捉え方は、人間の、研究者側の世界に現れる見方であり、人間中心主義的な捉え方であるといえる。さらに、家畜の視点からは、これらは別の行為として捉えられるはずである。たとえば、事例1は本能からの生殖行為であり、そもそも人間の介入は想定されていない。人間に追いかけられたのは、アルパカにとってはまさに予期せぬ迷惑な行為だっただろう。事例2では、通常は近づくことも嫌がる家畜が、仔に触れるのを許容した。もしかしたら、出産の辛さを助けてくれることを理解していたのかもしれない。さらに見方を変えると、困難な出産から人間によって保護された家畜は、食料の提供によって人間の生命を保護しているとも捉えら

10　人類学者自身が民族誌の登場人物の一人になることや、動物との向き合い方を記述することについて、カナダの狩猟民の調査を行い、自身も狩猟者となった山口（2021, p. 139）は、「調査対象そのものというよりも人類学者との間に生成するものへの着目は、人類学者が対象とする人々だけでなくその人々が向かい合っているさまざまな事物との間へとその領域を拡張することを可能にする」と述べている。対象社会に存在する多種間関係への調査者の介在は、これまで知覚しえなかった世界に近づく第一歩となるだろう。

れる。このような人間と家畜の密接な関係や生の循環は、日々の相互の働きかけから生成されるものなのである。

　初めから人間以外の主体性を奪うことなく、非人間を含めて文化とそれが展開される世界を見ること、視点を転換させること、日常の生活実践において調査者が介在することで生じる出来事を考察から捨象せず状況的知識を得ることは、文化研究において有意義であると考えられる。たとえば無関心や非応答の例のように、目に見える相互作用が確認できない事例も、多/他の関係の一部と捉えることで多様な種が共存する世界全体の理解につながり、対象社会により接近することが可能となるだろう。

9.4　おわりに

　アンデス高地で家畜を飼う暮らしは、リャマ・アルパカの生息域に人間が合わせることでなしえたことだった。本稿では、この環境下で、人間が一方的に家畜を利用しているのではなく、二者間の相互作用や多種間の働きかけの中で牧畜活動が営まれていることを示した。マルチスピーシーズ民族誌では、より多くの種の絡まり合いが想定されており、本稿で取り上げたアンデス牧民、リャマ、アルパカ、ヒツジ、雷の関係性の記述は、その試論である。アンデス高地の人々を取り巻く多種の非人間存在には、家畜の保護者とされる山の神や、大地母神、害獣であるキツネ、それから群れを守るイヌ、牧草地や水場との関係までをも含める必要があろう[11]。より詳細な調査と厚い記述が求められる。

　本稿では、事例分析によって、家畜も一つの群れとして行動することもあれば、種・性・年齢等の差異が意識され、行動に反映されることが明らかとなった。人間もその区別を使い分け、牧畜活動を営んでいた。関係性の中では、多様な存在は常に同じカテゴリーとして現れるわけではなく、また種間の境界も固定されていないと考察できる。これら多種の存在の相互作用の連鎖の中で、放牧・出産・人工哺乳などアンデス牧畜文化を構成する特徴が発現し、その積み重ねが一つの文化を形成している。その行為の主体は人間だけではない。家畜や周

11　たとえば、アンデス高地における人間と動物・植物・大地などの非人間との関係については、デ・ラ・カデナが述べている（de la Cadena, 2015）。大地は「ティラクナ（tirakuna）」と呼ばれ、感覚をもった存在として政治の場に登場することが、鉱山開発との関連で論じられている。

囲の環境も含めた多様な行為者とともに暮らす中で、文化が生成されていると
いえるのではないだろうか。

　本稿で考察した事例は、浜本（2015）が述べていたように、H村の人々と筆
者の人間関係のネットワークを通して得られた状況的な知である。フィールド
ワーク中の偶発的に生じる出来事には、即興的に対応するしかない。予測不可
能な出来事は調査者とフィールドとの間のみならず、調査対象者の村人にも生
じていた。その際に、牧民は筆者に協働を求める。それにより観察者の立場は
一時的に失われるものの、協働によって得られる知識は多い。このとき、フィー
ルドワークの現場は、人間であり研究対象者である牧民、非人間存在である家
畜、彼らがそこで暮らすことを可能にする環境、さらに、透明人間にはなれな
い筆者が存在して協働する場となり、牧民は情報提供者ではなく民族誌の共同
制作者となる。また、フィールドで体験する予期せぬ出来事や一回性の出来事
の中には、すぐには理解できずに心や身体、記憶に引っかかって残るものもあ
る。この、すぐには消化できない「引っかかり」は筆者に反芻する余地を与え、
次の研究への展開や他分野とのつながりへと思考を開く可能性を示してくれる
ものとなっている。

謝辞
本稿に関わる調査研究は、JSPS 科研費 JP20K01204 および JP21H00647 の助成を受けたも
のです。有意義なコメントをくださった編集委員の先生方、ならびに H 村の皆さまに、
記して感謝を申し上げます。

引用文献

Blaser, M. (2009). The threat of the Yrmo: The political ontology of a sustainable hunting program.
　American Anthropologist, 111 (1) 10-20. https://doi.org/10.1111/j.1548-1433.2009.01073.x

Cerwonka, A. & Malkki, L. H. (2007). *Improvising theory: Process and temporality in ethnographic
　fieldwork*. University of Chicago Press.

de la Cadena, M. (2015). *Earth beings: Ecologies of practice across Andean worlds*. Duke University
　Press.

浜本満（2015）.「致死性の物語とフィールドワークの知：ある青年の死をめぐって」『文
　化人類学』80 (3), 341-362. https://doi.org/10.14890/jjcanth.80.3_341

Haraway, D.（2003）. *The companion species manifesto: Dogs, people, and significant otherness.* Prickly Paradigm.［ハラウェイ，D.(2013). 永野文香 訳『伴侶種宣言：犬と人の「重要な他者性」』以文社］

稲村哲也（2007）.「旧大陸の常識をくつがえすアンデス牧畜の特色」山本紀夫 編『アンデス高地』（pp. 259-277）京都大学学術出版会.

Ingold, T. (2018). *Anthropology: Why it matters.* Polity Press Ltd.［インゴルド，T.（2020）. 奥野克巳・宮崎幸子 訳『人類学とは何か』亜紀書房］

Kirksey, S. & Helmreich, S.（2010）. The emergence of multispecies ethnography. *Cultural Anthropology*, 25 (4), 545-575.［カークセイ，S.・ヘルムライヒ，S.（2017）. 近藤祉秋 訳「複数種の民族誌の創発」『現代思想』45 (4), 96-127］

近藤祉秋（2019）.「マルチスピーシーズ人類学の実験と諸系譜」奥野克巳・シンジルト・近藤祉秋 編『たぐい』1 (pp. 126-138) 亜紀書房.

久保明教（2016）.「方法論的独他論の現在：否定形の関係論にむけて」『現代思想』44 (5), 190-201.

Latour, B. (2005). *Reassembling the social: An introduction to actor-network-theory.* Oxford University Press.［ラトゥール，B.（2019）. 伊藤嘉高 訳『社会的なものを組み直す：アクターネットワーク理論入門』法政大学出版局］

Murra, J. V. (1956). The economic organization of the Inca state [Unpublished doctoral dissertation]. University of Chicago.

奥野克巳（2017）.「明るい人新生、暗い人新生：マルチスピーシーズ民族誌から眺める」『現代思想』45 (22), 76-87.

奥野克巳(2019).「人類学の現在、絡まりあう種たち、不安定な「種」」奥野克巳・シンジルト・近藤祉秋 編『たぐい』1 (pp. 4-15) 亜紀書房.

奥野克巳(2021).「マルチスピーシーズ民族誌の眺望：多種の絡まり合いから見る世界」『文化人類学』86 (1), 44-56. https://doi.org/10.14890/jjcanth.86.1_044

大村敬一（2020）.「「人新世」時代における文化人類学の挑戦」大村敬一・湖中真哉 編『「人新世」時代の文化人類学』（pp. 11-32）放送大学教育振興会.

Pulgar Vidal, J.（1996）. *Geografía del Perú: las ocho regiones naturales.* PEISA.

里見龍樹（2019）.「人類学の存在論的転回：他者性のゆくえ」『現代思想』47 (6), 117-122.

清水透（2017）.『ラテンアメリカ五〇〇年：歴史のトルソー』岩波現代文庫.

谷泰（1997）.『神・人・家畜：牧畜文化と聖書世界』平凡社.

Tsing, A. L. (2015). *The mushroom at the end of the world: On the possibility of life in capitalist ruins.* Princeton University Press.［チン，A.（2019）. 赤嶺淳 訳『マツタケ：不確定な時代を生きる術』みすず書房］

van Dooren, T., Kirksey, E. & Münster, U. (2016). Multispecies studies: Cultivating arts of attentiveness. *Environmental Humanities*, 8(1) 1-23. https://doi.org/10.1215/22011919-3527695

Viveros de Castro, E. (2005). Perspectivism and multinaturalism in indigenous America. In A. Surrallés & P. García Hierro (eds.), *The land within: Indigenous territory and perception of environment* (pp. 36-74). International Word Group for Indigenous Affairs.［ヴィヴェイロス・

デ・カストロ，E.（2016）. 近藤宏 訳「アメリカ大陸先住民のパースペクティヴィズムと多自然主義」『現代思想』44 (5), 41-79］

山口未花子（2021）.「動物との対話：ユーコンと北海道での狩猟を通して」奥野克巳・シンジルト 編『マンガ版マルチスピーシーズ人類学』（pp. 125-143）以文社.

山本紀夫（2007）.「高地でも人が暮らす中央アンデス」山本紀夫 編『アンデス高地』（pp. 55-74）京都大学学術出版会.

第 10 章
「裂け目」が喚起するもの
翻訳理論と戯曲『人類館』の事例から

吉田直子（法政大学）

10.1 はじめに——多文化間の「関係」を捉え直す

「多文化関係学」とは何か。その定義を改めて確認してみよう。

久米（2011）によれば、多文化関係学とは「地球社会における多様な文化間の相互作用とそこから生じるさまざまな問題や課題に対して多面的かつ動的に考察し、それぞれの社会において文化的背景を異にする人々が互いにとって望ましい関係性を構築する方途を探究する」（p. 9）研究分野である。また本学会のウェブサイトでは、「多文化社会」へと急速に変貌しつつある今日の社会は「地域性、民族性、宗教、言語、ジェンダー、職業、世代など、社会を構成する人々の広い意味での文化的相違のために思わぬ軋轢・摩擦を経験しており」「このような問題の背後にある諸要因を究明し、今後の教育・実践に活かすための研究」を「多文化関係学」と位置づけている。さらに松田（2011）は、多文化関係学は「多様な文化・社会の関係において生じる課題解決を志向する研究（課題解決指向型研究）であることを目指すものである」（p. 16）と述べている。

これらの知見を総合すると、多文化関係学とは、複数の文化間の相互作用、すなわち「関係」に着目する研究分野であるが、研究対象の中心は、そこで生じるさまざまな軋轢や摩擦を「問題」や「課題」と捉え、その解決を探る点にあることが見てとれる。言い換えれば、「異質な他者」との間に横たわる差異の存在は認めながらも、その関係性の中で生じる軋轢や摩擦は望ましいものではなく、よってできる限り解消されるべきであるという暗黙の認識が根底にあるように思われる。

　無論、文化的差異に端を発する対立の中には、いったん失うと回復が難しい自然環境や文化の破壊、あるいは人間存在の破壊につながるような、きわめて深刻なものもある。したがって、そのような軋轢や摩擦は解消されることが望ましく、そのような問題の解決を目指す研究の必要性・重要性はいうまでもない。

　一方、多文化共生や国際理解を掲げる研究において、多様性の尊重を謳いながらも、そこで生じる軋轢や摩擦、具体的には違和感や居心地の悪さといった感情が芽生えることを「問題」と捉え、それをなくすことでもって問題解決が図られたと結論づけるものがしばしば見受けられる。なるほど、そうすれば他者は理解され、私が傷つくこともなくなるだろう。地域コミュニティや教育現場において、そのような考え方が現実的な策として歓迎されることも一理ある。

　しかし軋轢や摩擦を少しも生じさせない差異とは、はたして真の意味で「差異」といえるのだろうか。そのような差異を前に、私は他者の何を理解するのだろうか。私という存在を脅かさない差異だけを受容し、それ以外は見ないことにしてはいないだろうか。または他者の他性を自分が理解可能なものに捻じ曲げ、消費・消化してはいないだろうか[1]。

　多文化関係学が文化と文化の「関係」に着目する学問であるならば、多文化間の相互作用に伴うさまざまなすれ違いを、解決すべき問題や課題として捉えるだけではなく、しかしことさらに称揚するでもない仕方で捉え直すことから始まる研究があってもよいはずだ。たとえば、違和感や居心地の悪さといった「裂け目」を抱えたまま、異質な他者とともに在ることの意味を問う、というようなあり方である。

　そこで本稿では、多文化関係学における「関係」の捉え方について、翻訳理論の観点から新たな示唆の提起を試みる。ここでいう翻訳理論、あるいはtranslation studies とは、言語の置き換えを通じた伝達を目的とする一般的な翻訳ではなく、ポスト構造主義やカルチュラル・スタディーズ、ポストコロニアル思想など、いわゆる言語論的転回・文化論的転回の流れを汲む翻訳理論を指す。テクストのみならず、社会で起こるさまざまな事象を「翻訳」というキーワー

1　本稿後半の議論の舞台となる沖縄もまた、「癒しの島」として、その特有の文化や風土が好意的に受容されている。そのような文脈で沖縄が語られるとき、「基地の島」というもう一つの差異に目が向けられることはない。

ドから読み解く動きは、Apter（2006/2018）や斎藤・スタンディッシュ・今井（2018）など、近年注目が高まっている。本稿もそうした視座から「関係」の見方・捉え方について再考する。

　またその足がかりとなる具体的な事例として、「人類館事件」という歴史上のできごとをモチーフに生まれた戯曲『人類館』と、この戯曲をめぐって生起した／生起しているさまざまな「関係」のありようを、翻訳理論の観点から検討を試みる。

10.2　翻訳論的視座から「関係」を捉える

10.2.1　ポスト近代の翻訳理論

　一般に、「翻訳」と聞いて人々がまず思い浮かべるのは、英語の原文を日本語で読めるように変換する英文和訳や、その逆の和文英訳などのように、「伝達」を目的として、ある言語で書かれた文章を別の言語に置き換える行為であろう。その際、暗黙の了解とされているのは、言語とは情報伝達のための手段で、それ自体は単なる入れ物、ないしは器であり、翻訳とはある器に入っている意味内容を別の器に過不足なく移し替える行為であり、したがって訳文が指し示す意味内容は、原文のそれと等価である、というものである。つまり他言語で表現される意味内容は、そのまま日本語でも表現しうると考えられている。そのため、たとえばある文章の邦訳にたいして、日本語の文章としてスムーズに読み進められる訳文が「良い翻訳」と評され、違和感や引っかかりがある訳文は「翻訳がこなれていない」などと批判されがちである。

　19 世紀の初め、ドイツの神学者シュライアマハー（Friedrich D. E. Schleiermacher）[2]は、とりわけ学術や芸術系のテクストにおいて、翻訳者が辿る道は二つしかないと述べた。一つは「作者をできるだけそっとしておいて読者を作者に近づける」道、もう一つは「読者をできるだけそっとしておいて作者を読者に近づける」道である（Schleiermacher, 1813［三ツ木 編訳、 2008］p. 38）。現代の用語に置き換えれば、前者は逐語訳、後者は意訳に相当する。

　2　三ツ木（編訳）（2008）では「シュライアーマハー」だが、本稿では、日本シュライアマハー協会の提言に従い、できるだけ原音に近いとされる「シュライアマハー」の表記を採用する。

　先の「良い翻訳」の例は、後者の「作者を読者に近づける」道、つまり同化翻訳を目指すものといえる。一方シュライアマハーその人は、同化翻訳は「読者に苦労や骨折りを要求しないまま、魔法のように著者を読者の前に出現させ、著者が読者の言語で書いていればこんな風だろう、とばかりに作品を示そうとする方法」（p. 54）であるとし、そうではなくて、読者を「異質な場所」（p. 38）へと連れ出す異化翻訳の道を好んだ。

　ドイツ・ロマン主義のもとで展開されたシュライアマハーの翻訳論のエッセンスは、1990年代に入ってポスト構造主義やカルチュラル・スタディーズ、ポストコロニアル思想の流れを汲む翻訳理論へ引き継がれることとなる。翻訳という行為に潜在する権力性やイデオロギー性に、目が向けられるようになったのである。背景には、我々の認識はそもそも言語に規定されていると捉える言語論的転回や、文化を普遍的で本質主義的に捉えるのではなく、「記号的に構成され、解釈され、さまざまな不平等、差別と排除を伴って政治的に構築され」（吉見，2003，p. 13）たものとして捉える、文化論的転回といった時代の趨勢があった。

　ポストコロニアル論者のスピヴァク（Gayatri Chakravorty Spivak）が指摘する、第三世界の作家の作品が英語に翻訳されるケースを見てみよう（Spivak, 1993［鵜飼他訳1996]）。このとき訳語に英語（イギリス語）が選択されるのは、それが多数派の言語であるという「民主的」な理由に因る。たしかに英訳されれば、彼らの作家の作品はより多くの人々の目に触れることになるだろう。しかしその翻訳が、原文の言語から英語に意味を移し替えるだけのロジカルな作業として行われた場合、たとえばパレスティナの女性作家の作品と台湾の男性作家の作品が、散文としてみれば似てきてしまうといったことが発生しうる。というのも「民主的な法」と「強者の法」は紙一重の関係にあるからである。スピヴァクは言う。アラビア語と中国語のレトリック性や、荒廃した西アジアと高成長資本主義のアジア・パシフィックの文化や政治の違い、そしてジェンダーの差異はどうなってしまったのか、と。さらにスピヴァクは、西洋のフェミニストが「女どうしの連帯」、または〈近づきやすさ〉といった善意から、第三世界の女性の作品を翻訳する場合についても、次のような警告を発している。「ものごとがわたしたちに近づきやすいと言うとき、この『わたしたち』とは誰の

ことか？　この記号［筆者注：「女」という記号］はいったい何を意味しているのか？」(p. 42)。すなわち読者の読みやすさを優先する翻訳、または翻訳者にとっての〈近づきやすさ〉にもたれかかった翻訳は、翻訳する側とされる側との間に横たわる政治的力学と、翻訳される側のアイデンティティを覆い隠してしまう。そうならないためにも、翻訳者は「原文のテクストの言語的レトリック性に没入する」(p. 38) 使命を負うとスピヴァクは主張する。レトリックはロジックを攪乱し、社会構造に潜む沈黙のありかを指し示すからである。

　スピヴァクのように、脱植民地化や文化批評の観点から翻訳理論を展開する代表的な論者には、バスネット（Susan Bassnett）やデリダ（Jacques Derrida）のほか、ベルマン（Antoine Berman）、バーバ（Homi.K.Bhaba）、ヴェヌティ（Lawrence Venuti）などがいる。それぞれの主張については Munday（2008［鵜飼 監訳, 2009]）や早川（2013）などで詳述されているが、共通しているのは、起点言語（原文の言語）を目標言語（訳文の言語）の様式に沿うように翻訳する——起点テクストの異質性や他者性が失われる可能性をあわせ持つ——同化翻訳よりも、起点言語の様式にできるだけ沿うようなかたちで目標言語に翻訳する——異質なものを異質なまま受け容れることで生じる翻訳不可能性をも内包する——異化翻訳を志向する点である。なかでもバーバは、「異化」の源泉であり、二つの言語/文化がせめぎ合う翻訳空間の「裂け目」に生起する異種混淆性（hybridity）に注目した文化翻訳論を展開している。以下、バーバの理論を援用しながら、翻訳論的視座から「関係」を捉える意義について検討する。

10.2.2　ホミ・K・バーバの文化翻訳論

　バーバ（1994［本橋 他訳, 2005]）は、異質な文化に出会う際に認識される不安（misgivings）や空白（void）を「第三空間」（Third Space）と名づけ、その見知らぬ領域へ下りていく意思を持つことの重要性について、次のように述べている。

> 発話の分断された空間を理論的に承認すれば、民族的なものを横断する文化、それも多文化主義のエキゾチズムでも複数文化の多様性でもなく、文化の混淆性の記述と分節化に基づく間民族的文化を概念化する道が開けてくるかもしれないということである。そのためにも我々は、文化の意味

をになっているのが、「間」──翻訳と交渉の切先、中間的な空間──であることを、覚えておかなくてはならない。(…) そしてこの〈第三空間〉を探究することによってこそ、私たちは二項対立の政治学を回避し、我々自身の他者として現れ出ることが可能となるのである（Bhabha, 1994［本橋他訳, 2005］p. 68、傍点原文）[3]。

ここでバーバは、異なる文化が出会う境界的・中間的な空間でのせめぎ合いを「翻訳（と交渉）」になぞらえている。またこの空間は「異種混淆の場」でもあり、批評的言説を開く場でもあると位置づけていることは、次の記述からも見てとれる。

　　批評の有効性とは、対立の当面の基盤を克服して、何らかの翻訳空間を開くことがどこまで可能かという問題なのである。それは比喩的に言えば、異種混淆の場を開くことだ。その空間では、二項対立のどちらか一方ということでなしに、新たな政治目標が設定され、それによって我々が政治に寄せる期待の地平が当然ながら異化される。(…) ここで重要なのは、政治的行動の時を確実に把握すること、社会的な対立や矛盾を急いで統一してしまうのではなく、差異をもたらす構造を受け入れ、それに対する介入のチャンスを伺うことのできる空間を開くことだ（pp. 44-45、傍点原文）。

ところでバーバは、複数文化が出会う境界的空間、すなわち〈第三空間〉の探究を説く局面で、なぜ「翻訳」という概念を持ち出したのだろうか。それはバーバの文化論が、ベンヤミン（Walter Benjamin）の言語 / 翻訳論の影響を強く受けているからにほかならない[4]。難解で知られるベンヤミンの翻訳論の詳解

3　バーバの文化論における「異種混淆性」とは、カテゴリー化され、境界線が明確に引かれた閉鎖系としての文化が複数存在する状態ではなく、それらが弁証法的に止揚され、統一されるでもなく、個々の文化の固有性は維持しながら、しかしその境界線は、他の文化との関係の中で常に揺らぎを持っているような状態を指す。この点については吉田（2013）で詳述した。

4　本稿で引用するベンヤミンの著作は、1916 年発表の「言語一般および人間の言語について」（*Über Sprache überhaupt und über die Sprache des Menschen*）と、1923 年発表の「翻訳者の使命」（*Die Aufgabe des übersetzers*）で、『ベンヤミン全集』（*Walter Benjamin Gesammelte Schriften*）の 2 巻と 4 巻にそれぞれ収録されている。両作品とも山口裕之訳（2011）に含まれているため、原作の発表年の併記により引用元を識別することとする。

は、柿木（2014）や細見（2009）等に委ね、ここではバーバの議論を理解するうえで重要だと思われるベンヤミンの視点を提示しよう。

　ベンヤミンにとって、言語とはコミュニケーションの手段や道具ではなく、神の啓示を人間の言葉に置き換える媒体（Medium）である。人間の側に立てば「言語を発するとは、つねに応答すること」（柿木, 2014, p. 131）であり、「それ自体、翻訳すること」（p. 136）となる。

　言語はつねにすでに翻訳である。それゆえ、ある仕方で応答する言語と別の仕方で応答する言語との間に翻訳可能性が生まれる[5]。ただし原作の本質的内容を別の言語にそっくりそのまま移し替えることは不可能である。というのも、各言語の応答の仕方はそれぞれ異なっているため、原作の本質的内容（Gehalt）と原語との関係も、訳語とのそれとは異なっているからである[6]。だからこそ翻訳は、訳語ではなく原語にできるだけ寄り添う異化的なアプローチが求められるが[7]、それは同時に、翻訳不可能性をも必然的に抱え込むことを意味する。異種混淆で共約不可能な翻訳空間を開くことによって、自らの言語の他者性も露わになるのである。

　一方、そのような翻訳が反復されることで、原文と訳文の言語の双方が絶えず揺さぶられ、変容し、更新されていく。原作の言葉が変化していくことをベンヤミンは「追熟（Nachreife）」と呼ぶが、翻訳は追熟による原作の「生き延び（Überleben）」と、訳文の言語の深化の両方を促すのである[8]。以下のベンヤミンの言葉は、そのことを端的に表している。

　　翻訳とは、二つの死滅した言語の虚しい等式などとはまったくかけ離れたものである。それゆえ、あらゆる形式のなかで翻訳にこそ、そのもっ

[5] 「翻訳とは、変換の連続体を通じて、ある言語をもう一方の言語へと移行させることである」（Benjamin, 1916［山口編訳, 2011］p. 25）。
[6] 「原作では本質的内容と言語が果実と果皮のような一体性をなしているとすれば、翻訳の言語は大きな襞をもったマントのように本質的な内容を取り囲んでいる」（Benjamin, 1923［山口編訳, 2011］p. 97）。
[7] 「翻訳は、原作の意味に自らを似せようとするようとするのではなく、むしろ愛をこめて、そして細部に至るまで、原作での意図する仕方を自分自身の言語の中で付け加えてゆかなければならない。（…）それゆえに、翻訳は何かを伝達しようとする意図を、そして意味を、かなりの程度慎まなければならない。そして、この点で原作は翻訳にとって（…）本質的なのである」（p. 103）。
[8] 「翻訳者は、自分の言語を外国語によって押し広げ、深めなければならない」（p. 107）。

213

とも固有の特質として、他言語の言葉の追熟に留意するという役割、自
国語の言葉を生み出す苦しみに留意するという役割が与えられているのだ
（Benjamin, 1923［山口編訳，2011］p. 94）。

　翻訳という行為によって露わになる翻訳不可能性——沈黙であり、「裂け目」
であり、言語の他者性[9]でもある——が他の言語との差異の構造を浮き上がら
せる一方、自らの言語さえも異化される手がかりを指し示す。そのような批評
空間の中で、他者の言語も自らの言語も省察・吟味され、場合によっては新た
な表現が創造される契機にもなるのだ。そのことによって原作の作者がこの世
から去っても作品は生き続ける。ベンヤミンはこれを「死後の生」（Fortleben）
と呼んだ[10]。
　ベンヤミンのいう「言語」を文化に読み替えれば、バーバの意図が見えてく
るだろう。それは翻訳論的視座から「関係」を捉えるということである。バー
バの文化翻訳論によれば、自文化にとって異質な文化に出会った際、そこで生
じる軋轢や摩擦、違和感や居心地の悪さを取り除いたり、類縁性に基づく共感
や連帯といった言葉で均質化することで差異の空間を閉じてしまうのではなく、
「裂け目」の先端で踏みとどまり、両者の間の共約可能なものと不可能なもの
との境界で起こっている翻訳論的な葛藤や交渉に、言い換えれば、異種混淆の
空間で自文化と他文化の双方で展開される省察・変容・創造の運動に目を凝ら
し、耳を傾けることが示唆される。この運動は、我々の文化の、ひいては我々
自身の「生き延び」にもつながっていくだろう。なぜなら差異の翻訳が、類縁
性に基づかない新たな連帯の契機にもなりうるからである[11]。

9　「言語の『外来性』とは翻訳不能性なものの核であり、複数の文化的テクストないし実践の
　間で起こる主題の転移を超えたところに存在する。異なる意味体系の間にせよ、あるいは
　各体系の内部にせよ、完全な意味の転移はありえない」（Bhabha, 1994［本橋他 訳，2004］p.
　277）なお、「外来性」（foreignness）は、磯前・ガリモア訳（2009）では「他者性」と訳され
　ている。
10　「翻訳とは原作よりも後に生まれるものなのだから、そしてまた、翻訳は重要な作品（…）
　がその死後においてもなお『生き続ける（Fortleben）』段階を示すものなのだから。芸術作
　品の『生（Leben）』そして『死後の生（Fortleben）』という考え方は、メタファーとしてでは
　なく、完全に事実そのものに即して理解しなければならない」（ベンヤミン，前掲書，p.89）。
11　「歴史と言語の境界、人種とジェンダーの限界を生きることによってこそ、我々はこれら
　の差異を一種の連帯へと翻訳することができるからである」（バーバ，前掲書，p.287）。

214

10.3　「裂け目」に向き合う──戯曲『人類館』を手がかりに

前節までの理論的考察をふまえ、本節では境界的空間に生起する「関係」
のありようについて、具体的な事例を通して検討を試みる。とりあげるのは
1903 年の「人類館事件」をモチーフに、沖縄出身の劇作家、知念正真が 1976
年に発表した戯曲『人類館』をめぐる、さまざまなコンフリクトである。

10.3.1　人類館事件の概要

「人類館事件」とは、1903 年に大阪で開かれた第 5 回内国勧業博覧会の場外
に設置された民間パビリオン「学術人類館」において、アイヌや朝鮮、台湾の
原住民などとともに、沖縄の二人の女性が「陳列」された事件である[12]。

学術人類館は政府主催のパビリオンではなかった。しかし、日本の人類学の
父と呼ばれる東京帝国大学教授の坪井正五郎の協力のもと、すなわち近代学問
の名のもと、開設されたものであった[13]。当初は「人類館」だった名称が、そ
の後「学術人類館」に変更されたことも、このパビリオンの位置づけを象徴す
るできごとだったといえる。

学術人類館には清国人も「展示」される予定だったが、中国人留学生らの抗
議により、開館前に中止になった。また開館後ほどなくして、韓国からの抗議
により、朝鮮人の展示も中止された。これを受け、沖縄でも地元紙の琉球新
報を中心に、琉球婦人の展示に対する抗議の声があがり、開館から約 2 か月後、
二人の女性は沖縄に戻ることになった。

明治時代に起きた「人類館事件」が、その後の沖縄で折にふれて引き合いに
出されてきたのには訳がある。一つは言うまでもなく沖縄の人々が差別の対象
にされたできごとだったからであるが、もう一つの理由は、沖縄側が展開した
抗議の内容に関係していた。というのもその主張は、台湾の原住民やアイヌ等
と沖縄県人が同列に扱われたことを「侮辱」であるとし、また沖縄の遊郭から

12　『東京人類学会雑誌』第 18 巻 203 号に掲載された人類館開設趣意書では「内地に最近の異
　　種人即ち北海道アイヌ、臺灣の生蕃、琉球、朝鮮、支那、印度、爪哇、等の七種の土人を傭
　　聘し其の最も固有なる生息の階級、程度、人情、風俗、等を示すことを目的として」とある。
　　「人類館事件」の概要については、金城（2005）を参照のこと。
13　博覧会と近代資本主義・帝国主義との関わりについては、吉見（1992）に詳しい。

連れてこられた娼妓を「琉球の貴婦人」と称して展示したことを指摘する旨を含んでいたからである。琉球処分を経て日本に編入された当時の沖縄は、琉球新報の設立にも関わった知識人の太田朝敷をして「クシャメする事まで他府縣の通りに」[14] と言わしめるほど、日本への同化が意識されていた。それは琉球人であることの完全な放棄ではなく、対等な存在として日本人に認めてもらいたいという切実な願いによるものであった。しかしそのためにも、まずは「立派な日本人」になることを目指した人々の、自分たちに向けられた差別への批判は、別の誰かを差別する言説によって展開された。

10.3.2　戯曲『人類館』と言語の問題

1976 年、沖縄のアマチュア演劇集団「創造」の一員であった知念正真（1941 〜 2013）が、戯曲『人類館』を発表した。同年、演劇集団「創造」により初演、1978 年には第 22 回「新劇」岸田戯曲賞（現在の岸田國士戯曲賞）を受賞した。

本作品は「人類館事件」をモチーフにしているが、事件自体を舞台化したものではない。登場人物は、ト書きに従えば「調教師ふうな男」「陳列された男」「陳列された女」の三人だけである。学術人類館に陳列されたのは女性二人であるから、その時点でこの物語がある種のフィクションであることが容易に認識できるだろう。

舞台は「調教師ふうな男」が観客に向けて発する「皆さん今晩は。本日はわが『人類館』へようこそおいでくださいました」という台詞から始まる[15]。「人類普遍の原理にもとづき（…）差別は決して許してはならないのです」と弁舌をふるう「調教師ふうな男」は、続けて琉球人の「陳列された男」と「陳列された女」の特徴を、差別的な表現で観客に紹介する。その後、場面は皇民化教育の現場や沖縄戦、ベトナム戦争下の基地の街、海洋博[16]、復帰運動などへと目まぐるしく変化し、それに合わせて「調教師ふうな男」は教師や日本軍兵士

14　「クシャメ」とはくしゃみのこと。1900 年、太田が私立沖縄高等女学校の開校式で行った、「女子教育と本縣」と題された講演の一節。

15　戯曲『人類館』は何度か改稿を重ねているが、本稿では岡本・髙橋（編）（2003）に収められた脚本を引用する。

16　1975 年に開かれた沖縄国際海洋博覧会と、そこで挨拶する屋良朝苗沖縄県知事と皇太子（いずれも「調教師ふうな男」が演じる）のシーンは、2003 年の大阪公演の台本以降は、教育勅語の朗読場面に変更されている。金（2013）を参照のこと。

など、「陳列された男」は集団自決の当事者や防衛隊員など、「陳列された女」
は基地の街の売春婦やひめゆり学徒隊の女子学徒などへと次々に変身する。そ
して日本人と思われていた「調教師ふうな男」も、実は琉球人であったことが
暴かれていき、最後はイモと間違え不発弾を口にして爆死、代わって「陳列さ
れた男」が調教師の衣服をまとい、舞台は再び冒頭の人類館の口上のシーンに
戻る。

　戯曲『人類館』の大きな特徴は、日本語（大和口）に加えて、沖縄の言葉で
ある沖縄口、両者が入り混じった沖縄大和口という 3 種類の言語を織り交ぜる
かたちで台詞が構成されている点である。知念らの世代は、戦前の標準語励行
運動の影響もあり、学校では標準語で話すよう指導され、方言を話すと罰せら
れた経験を持つ人が多い。しかし彼らが標準語と称して話していたのは、沖縄
語を日本語に直訳した沖縄大和口であり、正しい沖縄口でも正しい日本語でも
ない「雑な方言」だった。『人類館』発表以前、知念は雑誌の記事でこう述べ
ている。

　　言葉の問題についていえば、沖縄方言の持つ独特のニュアンスに敬服しな
　　がらも、僕たちの世代は、余りにも方言から遠ざかり過ぎた。雑な方言に
　　は事欠かないが、正確なことば、敬語などとなると、たちまち失語症に陥
　　るのである（知念, 1971, p.41）。

　　反戦平和の主調音は、今後も貫き通すことに変りはないが、それを僕たち
　　は、僕たち自身の言葉で、文字通り創造して行きたい。借りものの言葉と
　　いわれ、他人真似と批難されようとも、僕たちは、僕たち自身の思想を語
　　らなければならないからだ。そして、いつか僕たちは、僕たちの手で、首
　　都を狙い撃つ砲座を据えつけたい、と思う（p. 41、原文ママ）。

　この発言の約 5 年後、それまで日本や海外の戯曲を演じてきた演劇集団「創
造」にとって初の創作劇となる『人類館』が上演された。その際、知念が「僕
たち自身の言葉」として取り入れたのが沖縄大和口であった。

　「沖縄大和口」は無知、無教養の現われとし笑い物にされているが、僕は
　それを『人類館』で使った。僕たちに最もふさわしい言葉だと思ったから
　である（知念, 1985, p.132）。

　日本人が沖縄の人々を「陳列」し、それに対して沖縄側が抗議したできごと
を「人類館事件」と呼ぶならば、戯曲『人類館』はその事件を沖縄大和口に翻
訳したものであるともいえる。もっとも、一時期東京で演劇の勉強をしていた
経験もある知念であれば、日本語で戯曲を書くこともできたはずである。にも
かかわらず、あえて沖縄大和口を取り入れたのはなぜだろうか。
　アメリカ軍政下での理不尽な生活に耐えかねた沖縄の人々は、祖国復帰を訴
え、運動を起こした。復帰は1972年5月15日に実現した。しかし「即時・無条件、
全面返還」という沖縄側の主張は退けられ、米軍基地は残り続けた。『人類館』
は、そのような時代背景のもとで書かれた作品である。かつて「首都を狙い撃
つ砲座を据えつけたい」と語っていた知念の、当時の暗澹たる心情は、次の記
述からもうかがい知れる。

　『人類館』は（…）僕および、演劇集団「創造」の思想的営為を描いたも
　のといっても良いだろう。復帰運動を闘かいながら、帰るべき祖国を見失
　なってしまった僕たちの、苦い苦い営為である（知念, 1978, p.71, 原文ママ）。

だからこそ知念は『人類館』を日本語劇にしなかった。知念にとって日本語は「沖
縄の、しかも底辺で呻吟している人たちのリアリティが出せない」（知念, 1997,
p.14）言葉だったからである。
　『人類館』のもう一つの特徴は、差別という重いテーマを扱っているにもか
かわらず、喜劇と銘打っている点である。知念は繰り返される沖縄への差別や
偏見に対し、「怒りを通り越して、笑うしかない」（p.14）とし、「笑い物にされ
ている」沖縄大和口を交えた巧みなパロディとブラックユーモアで笑い飛ばし
た。知念は、自分と等身大の観客、つまり戦争の傷跡は残っていたが、戦時の
記憶はなく、話す言葉は沖縄大和口という共通体験を持つ観客を想定し、『人
類館』を書きあげた。事実、初演当時の観客は「打てば響く」（知念, 2003, p.

332）ようによく笑ったという。

10.3.3　戯曲『人類館』を翻訳する

　『人類館』において、沖縄口・日本語・沖縄大和口の使い分けは非常に重要な意味を持っていた。しかし沖縄県外での公演では、それが一つの壁にもなった。日本人の観客の多くは、沖縄大和口はともかく、沖縄口の台詞の意味がほとんど理解できないからである。加えて沖縄の観客ならば笑いが起きる「イモとハダシ」や「アメリカシーツ」「日本的秩序意識」などのくだり、「戦果上げ」や「友軍」といった用語、「クサメも日本風に出来るようになる」というパロディ、「沖縄の復帰なくして、日本の戦後は終らない」「生きて虜囚のはずかしめをうけるな」などがブラックユーモアとして用いられていること、劇中に流れるトロイメライ……それらは多くの日本人にとって、聞き取ることはできても、それが含意するところまではわからないだろう。実際、岸田戯曲賞の選評では「あまりにも沖縄的である」等の指摘があり[17]、また初の東京公演に際して、沖縄口の日本語化を勧める声もあったという。しかし東京公演の演出を担当した幸喜良秀は「むしろ不親切でありつづけること」（幸喜, 1978, p.66）を選択し、脚本を変えなかった。沖縄のリアリティを追求する知念にとっても同じ思いであったに違いない。その方針は現在まで守られ続けている。

　この「不親切さ」が日本人にもたらす影響力は、もしかすると沖縄人である幸喜らの想像以上であったかもしれない。そもそも『人類館』を観に来る日本人は、演劇そのものを好む層を除けば、以前から沖縄に特別な関心を寄せていたり、種々の社会問題に対して相対的に高い意識を持っている場合が多い。「さあ、沖縄を理解するぞ」と意気込んでやって来た観客にとって、まわりの観客がドッと笑っているのに、自分だけ皆が笑っている理由がわからず、ひとり素面で芝居を見続けるときの置いてけぼり感──思いもよらず、突如マイノリティの立場に置かれたことへの不安感や居心地の悪さといってもよい──は相当なものである[18]。まさに自分と沖縄の間の「裂け目」ないし「ずれ」が顕現

17　1978 年の「新劇」岸田戯曲賞の選評は、『新劇』25（3），pp. 112-116 に掲載されている。
18　沖縄にルーツを持たない筆者は、2008 年 12 月 16 日、早稲田大学で初めて『人類館』の生の舞台を観劇した。東京国立近代美術館で開催された「沖縄・プリズム 1872-2008」展の関連イベントで、東京では 30 年ぶりとなる一夜限りの公演であった。当日は首都圏在住の沖

する瞬間であるとも言えるだろう。しかしそうした「笑い損ね」に直面し、笑えない自分は『人類館』を見るための大切な何かが欠けているのではないかと感じていた土井（2003）の、次の述懐はきわめて興味深い[19]。

> しかし、現在の私は、「笑い損ね」に後ろめたさを感じたあり方こそが問題ではなかったかと思い始めている。（…）初演当時の「打てば響く」ような笑いとは、観客が生きた時代における共通感覚や、言語についての違和感など、（…）幾多の特異性に支えられて生起した現象であったに相違ない。つまり、私が今『人類館』を見るならば、知念氏が指摘する「時代のずれ」のみならず、私が「沖縄」にかかわろうとする時に必然的に生じる「ずれ」を含む、無数の「ずれ」の渦に身を置くほかならないはずだ。にもかかわらず、「笑い損ね」に拘泥する私は、演劇が放つ「ずれ」を抑圧し、ただ表面的な「笑い」だけを求めて『人類館』に接していたのではなかったか。見ようとする対象が、投げかけてくる「ずれ」に対する無自覚。これこそが、非対称的な関係の再生産であり、差別の住まう根拠でもあろう。『人類館』が放射する「ずれ」を、ようやく私は意識し始めている。また、それは自分自身への「ずれ」の始まりなのかもしれない（土井, 2003, p. 29）。

沖縄口を日本語に直したり、日本人にはなじみのないエピソードを省略したり改変したりすれば、日本人も居心地の悪さを感じずに観劇できるだろう。しかしそれは「ずれ」を埋めてしまうことであり、知念らが『人類館』に込めた、沖縄と日本の非対称な関係性への告発に気づかないまま通り過ぎてしまうことを意味する。それは差別の再生産に無自覚に加担することにもつながりかねない。そうならないためにも、無数の「ずれ」に我が身を置き、そこに留まり続けることの重要性を土井は指摘する。

　　　縄出身者も多く訪れ、会場は満席だった。笑いが起こる場面で、大いに笑う人々とどうしていいかわからない人々の表情の対比は、特に印象に残っている。
19　ただし、土井は沖縄近現代史を専門とする研究者である。戯曲のテクストも熟知していたことから、単に「沖縄口の台詞が理解できない」という意味での「ずれ」はなかったと考えられる。

　土井は、自分自身に対する「ずれ」への気づきにも言及している。おそらく、自身が持っていた固定概念や立ち位置を揺さぶる呼びかけの声を『人類館』から聴き取ったのであろう。このことは、戯曲『人類館』を、単に沖縄に対する差別を告発する物語に回収してしまうことに疑義を唱える新城（2003）の問題提起とも呼応する。新城は、差別を固定的関係として捉え、そこに「日本人」と「沖縄人」との対立をのみ読もうとするならば、この戯曲の言葉を捉え損ねてしまうとして、次のように述べている。

　　知念正真の『人類館』こそは、それこそ「差別の構造」を、言葉（日本語、
　　沖縄口、沖縄大和口）の干渉作用の中で幾重にも反転させ、そのことを通じ
　　て「日本（人）」や「沖縄（人）」といった一見固定化された対峙的境界に
　　亀裂を生じさせそして侵犯していこうとする試みとしてあるのであって、
　　その点で、少なくとも、『人類館』という戯曲を読むことを通じて、「日本
　　人」や「沖縄人」といった領域を固定化していくといった行為は、およそ
　　無意味だと思われるからである（新城，2003，p. 61）。

　言語の異種混淆性、あるいは言語と言語の「裂け目」が、「日本人」と「沖縄人」、あるいは「差別する者」と「差別される者」といった二項対立を攪乱し、固定化されたカテゴリーに拠って立つことの正当性や確からしさに揺さぶりをかける。もし『人類館』が全編日本語で上演されたとしたら、どのような状況が生まれるか想像してみてもよい。それでも沖縄に対する日本の差別の歴史を日本人に伝える目的は達成される（むしろよりわかりやすく伝わる）だろう。厳しい過去を背負った沖縄人に同情し、沖縄への差別を許してはならないと考える日本人も増えるかもしれない。しかしその「日本人」は、「沖縄人」への差別には敏感になるかもしれないが、別の他者に対する差別には鈍感なままかもしれない。「沖縄人も同じ日本人なのだから」という理由で差別を批判することによって、結果として日本への同化につながる新たな暴力を発動することになるかもしれない。「沖縄人」も、状況が異なれば自分たちも「差別する者」になりうることに気づかないかもしれない。言い換えれば、言語の異種混淆性が担保されることによってこそ、「日本人」と「沖縄人」の対立という現象を生ん

だ差別の構造そのものに目が向けられる可能性が生まれるのである。

　さらに、土井の「表面的な『笑い』だけを求めて」という記述にも着目したい。『人類館』は、知念も認めるとおり喜劇であり、観客が笑うことを前提としている芝居である。では戯曲『人類館』において、「笑い」はどのような効果をもたらしているのだろうか。

　再びバーバの議論に戻ろう。バーバ（1998［磯前・ガリモア訳，2009]）は、マイノリティの自己認識は、特定の意図を有する対話や差別的な会話に従って形成されるほかなく、そのためマイノリティが、そのステレオタイプ化された表象の空間の外部に出て、その表象のあり方に嫌悪感を示すことはきわめて困難であると述べる。そのうえで、フロイト（Sigmund Freud）による「機知は権威に対する抵抗であり、権威の圧力からの解放である」という一節を引き合いに出し[20]、フロイトがいうところの傾向的機知、すなわち特定の意図を持つ自己批判的なジョークが、マイノリティの文化的抵抗の戦略になることや、共同体が生き延びるためのエージェンシーとなりうると強調した。

　ここでポイントとなるのは「自己批判的な」という点である。フロイトは、ジョークの成立条件を論じるにあたり、ユダヤ人のジョークを例に挙げて説明している。非ユダヤ人によるユダヤ人についてのジョークはたいてい無残な笑い話に終わり、ユダヤ人社会で共有されるユダヤ流ジョークも、一見自虐的だが、それがユダヤ人の誇りと表裏一体であることからジョークとはいいがたい。そうではなくて、ジョークが成立するのは、非難されるべき対象の一部に自己の人格も入っているときである[21]。バーバは、この「自己批判的な」ジョークによってこそ、ステレオタイプ化された表象空間を越え出たところでの自己表象が可能になると考えた。

　　「自己の人格がその一部であるような人格——たとえば自分の民族のよう

20　フロイトは1905年に「機知——その無意識との関係」（*Der Witz und seine Beziehung zum Unbewussten*）を発表した。邦訳は中岡・太寿堂・多賀 訳（2008）『フロイト全集　8』岩波書店に収録されている。引用箇所は、「権威を主張する目上の人間への攻撃や批判を可能にするために、傾向的機知はたいへん好んで用いられる。この場合、機知はそのような権威に対する抵抗であり、権威の圧力からの解放である」（p.124）の部分。
21　「傾向的機知にとってとりわけ好都合になるのは、反抗を意図した批判が自己の人格に向けられる場合、もっと慎重な言い方をすると、自己の人格がその一部でもあるような人格——たとえば自分の民族のような集合人格——に向けられる場合である」（p. 133）。

な集合人格」とは、両義性から文化的帰属が生じてくるような、共同体によるアイデンティティの形成の一様式を指している。この両義性の働きが、文化的境界線の場所やその表現方法を決定づけるような「境界線」の権威やその権威化を動揺させるものとなる（Bhabha, 1998［磯前・ガリモア訳, 2009］p. 43, 傍点原文）。

この「自己批判的な」振る舞いは、「エスニシティ」や「慣習的な経験」や「社会的犠牲」といった境界線を自己防衛的に線引きすることなく、あるいは文化本質主義や歴史的例外主義の思考に引きこもることなく、みずからを表象することを可能にするものである（p. 43）。

　フロイトやバーバが考える「ジョーク」に照らし合わせると、戯曲『人類館』の喜劇性の真髄は、その自己批判性にあるとみることもできるだろう。差別する者を批判しながら、そうした側面が自分の中にもあることを認めることで、固定化された「日本人」や「沖縄人」の枠組みから解放された「我々」（バーバの言葉を借りれば「散種するネイション」）が形成されるということである。
　現在では、差別への告発に加えて沖縄の自己批判性とも結びつけて戯曲『人類館』の喜劇性を論じることは、特に沖縄の近現代史を研究する識者の間では一般的になっている。ただ知念自身も『人類館』の執筆段階からそのような意図を明確に持っていたかどうかについては、筆者は少々懐疑的である。公に確認できる知念の発言の限りでは、確かに沖縄の自己批判と読めるものも一部見られるが[22]、多くは差別がくり返されることへの怒りに言及しているからである。明言はしなかっただけで、自己批判性も十分企図したうえで喜劇仕立てにしたのか、それとも怒りを笑いに変えるために喜劇仕立てにした結果、ジョークという行為に潜在する自己批判性が時を経て自ずと姿を現し始めたのか、知念亡き今となっては確かめるすべがない。しかしいずれにせよ、『人類館』の自己批判性が、沖縄人か日本人かを問わず、人間一般に向けられたものとして

22　たとえば1998年9月2日付の『琉球新報』夕刊の記事の中で、知念は「人類館事件」について次のように述べている。「ウチナーンチュのどうしようもない従順さ、事大主義と知識人へのいらだち。この事件は近代沖縄の精神のありようを象徴的に表している」。

受容されつつある今日の状況を鑑みると、戯曲『人類館』は、幾度の公演（≒翻訳）を経て、徐々に「追熟」してきたとみることもできるだろう。

10.3.4　戯曲『人類館』の今日的示唆

　『人類館』は今なお「追熟」し続けている。2021 年 2 月、知念の娘らの手によって、『喜劇　人類館』が 7 年ぶりに再演された。従来はなかった「喜劇」という一語をタイトルに冠しての公演であった。

　知念や幸喜がこだわった沖縄口や、沖縄戦、復帰運動といった沖縄の近現代史、当時は一般的だった用語なども、今の沖縄の若い役者や観客にすら遠いものとなり、「沖縄人にはわかるが、日本人にはわからない」という構図はもはや成り立たなくなりつつある。さらに沖縄に対する差別の様相も大きく変化した。日本人にとっての沖縄のイメージは、2000 年代初めの沖縄ブームを経て、それまでのネガティブなものから、「癒しの島」というキャッチフレーズに象徴されるようなポジティブなものへと変わった。若い世代を中心に、沖縄出身であることを誇りに思う人たちも増えている。あからさまな差別は影を潜め、「沖縄差別」と言われてもピンとこない人たちが、日本人はもとより、沖縄の人々にも増えている。しかしその分、差別の様相は、水面下で密やかに、そしてより巧妙なものになったと言わざるをえない現実がある。

　では戯曲『人類館』の今日的示唆とは何だろうか。一つは、知念らが『人類館』に託した差別への告発の声を、現代社会にも通じるものとして聴き取る耳を養うことである。特に国家的差別や構造的差別は見えにくい。我々自身、その国家や社会的構造のあり方を所与のものとして日常を営んでいる一員だからである。『人類館』は、そうした「見えない差別」に苦しむ人々の声に対する感受性を磨くためのよい導き手となるだろう。

　もう一つは、差別を人間一般の問題として捉えること、言い換えれば、私の中にもある「調教師」性——異質なものとの「ずれ」を否定し、支配しようとする欲望——とうまく折り合いをつけていくための方法を模索することである。かつて複数回にわたって「調教師ふうな男」を演じ、今回演出を担当した上江洲は、再演にあたってのインタビューの中でこう述べている[23]。

　　23　『喜劇　人類館』を製作した AKN プロジェクトの関係者インタビュー。

　差別や偏見は誰の中にでもあると思います。ただ「自分の中にある差別や
偏見」とどう向き合うのかが分からない時代になっています。差別を「無
いものにしたい」から考えないのではなく、どう付き合っていくのかが重
要です。喜劇『人類館』を見て、思いっきり笑っても良いんです。この作
品を通して、自分やみんなの中にある差別や偏見をどう捉えていくのか、
を考えるきっかけにしてくれたらと思います。それが今、人類館の上演を
やる意義なんですよね、きっと。

　そのためにも、戯曲『人類館』が持つ言語や笑いの「裂け目」、またはある
種の「わからなさ」は担保され続ける必要がある。「裂け目」は、他者に対し
てであれ、自分に対してであれ、それまで持っていた価値観や固定概念を学び
捨てる（unlearn）きっかけを与える場なのだ。それは権威的他者に抵抗し、自
身が属する共同体内部の他性や自己の中にある他性の均質化に抵抗するための
原動力にもなっていく。

　2021 年の公演に際し、沖縄の若い役者や関係者らは、演劇集団「創造」の
OB・OG の手を借りながら、使い慣れない沖縄口を覚え、歴史を学び直し、自
分たちの記憶にはないかつての「沖縄」を想像し、そして多少の違和感も抱え
つつ、新しい舞台を創り上げていった。おそらく今後も、さまざまな「裂け目」
がもたらす「わからなさ」（≒翻訳不可能性）に直面しながら、しかしその裂け
目の先端で踏みとどまり、私の中に他者を迎え入れながら演じる / 観る営みが
くり返されていくことだろう。この先どんなふうに再演（≒翻訳）され、どの
ような「追熟」を遂げていくのか。その追熟が続く限り、戯曲『人類館』は、
知念の「死後の生」を生き続けるだろう[24]。

10.4　おわりに——in-translation の視点からの多文化関係学

　異なる文化と文化が出会ったときに生じるさまざまな対立や軋轢を、解消さ
れるべき問題や課題として捉えるのとは別の仕方で「関係」を問うこと、すな

24　なお吉田（2018）では、沖縄戦体験者の証言を語り継ぐ行為を、翻訳理論を通して考察す
るための試論を展開している。

わち差異という「裂け目」の空間をあえて開いておくという関係のあり方と、それがもたらす意味について、翻訳理論と戯曲『人類館』をめぐる事例の両方から検討を行ってきた。

『人類館』の事例から見えてくるのは、解消しなければならないほどの深刻な対立は、差異があるから起こるのではなく、その差異を誰かが力づくで埋めようとするときに起こる、ということである。重要なのは「裂け目」の空間、ないしは翻訳空間をできるだけ開いておくよう常日頃より努めることであろう。ベルマンによれば、それは倫理的営みですらある。

> 翻訳は、(…)原初から倫理的次元に属している。まさに自身の本質において翻訳は、〈異なるもの〉を〈異なるもの〉のままおのれの固有の空間たる言語に向けて開きたいという欲望に衝き動かされるのである。(…)翻訳はその本質において「彼方より来たるものを迎え入れる宿」であると。
> (Berman, 1985/1999［藤田 訳, 2014］pp. 91-92, 傍点原文)。

そもそも差異とは、共通するものではないものの総称である。「違うこと」と「同じこと」はコインの裏表のような関係にある。したがって多文化間の「関係」を捉える際にも、共通点を探すこととは別に、どこまでも差異にこだわるという視点の置き方があってもよいはずだ。それは、多文化間の交わりや相互作用を俯瞰し、分析することとは別に、研究者自身が翻訳者となって差異の淵から「裂け目」をのぞきこんでみることであり、多文化関係学の「問題解決」という目的とは別に、終わらない翻訳の只中（in-translation）にある「関係」の空間から創造されるものに目を向けることでもある。

謝辞

　本稿の執筆にあたり、知念あかねさんと上江洲朝男先生から貴重なお話をうかがいました。この場を借りて篤く御礼申し上げます。紙幅の関係上、今回は直接言及することはできませんでしたが、いずれ別稿にて反映させる所存です。

引用文献

AKN プロジェクト（2021）．喜劇人類館を"今やる意義"「差別や偏見にどう向き合うか」/ 演出・上江洲朝男さん　喜劇　人類館　Retrieved from https://www.jinruikan.com/interview/（2022 年 1 月 3 日）

Apter, E. (2006). *The Translation Zone: A New Comparative Literature*. Princeton University Press.［エミリー・アプター（2018）．秋草俊一郎・今井亮一・坪野圭介・山辺弦 訳『翻訳地帯――新しい人文学の批評パラダイムに向けて』慶應義塾大学出版会］

Benjamin, W. (1923). *Die Aufgabe des Übersetzers*. Richard Weissbach.［ヴァルター・ベンヤミン（2011）．山口裕之 編訳「翻訳者の課題」『ベンヤミン・アンソロジー』（pp. 86-111）河出書房新書］

Berman, A. (1999). *La traduction et la lettre ou l'auberge du lointain*. Paris: Le Seuil. (Original work published 1985, Mauvezin: Trans-Europ-Repress.)［アントワーヌ・ベルマン（2014）．藤田省一 訳『翻訳の倫理学――彼方のものを迎える文字』晃洋書房］

Bhabha, H. K. (1994). *The Location of Culture*. Routledge.［ホミ・K・バーバ（2005）．本橋哲哉・正木恒夫・外岡尚美・阪本留美 訳『文化の場所　ポストコロニアリズムの位相』法政大学出版局］

Bhabha, H.K. (1998). Joking Aside: The Idea of a Self-Critical Community, In Cheyette, B. & Marcus, L. (eds.), *Modernity, Culture and "the Jew"*. Stanford: Stanford University Press.［ホミ・K・バーバ（2009）．磯前順一・ダニエル・ガリモア 共訳「冗談はさておいて――自己批判的な共同体の理念について」『ナラティブの権利：戸惑いの生へ向けて』（pp. 37-49）みすず書房］

知念正真（1971）.「新劇団「創造」の十年間」『テアトロ』339, 36-41.

ちねんせいしん（1976）.「戯曲・人類館」『新沖縄文学』33, 237-271.

知念正真（1978）.「沖縄の演劇活動　演劇集団『創造』のこと」『新日本文学』33 (9), 70-71.

知念正真（1985）.「沖縄芝居との交流」『テアトロ』510, 131-132.

知念正真（1997）.「『人類館』両義的な場所」『EDGE』4, 14.

知念正真（2003）.「戯曲　人類館」岡本恵徳・高橋敏夫 編『沖縄文学選――日本文学のエッジからの問い』（pp. 244-275）勉誠出版 .

土井智義（2003）.「ある「笑い損ね」の経験から」『けーし風』42, 28-29.

早川敦子（2013）.『翻訳論とは何か――翻訳が拓く新たな世紀』彩流社 .

細見和之（2009）.『ベンヤミン「言語一般および人間の言語について」を読む――言葉と語りえぬもの』岩波書店 .

柿木伸之（2014）.『ベンヤミンの言語哲学――翻訳としての言語、想起からの歴史』平凡社.

金闘愛（2013）.「演劇集団「創造」研究における問題提起――戯曲『人類館』を手がかりに」『*Quadrante*』15, 339-354.

金城勇（2005）.「学術人類館事件と沖縄――差別と同化の歴史」演劇『人類館』上演を実現させたい会 編著『人類館　封印された扉』（pp. 27-69）アットワークス .

幸喜良秀（1978）.「『人類館』の東京公演モノローグ」『テアトロ』429, 64-67.

久米昭元（2011）.「多文化社会としての日本」多文化関係学会 編『多文化社会日本の課題
　　——多文化関係学からのアプローチ』(pp. 9-15) 明石書店 .

松田陽子（2011）.「多文化関係学へのアプローチ」多文化関係学会 編『多文化社会日本の
　　課題——多文化関係学からのアプローチ』(pp. 16-24) 明石書店 .

三ツ木道夫（編訳）（2008）.『思想としての翻訳　ゲーテからベンヤミン、ブロッホまで』
　　白水社 .

Munday, J. (2008). *Introducing Translation Studies*. New York: Routledge.［ジェレミー・マンデ
　　イ（2009）. 鳥飼玖美子 監訳『翻訳学入門』みすず書房］

齋藤直子・ポール・スタンディッシュ・今井康夫（編）(2018).『〈翻訳〉のさなかにある
　　社会正義』東京大学出版会 .

新城郁夫（2003）.『沖縄文学という企て——葛藤する言語・身体・記憶』インパクト出版会 .

Spivak, G. C. (1993). The Politics of Translation. In Spivak, G.C., *Outside in the Teaching Machine*
　　(pp. 200-225). New York: Routledge.［ガヤトリ・チャクラヴォーティ・スピヴァック（1996）.
　　鵜飼哲・崎山政毅・本橋哲也 訳「翻訳の政治学」『現代思想』24 (8), 28-52.］

多文化関係学会（n.d.）.「多文化関係学会とは」Retrieved from http://www.js-mr.org/outline/
　　（2022 年 1 月 3 日）

吉田直子（2013）.「対象としての文化から運動としての文化へ：文化の関係性を見ること
　　の意味と可能性」『多文化関係学』10, 19-34.

吉田直子（2018）.「記憶論と翻訳論のあいだ：『他者の記憶を翻訳する』ための試論」『研
　　究室紀要』44, 219-227.

吉見俊哉（1992）.『博覧会の政治学　まなざしの近代』中公新書 .

吉見俊哉（2003）.『カルチュラル・ターン、文化の政治学へ』人文書院 .

第11章
文化神経科学の視座から見た 文化と個人との関係

叶尤奇（神田外語大学）、根橋玲子（明治大学）、中原裕之（理化学研究所）

11.1　はじめに

　多文化関係学会設立 10 周年記念図書として出版された『多文化社会日本の課題——多文化関係学からのアプローチ』では、多文化関係学を「地球社会における多様な文化間の相互作用とそこから生じるさまざまな問題や課題に対して多面的かつ動的に考察し、それぞれの社会において文化的背景を異にする人々が互いにとって望ましい関係を構築するための方途を探求する新しい研究分野」（久米, 2011, p. 9）であると定義づけていると同時に、そのことを本学会の目標に掲げている。この目標を達成するために、「コミュニケーション学、異文化コミュニケーション研究、社会学、心理学、文化人類学、教育学、言語学、宗教学、哲学、文学、女性学、地域研究、国際関係学、政治学、法学、経済学、経営学、メディア学、情報学、環境問題など」（松田, 2011, p. 17）といった複数の分野の研究を援用し、それらを結びつけた研究が進められている。また、多文化関係学研究において、研究スタイルや方法論的アプローチにおいても多様性を重視し、研究目的に合わせて量的研究と質的研究のいずれかを選択したり、双方を補完的に使用したりすることが期待されている（抱井, 2011）。

　しかしながら、石黒（2022）が指摘するように、多文化関係学の過去 20 年の研究動向を振り返ってみると、質的研究は数多く蓄積されてきたものの、実験法等を用いる量的研究は限られている。これは、質的アプローチに基づいて「文化」を常に変化していく動的なものとして描写・解釈しようとする研究が多文化関係学の主流になっているためと考えられる。一方、本稿で紹介する文化神

経科学という新しい学際的分野は、量的研究アプローチに立脚した文化研究として、その精緻化が進んでいる。本稿では、定量的に「文化」をダイナミックで、動的なプロセスとして捉える文化神経科学の諸研究を紹介し、多文化関係学の今後の展望に研究上の手がかりを提示したい。これにより、田崎（2010）をはじめとする量的アプローチに依拠した文化と個人との因果関係に関わる議論を拡張することが可能になり、多文化関係学的アプローチの再構築にもつながると考えられる。

　文化神経科学は、神経生物学的プロセスが文化的価値観、信念、実践をどのように生み出すのか、また、文化が神経生物学的プロセスの形成にどう関与するのか、これらの解明を試みる学際的な学問である（Chiao, 2010）。つまり、文化神経科学は、文化を研究する諸学問が脳神経科学と交流するなかで芽生えてきた新たな学問的潮流である。したがって、文化神経科学の主なる視座の一つは、脳神経活動が人間の認知や行動を支えている生物学的基盤であり、人間の認知と行動に加えて、脳神経活動をも計測することで、ある特定の認知や行動を引き起こす脳内のメカニズムを解明することが可能になるという社会的認知神経科学の捉え方をふまえて、人間の認知・行動、文化、脳神経活動という3者の関連に着目している（Chiao & Ambady, 2007; Han *et al.*, 2013）。

　これまでの多文化関係学では、人々の生活のさまざまな現実的な場面における行動に着目し、ある行動を文化と関連づけて考察するという研究が散見される。これらの研究では、調査対象者の国籍や出身地という属性から文化を捉え、それらの属性による行動の違いが考察されているが、「観測差が文化のどの側面に起因するのか、文化と行為の関係性があいまいになりやすい」（田崎, 2010, p. 41）という問題が生じうる。田崎（2010）では、自己概念を媒介変数として取り入れることによって、原因変数である文化を細分化・解凍化することができ、文化と個人の行動との間の因果関係をより正確に推定することが可能になると指摘された。それに対して、文化神経科学の諸研究では、文化と人間の認知・行動の間に、脳神経活動という新しい変数を取り入れているといえる。したがって、人間の認知・行動、文化、脳神経活動という3者の関連に着目する文化神経科学の視点を取り入れることによって、今後の多文化関係学に、人間の行動が決定要因としての文化にどの程度依存しているのか、またどの段階で文化の

影響が関わっているのかなど、より文化と人の行動を深く理解することを可能にする新しい展望をもたらすものと考える。

　また、近年の文化神経科学のもう一つの視座に、脳神経活動だけでなく、遺伝子の影響にも注目し、人間の認知・行動、文化、脳神経活動、遺伝子という4者の相互作用を明らかにする試みがある。この視座は、文化と遺伝子共進化理論（Boyd & Richerson, 1985; Henrich & Mcelreath, 2007）に立脚している。文化と遺伝子共進化理論では、人間の認知・行動は遺伝子による生物学的な進化と文化の進化の両方が相互に影響し合うことで生じるものと捉えられている（Chiao *et al.*, 2021）。

　今後の多文化関係学における研究では、人間の認知・行動、文化、脳神経活動、遺伝子という4者の相互作用に着目する視座を取り入れることによって、複数文化の相互作用を考察する際に、その相互作用の担い手である文化集団をより重層的・多面的に捉えられるようになると考えられる。これまでの多文化関係学では、国という既存の分析枠組みを越えて、それぞれの文化集団内の地域性、世代差、ジェンダー差、社会経済的背景や教育環境、組織による違いという多面的な視点から個人の認知・行動を捉えようとしてきた（松田, 2011）。それらの視点に加えて、遺伝子（たとえば遺伝子多型人といったある特定の一つの遺伝子座位の中で二つ以上の異なる対立遺伝子の存在）という新しい視点を取り入れることにより、従来の枠組みを横断的に理解し、文化内部の多様性を新たな視点から考察することが可能となり、文化間の共通性と相違性をより深く理解する一助になるだろう。さらに、生物学的要素と社会的要素の相互作用による産物としての文化の社会生物的側面を認識することができるようになり、文化を再定義するための議論にもつながると考える。

11.2　人間の認知・行動 × 文化 × 脳神経活動

　文化心理学をはじめとする既存の社会科学系の諸分野では、人間の認知プロセスや行動傾向は文化によって影響されているという共通認識に立っている。多文化関係学の研究のなかには、このような共通認識に立脚しているものも多い。ただし、人間の行動と認知が文化にどの程度依存しているのか、どの段階

で文化の影響が関わっているのかは十分に明らかにされていない。そこで、文化神経科学では、この問いを解明するために、人間の認知や行動への文化の影響のみならず、それを支える脳神経活動への文化の影響にも注目している。とりわけ、文化が脳神経活動のどの段階に影響を与えるか、かつそうした影響にはどのような様相が見られるかを明らかにするための知見が蓄積されている。それらの研究では、文化を「ある集団の人々が共有している価値観、実践、信念」（Chiao, Hariri *et al.*, 2010, p. 357）であると定義づけている。そのなかでも、文化的自己観に関する研究は代表的である（Ames & Fiske, 2010; Han, 2017）。なぜならば、自己認識は、人間の行動への文化の影響を構成する基本的な要素の一つだからである（Chiao & Blizinsky, 2010）。

　文化的自己観については、Markus & Kitayama（1991）によって提唱された相互独立／相互協調的自己観がよく知られている。相互独立的自己観は西洋文化的な自己観と捉えられている一方、相互協調的自己観は東洋文化的な自己観とされている。また、文化心理学の分野では、文化的価値観を用いて、西洋文化を個人主義とし、東洋文化を集団主義に大別する場合が多い（Hofstede, 2001）。結果として、西洋文化に属する人々は、個人主義の価値観と相互独立的自己観を持っているのに対して、東洋文化に属する人々は、集団主義の価値観と相互協調的自己観を持っているとされている（Chiao, Harada *et al.*, 2010）。そこで、文化神経科学の研究の多くでは、通常、東洋文化もしくは西洋文化の傾向を持つとされる、二つの異なる集団を対象として、それぞれの集団の文化的自己観の相違を脳神経活動のレベルにおいて確認することを通じ、文化と認知、脳神経活動との関連を説明しようとしている（e.g. Han & Humphreys, 2016; Han & Ma, 2014）。つまり、異なる文化集団に属する構成員は、異なる文化的自己観を持つため、同じ実験タスクに対して異なる認知傾向を持っており、それを支える脳活動も違うという仮説が立てられている。

　その代表的な研究例として、Zhu ら（2007）による異なる文化的自己観の脳活動への影響の違いの発見が挙げられる。Zhu らは磁気共鳴機能画像法（fMRI）[1]を用いて、西洋人および東洋文化に属すると捉えられている中国人の被験者が

1　磁気共鳴機能画像法（fMRI）とは、「磁気共鳴画像（magnetic resonance imaging、MRI）を用いて生体の脳や脊髄を一定時間連続的に撮像し、脳活動（神経活動とシナプス活動等の総和）と相関する MRI 信号の変動を非侵襲的に計測する技術である」（林 他, 2020）。

自己および重要な他者の特質（たとえば、私は誠実である、母親は誠実である）を
想起する際の脳活動の変化を計測した。その結果、相互協調的自己観を持つ
とされる中国人は、自己と重要な他者を想起するときに内側前頭前野（MPFC）
が活性化したのに対して、相互独立的自己観を持つ西洋人は、自己を想起する
際は MPFC が活性化したものの、母親を想起する際には MPFC が活性化しな
かったことが判明した。このように相互協調的と相互独立的な自己観によって、
使われている脳の部位が異なってくる。これはひいては、異なる自己観では、
他者の脳における情報処理が異なっていることを示す。

　また、Chiao ら（2009）の研究では、fMRI を用いて、被験者に対して特定の
条件が設定されている状況とそうでない状況の両方において自身の特質につい
て評価を行う際に、個人主義と集団主義という文化的次元が MPFC の神経活
動をどのように調節しているかを検証した。同研究では、個人主義または集団
主義のどちらの集団に属しているかを決める際、被験者の国籍や文化的アイデ
ンティティではなく、個人主義と集団主義の指標（Singelis, 1994）を用いて彼 /
彼女らの得点を測定した。その結果、個人主義の得点が高い被験者は条件が設
定されていない状況において自己評価を行う際に、MPFC がより活性化してい
るのに対し、集団主義の得点が高い被験者は、母親と話した場合といった特定
の条件が設定されている状況において自己評価を行う際に、MPFC がより活性
化していることがわかった。

　この二つの研究では、異なる文化的自己観を持つ人々は、自己と重要な他者
に対する認知傾向が異なり、それを支える脳活動（とりわけ、MPFC といった特
定の脳部位）の活性化度合いも異なることが検証された。この結果から、文化
的自己観と特定の脳部位の活性化との間に関連が認められた。

　さらに、中国人とデンマーク人を対象とした研究（Ma, Bang *et al.*,2014）では、
被験者が自身の性格、容貌、社会的役割の 3 種類の自己評価を行う際に、前者
と後者では MPFC の活性化の度合いが異なるだけでなく、側頭頭頂接合部（TPJ）
の神経活動も異なることが計測された。具体的には、相互協調的自己観の得点
が高い中国人被験者と比べ、相互協調的自己観の得点が低いデンマーク人の被
験者は、この 3 種類の自己評価を行う際に、MPFC がより活性化していること
がわかった。一方、自身の社会的役割（たとえば、私は教授である）を評価する

ときのみ、デンマーク人の被験者に比べ、中国人被験者の TPJ がより活性化していることが明らかになった。また、これまでの研究からも、MPFC と TPJ のほか、文化の差異と前帯状皮質（ACC）、上側頭溝後部領域（pSTS）、腹側線条体（VS）、紡錘状回顔領域（FFA）、腹外側前頭前野（VLPFC）といった脳部位の活性化状況との関連が検証されている（Lin & Telzer, 2018）。このような文化比較の研究では、文化の異なる人々の認知傾向と特定の脳部位の神経活動との相関関係が検証されており、文化の差異を担う脳神経活動の基盤を探索し始めている。

　文化と、人間の認知・行動、それを支える脳活動の 3 者の関係については、相関関係のみならず因果関係を検証するための試みも始まっている（Chiao, 2010; Chiao et al., 2013; Han, 2017; Han et al., 2013）。その方法の一つ、カルチャー・プライミング（cultural priming）は、被験者に所属集団成員が持つ文化的志向性（たとえば、東洋文化と西洋文化への志向性）を変化させるような刺激を与え、それらの刺激を受けた後の脳活動の変化を計測する方法である（Chiao et al., 2013; Hong et al., 2000）。つまり、カルチャー・プライミングとは、「個人の考え方を所定の文化的信念や価値観に一時的に転換するための実験的な手続き」（Han, 2017, pp. 136-137）を意味する。一般に、言語、文化的象徴（たとえば国旗、有名人、有名な建物など）を表現するような写真、文化的自己観に関するタスク等がカルチャー・プライミングの道具としてよく使用されている（Han, 2017）。

　文化神経科学の研究者は、カルチャー・プライミングの手法を用いて、特定の文化をすでに習得している大人が、新しい文化を取り入れる場合、それは脳神経活動においてどのように現れているかに着目した（Han, 2017）。たとえば、Ng と共同研究者（Ng et al., 2010）の研究では、西洋と東洋の両方の文化を取り入れている香港出身の被験者を対象にし、彼 / 彼女らの中国文化もしくは西洋文化に関する認識を一時的に喚起するような写真を用いたカルチャー・プライミングを行った。その後、fMRI を用いて、被験者が自己と重要な他者（母親）の性格の特質を判断する際の脳神経活動を計測した。その結果、自己と母親を想起する際に、中国文化のプライミングを受けた被験者の腹内側前頭前皮質（VMPFC）の活性化の度合いに自己を想起する場合と母親を想起する場合とでは有意差が見られなかったのに対し、西洋文化のプライミングを受けた被験者の VMPFC の活性化の度合いには違いが見られた。前述のように、相互協調

的自己観を持つ中国人は自己と母親を想起する際に MPFC の活性化の度合いが類似したのに対し、相互独立的自己観を持つ西洋人は自己と母親を想起する際に MPFC の活性化の度合いが異なるという Zhu ら（2007）の研究結果と整合的な結果といえる。Ng らの結果は、両方の文化的フレームを持つ被験者にとって、それぞれの文化のプライミングにより、その文化に関連する神経活動が活性化されたと考えられる。

　Ng ら（2010）の結論は、Chiao と共同研究者（Chiao, Harada *et al.*, 2010）の研究の中でも実証されている。Chiao らの研究では、アジア系アメリカ人というバイカルチュラルな個人を対象とし、カルチャー・プライミングを通じて、個人主義または集団主義に関する認識の一時的な変化が、被験者の自己評価を担う皮質正中構造（CMS）の神経活動にどのような影響を与えているかを検証した。この結果、個人主義のカルチャー・プライミングを受けた被験者は、特定の条件が設定されていない状況においての自身の特質について評価を行う際に、内側前頭前野（MPFC）と後帯状皮質（PCC）がより活性化しているのに対し、集団主義のプライミングを受けた被験者は、特定の条件が設定されている状況で評価を行う際に（たとえば、母親と話すときに、私は謙虚であることを想起させる条件下では）、MPFC と PCC がより活性化していることが判明した。ほかにも、注意力や社交性、内・外集団のバイアスなどと文化的要素との関連に関する実験においても、文化的自己観を用いたカルチャー・プライミングによる脳神経活動の活性化が確認されている（e.g. Meyer *et al.*, 2015; Varnum *et al.*, 2014; Wang *et al.*, 2014; Wang *et al.*, 2015）。

　文化が脳活動に影響するという因果関係の検証を試みるためのもう一つの方法は、新しい文化的環境に移住した後の人々の、文化変容プロセスに関わる脳活動の変化を計測することである（Meyer, 2018）。たとえば、Chen らの研究（2015）によるアメリカに渡航した中国人被験者を対象とした縦断研究では、個人の主観的な文化的アイデンティティの変化により、内側前頭前野（MPFC）と後帯状皮質（PCC）の活性化の度合いが変わることが明らかにされた。具体的には、アメリカに渡航して 2 か月しかたっていない中国人被験者が自己と母親を想起した際に、MPFC と PCC ともに活性化の度合いに違いが見られた。この結果は、中国人が自己と母親を想起した場合では MPFC の活性化の度合いに違い

が見られないという既存の研究結果（Zhu *et al.,* 2007）と照合すると、相反しているように見えるが、アメリカへの留学を選択した被験者は、中国国内に残った者と比べて、アメリカ文化に高い親和性を持ち、西洋人により近い文化的自己観を持つに至ったことを示したものと推察できる。ただし、6か月後にこれらの被験者の脳活動と文化的自己観の得点を再度測ったところ、相互協調的自己観の得点が入国時より高くなった（「中国人」により近い文化的自己観を持つようになった）者は、自己と母親を想起した際に、MPFC と PCC ともに活性化の度合いにおいて違いが見られなくなった一方で、相互協調的自己観の得点が低くなった（「西洋人」により近い文化的自己観を持つようになった）者は、自己と母親を想起した際に、MPFC と PCC ともに活性化の度合いにおいて違いが見られた。つまり、被験者たちは、アメリカ留学の経験により、文化的自己観において変化が見られ、それを表象する脳神経活動にも変化があったと解釈できる。

　文化神経科学の研究者は、早期の比較文化研究の延長線にある、文化の差異と特定の脳部位との関連を探索する研究から出発し、文化と認知、脳神経活動との因果関係を検証する試みを行ってきた。これらの研究は、異なる文化背景を持つ人々は認知・行動だけでなく、脳活動も異なるという本質主義的な観点に両者の関係を帰結させようとしているのではなく、むしろ、人間の脳が環境にどれだけ柔軟に対応しているか、神経可塑性がどのように存在しているかを検証することを主眼としている（Han *et al.,* 2013）。また、これらの研究は、文化をダイナミックで動的なプロセスとして捉えるための生物学的レベルでの新たな証拠、言い換えれば文化の生物的側面を提示しようとしている。

　これまでの多文化関係学では、所属集団の構成員が共有している精神文化層（認知活動と情意活動の両方が含まれている）、行動文化層、物質文化層という 3 層モデルの一部、あるいはすべてを文化として捉える研究が主流である（石井, 2001; 2010）。これらの層はそれぞれに特徴的な区別はあるが、一方で、実際の人間が何らかの活動をしている場面、すなわち文化を含める人間の営みにおいて、各層が孤立して存在するのではなく、むしろ互いに織り込まれるようにして人間の思考・情動・行動・営みに影響を及ぼす。そして、それは脳神経活動を生物的基盤として実現されている。これを鑑みれば、文化神経科学の視座を持つことで文化の 3 層構造が人間の営みとしていかに実現されるのかを考察し、

また 3 層構造を横断的に観察することを助け、文化と認知I・行動の関係のより深い理解につながっていくことが期待できる。

11.3　人間の認知・行動 × 文化 × 脳神経活動 × 遺伝子

　文化神経科学のもう一つの視座は、遺伝子の影響に注目し、人間の認知・行動、文化、脳神経活動、遺伝子という 4 者の関連を考察するものである（図 11-1）[2]。これは、前述したように、人間の認知・行動は、遺伝子による生物学的な進化と文化の進化の相互作用の産物として捉えられているからである。

　まず、人間の認知・行動、文化、特定の遺伝子の 3 者間の関連を検討した研究から、遺伝子が人間の認知・行動に影響を与えるプロセスに、文化が関わりを持つ可能性が提示されている（Ma, Wang *et al.*, 2014）。たとえば、セロトニントランスポーター遺伝子多型（5-HTTLPR）という特定の遺伝子に焦点を当てた研究がある（Chiao & Blizinsky, 2010）。5-HTTLPR には、Short 型と Long 型の 2 種類があり、Short 型は、不安や損害回避、否定的な情報に関する注意バイアス等の否定的感情を持つ傾向が強いが、ストレスレベルが低い環境においてうつ病になりにくいことが判明している（Caspi *et al.*, 2003; Munafo *et al.*, 2005）。こ

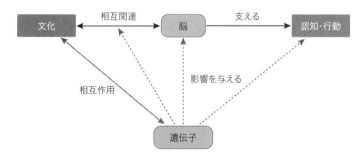

図 11-1　遺伝子、行動・認知、脳、文化 4 者の仮説的関連のフレームワーク

2　Han（2017）は、この新しい研究視座に依拠し、文化・行動・脳のループモデル（the CBB-loop model,Han & Ma, 2015）に、遺伝子の影響を加えて、新たな理論的枠組みを作成した。図 11-1 はこの理論的枠組みの一部を修正・引用しており、人間の認知・行動、文化、脳神経活動、遺伝子という 4 者の関連を反映するイメージ図の一つである。現時点では、遺伝子が具体的にどのような影響を与えているかに関してまだ未解明な点が多々あり、研究者の間にもさまざまな議論がなされている。

れらの結果をふまえ、Chiao & Blizinsky（2010）の研究では、29 か国における 5-HTTLPR の対立遺伝子頻度、集団主義と個人主義の文化的次元の度合い、不安症と気分障害（たとえば、双極性障害や気分変調症など）の発現率という 3 者間の関連性を検証した。その結果、集団主義の特徴を持つ東アジア諸国の被験者には、5-HTTLPR の Short 型の割合が高いことが明らかになった。また、集団主義の度合いが高くなると、5-HTTLPR の Short 型と不安症と気分障害の発現率の関連を抑制することがわかった。これらの結果に対して、Chiao & Blizinsky は、集団主義の価値観の強い文化的環境が「抗精神病理学的な」（p. 534）機能を果たしていると解釈している。

　つまり、5-HTTLPR の Short 型の特徴に鑑みると、ストレスの高い環境という点では Short 型は不利になるものの、対抗手段としてその社会の構成員がお互いにソーシャル・サポートを提供し、社会的調和を維持していく点で、Short 型は、否定的感情の増加傾向が高いゆえに周囲に気を配るという意味で相対的に適応的である可能性がある。その結果、その人々の行動傾向に見合った集団主義的な規範が維持される方向へと進化したと推察できる（石井，2012）。

　また、人間の認知・行動、文化、脳神経活動、遺伝子という 4 者の関連に着目する研究も展開されており、文化と人間の認知・行動、脳活動との関連の中に、遺伝子も関与している可能性が示されている（Han, 2017; Nomura, 2016）。たとえば、Ma ら（Ma, Li et al., 2014）は、言語や環境的要因の影響を排除するために、中国人のみを被験者として、自己と重要な他者の特質（性格特性、外見、社会的役割）を評価させる実験を行った。文化の差異は、国や民族などの既存のカテゴリーではなく、文化的自己観の想起と関わる脳神経活動の活性化程度の違いによって特定した。その結果、5-HTTLPR の s/s 型と l/l 型[3]の中国人被験者の間には、文化的自己観の得点において統計的に有意な差は見られなかった。しかしながら、s/s 型と l/l 型の両グループでは、文化的自己観の得点と、自己と母親を想起した際の神経活動の反応との関係性が異なることが判明した。つまり、l/l 型の中国人被験者においては、個人主義 / 集団主義を示す文化的自己観の得点と、自己と母親を想起した際の内側前頭前皮質、両側中前頭皮質、側頭

3　5-HTTLPR 遺伝子には、Short 型と Long 型という 2 種類がある。人の染色体はペアになっているため、組み合わせて s/s 型、l/l 型、s/l 型の 3 種類のグループが存在する。

頭頂接合部、島皮質、海馬の神経活動との間に関連が見られた一方、s/s 型の中国人被験者にはそのような関連が見られなかった。

　これらの研究は、人間の認知・行動、文化、脳神経活動、遺伝子の関連を検討し、人間の認知・行動は脳神経活動の働きを通じて、文化と遺伝子の相互作用から影響を受けているという考え方に立脚している。しかし、現時点では、遺伝子が具体的にどのように脳神経活動に影響を与えるかに関しては未解明な点が多々ある。とはいえ、今後の多文化関係学の展開に、このような新しい視座を取り入れられれば、既存の文化集団内の地域性、世代差、ジェンダー差、社会経済的背景や教育環境、組織による違いという視点に加えて、人のある特定の遺伝子多型という新しい視点から人間の認知・行動を分析することが可能になる。これにより、文化的に均一とみられてきた集団内の文化的多様性を検証する新たな参照枠が得られると考えられる。さらに、文化の特質を理解するための新しい視点が提示される。これまでの多文化関係学では、環境に応じて生まれた社会的な産物という文化の社会性に着目してきたが、この新しい視座を取り入れることで、今後の多文化関係学における研究では、社会的要素と生物学的要素との相互作用による産物という文化の社会生物的側面を認識できるようになり、文化を再定義する議論にもつながるものと考える（Han *et al.*, 2013）。

11.4　おわりに

　本稿では、多文化関係学の既存の枠組みに、文化神経科学の主なる二つの視座を取り入れたうえで、文化神経科学が今後の多文化関係学の研究の展開に寄与するための手がかりを論じた。簡潔にまとめると、人間の認知・行動、文化、脳神経活動という3者の関連に着目した文化神経科学の視座を取り入れることによって、文化の生物学的側面にも光が当てられることで、さまざまな現実場面における人々の行動への文化の影響がより精緻に解明されると期待できる。また、今後の多文化関係学における研究では、さらに遺伝子を加えた4者の相互作用に着目する視座を取り入れることによって、文化集団をより重層的・多面的に捉えられるようになり、文化集団の内的多様性をより深く理解することが可能になるとともに、文化概念の再構成への可能性が開かれる。

　また、多文化関係学の今後の展開が、文化神経科学を含む脳神経科学の発展に貢献する点もあると考える。これまでの脳神経科学では、MEG（脳磁図記録）やEEG（脳波検査）を用いて脳細胞の電磁気活動を計測したり、fMRIを用いて脳血流を計測したりすることによって、注意、記憶などの高次機能の脳内メカニズムを解明している。しかし、脳機能の長期にわたる変化のメカニズムはいまだに捉えきれてはおらず、未開拓な研究領域が多い。文化は、まさに脳の長期にわたる変化の産物である。したがって、今後の多文化関係学の展開により、文化の特質と働き方に関する知見が蓄積・共有されることで、脳神経科学の研究も新たな地平を切り開くことができるのではないだろうか。

引用文献

Ames, D. L. & Fiske, S. T. (2010). Cultural neuroscience. *Asian Journal of Social Psychology*, 13 (2), 72-82. https://doi.org/10.1111/j.1467-839X.2010.01301.x

Boyd, R. & Richerson, P. J. (1985). *Culture and the evolutionary process.* University Chicago Press

Caspi, A., Sugden, K., Moffitt, T. E., Taylor, A., Craig, I. W., Harrington, H., McClay, J., Mill, J., Martin., Braithwaite, A. & Poulton, R. (2003). Influence of life stress on depression: Moderation by a polymorphism in the 5-HTT gene. *Science*, 301 (5631), 386-389. https://doi.org/10.1126/science.1083968

Chen, P. H. A., Wagner, D. D., Kelley, W. M. & Heatherton, T. F. (2015). Activity in cortical midline structures is modulated by self-construal changes during acculturation. *Culture and Brain*, 3 (1), 39-52. https://doi.org/10.1007/s40167-015-0026-z

Chiao, J. Y. (2010). At the frontier of cultural neuroscience: Introduction to the special issue. *Social Cognitive and Affective Neuroscience*, 5 (2-3), 109-110. https://doi.org/10.1093/scan/nsq064

Chiao, J. Y. & Ambady, N. (2007). Cultural neuroscience: Parsing universality and diversity across levels of analysis. In S. Kitayama & D. Cohen (eds.) *Handbook of cultural psychology* (pp. 237-254). The Guilford Press.

Chiao, J. Y. & Blizinsky, K. D. (2010). Culture–gene coevolution of individualism–collectivism and the serotonin transporter gene. *Proceedings of the Royal Society B: Biological Sciences,* 277 (1681), 529-537. https://doi.org/10.1098/rspb.2009.1650

Chiao, J. Y., Cheon, B. K., Pornpattananangkul, N., Mrazek, A. J. & Blizinsky, K. D. (2013). Cultural neuroscience: Progress and promise. *Psychological Inquiry*, 24 (1), 1-19. https://doi.org/10.1080/1047840X.2013.752715

Chiao, J. Y., Harada, T., Komeda, H., Li, Z., Mano, Y., Saito, D., Parrish, T. B., Sadato, N. & Iidaka, T. (2009). Neural basis of individualistic and collectivistic views of self. *Human Brain Mapping*, 30 (9), 2813-2820. https://doi.org/10.1002/hbm.20707

Chiao, J. Y., Harada, T., Komeda, H., Li, Z., Mano, Y., Saito, D., Parrish, T. B., Sadato, N. & Iidaka, T. (2010). Dynamic cultural influences on neural representations of the self. *Journal of Cognitive Neuroscience*, 22 (1), 1-11. https://doi.org/10.1162/jocn.2009.21192

Chiao, J. Y., Hariri, A. R., Harada, T., Mano, Y., Sadato, N., Parrish, T. B. & Iidaka, T. (2010). Theory and methods in cultural neuroscience. *Social Cognitive and Affective Neuroscience*, 5 (2-3), 356-361. https://doi.org/10.1093/scan/nsq063

Chiao, J. Y., Li, S. C., Turner, R., Lee-Tauler, S. Y. & Pringle, B. (eds.). (2021). *The Oxford handbook of cultural neuroscience and global mental health*. Oxford University Press.

Han, S. (2017). *The sociocultural brain: A cultural neuroscience approach to human nature*. Oxford University Press.

Han, S. & Humphreys, G. (2016). Self-construal: A cultural framework for brain function. *Current Opinion in Psychology*, 8, 10-14. https://doi.org/10.1016/j.copsyc.2015.09.013

Han, S. & Ma, Y. (2014). Cultural differences in human brain activity: A quantitative meta-analysis. *NeuroImage*, 99, 293-300. https://doi.org/10.1016/j.neuroimage.2014.05.062

Han, S. & Ma, Y. (2015). A culture–behavior–brain loop model of human development. *Trends in Cognitive Sciences*, 19 (11), 666-676. https://doi.org/10.1016/j.tics.2015.08.010

Han, S., Northoff, G., Vogeley, K., Wexler, B. E., Kitayama, S. & Varnum, M. E. (2013). A cultural neuroscience approach to the biosocial nature of the human brain. *Annual Review of Psychology*, 64, 335-359. https://doi.org/10.1146/annurev-psych-071112-054629

林拓也・麻生俊彦・藤本晃司・花川隆（2020）.「機能的磁気共鳴画像法」『脳科学辞典』. https://bsd.neuroinf.jp/wiki/；「機能的磁気共鳴画像法」https://doi.org/10.14931/bsd.9325

Henrich, J. & McElreath, R. (2007). Dual-inheritance theory: The evolution of human cultural capacities and cultural evolution. In R. Dunbar & L. Barrett (eds.), *Oxford handbook of evolutionary psychology* (pp. 555-570). Oxford University Press.

Hofstede, G. (2001). *Culture's consequences: Comparing values, behaviors, institutions and organizations across nations*. Sage.

Hong, Y. Y., Morris, M. W., Chiu, C. Y. & Benet-Martinez, V. (2000). Multicultural minds: A dynamic constructivist approach to culture and cognition. *American psychologist*, 55 (7), 709-720. https://doi.org/10.1037/0003-066X.55.7.709

石井敬子（2012）.「遺伝子と社会・文化環境との相互作用——最近の知見とそのインプリケーション」『感情心理学研究』20 (1), 19-23.

石井敏（2001）.「人間であることの条件——文化」古田暁・石井敏・岡部朗一・平井一弘・久米昭元 編著『異文化コミュニケーション・キーワード』(pp. 2-3) 有斐閣 .

石井敏（2010）.「多文化関係研究・教育を学術的分野に発展させるための潜在的課題」多文化関係学会 編『多文化社会日本の課題——多文化関係学からのアプローチ』(pp. 252-267) 明石書店 .

石黒武人（2022）.「多文化関係学的アプローチの意義とその展開——20 周年現在からの批判的考察と提言」多文化関係学会 編『「縁側」知の生成にむけて——多文化関係学という場の潜在力』(pp. 15-38) 明石書店 .

抱井尚子（2011）.「パート3　多文化関係学研究と方法論」多文化関係学会 編『多文化社会日本の課題──多文化関係学からのアプローチ』(pp. 25-37) 明石書店.

久米昭元（2011）.「パート1　多文化社会としての日本」多文化関係学会 編『多文化社会日本の課題──多文化関係学からのアプローチ』(pp. 9-16) 明石書店.

Lin, L. C. & Telzer, E. H. (2018). An introduction to cultural neuroscience. In J. M. Causadias, E. H. Telzer & N. A. Gonzales (eds.), *The handbook of culture and biology* (pp. 399-420). John Wiley & Sons, Inc.

Markus, H. R. & Kitayama, S. (1991). Culture and the self: Implications for cognition, emotion, and motivation. *Psychological Review*, 98 (2), 224-253. https://doi.org/10.1037/0033-295X.98.2.224

松田陽子（2011）.「パート2　多文化関係学へのアプローチ」多文化関係学会 編『多文化社会日本の課題──多文化関係学からのアプローチ』(pp. 16-24) 明石書店.

Ma, Y., Bang, D., Wang, C., Allen, M., Frith, C., Roepstorff, A. & Han, S. (2014). Sociocultural patterning of neural activity during self-reflection. *Social Cognitive and Affective Neuroscience,* 9 (1), 73-80. https://doi.org/10.1093/scan/nss103

Ma, Y., Li, B., Wang, C., Shi, Z., Sun, Y., Sheng, F., Zhang, Y., Zhang, W., Rao, Y. & Han, S. (2014). 5-HTTLPR polymorphism modulates neural mechanisms of negative self-reflection. *Cerebral Cortex*, 24 (9), 2421-2429. https://doi.org/10.1093/cercor/bht099

Ma, Y., Wang, C., Li, B., Zhang, W., Rao, Y. & Han, S. (2014). Does self-construal predict activity in the social brain network? A genetic moderation effect. *Social Cognitive and Affective Neuroscience*, 9 (9), 1360-1367. https://doi.org/10.1093/scan/nst125

Meyer, M. L.(2018). Neurobiological causes and consequences of cultural differences in social cognition. In J. M. Causadias, E. H. Telzer & N. A. Gonzales (eds.), *The handbook of culture and biology* (pp. 421–442). John Wiley & Sons, Inc.

Meyer, M. L., Masten, C. L., Ma, Y., Wang, C., Shi, Z., Eisenberger, N. I., Lieberman, M. D. & Han, S. (2015). Differential neural activation to friends and strangers links interdependence to empathy. *Culture and Brain,* 3 (1), 21–38. https://doi.org/10.1007/s40167-014-0023-7

Munafo, M. R., Clark, T. & Flint, J. (2005). Does measurement instrument moderate the association between the serotonin transporter gene and anxiety-related personality traits? A meta-analysis. *Molecular Psychiatry*, 10 (4), 415-419. https://doi.org/10.1038/sj.mp.4001627

Ng, S. H., Han, S., Mao, L. & Lai, J. C. (2010). Dynamic bicultural brains: fMRI study of their flexible neural representation of self and significant others in response to culture primes. *Asian Journal of Social Psychology*, 13 (2), 83-91. https://doi.org/10.1111/j.1467-839X.2010.01303.x

Nomura, M. (2016). Genes, brain, and culture through a 5-HTT lens. In J. Y. Chiao, S. Li, R. Seligman & R. Turner (eds.), *The Oxford handbook of cultural neuroscience* (pp. 121-128). Oxford University Press.

Singelis, T.M. (1994). The measurement of independent and interdependent self-construals. *Personality and Social Psychology Bulletin*, 20, 50–591. https://doi.org/10.1177/0146167294205014

田崎勝也（2010）.「自己概念の媒介性──心理学的文化研究における因果推論の観点から」

『多文化関係学』7, 31-51.

Wang, C., Ma, Y. & Han, S. (2014). Self-construal priming modulates pain perception: Event-related potential evidence. *Cognitive Neuroscience*, 5 (1), 3-9. https://doi.org/10.1080/17588928.2013.797388

Wang, C., Wu, B., Liu, Y., Wu, X. & Han, S. (2015). Challenging emotional prejudice by changing self-concept: Priming independent self-construal reduces racial in-group bias in neural responses to other's pain. *Social Cognitive and Affective Neuroscience*, 10 (9), 1195-1201. https://doi.org/10.1093/scan/nsv005

Varnum, M. E., Shi, Z., Chen, A., Qiu, J. & Han, S. (2014). When "your" reward is the same as "my" reward: Self-construal priming shifts neural responses to own vs. friends' rewards. *NeuroImage*, 87, 164-169. https://doi.org/10.1016/j.neuroimage.2013.10.042

Zhu, Y., Zhang, L., Fan, J. & Han, S. (2007). Neural basis of cultural influence on self-representation. *NeuroImage*, 34 (3), 1310-1316. https://doi.org/10.1016/j.neuroimage.2006.08.047

第12章

文化を知り 伝え むすび 超える身体
文化的枠組み生成と共創についての身体論的視座からの考察

河野秀樹（目白大学）

12.1　はじめに

　多様な文化間の相互作用とそこに生じる問題・課題を研究上の主たる対象とし、文化背景の異なるさまざまな主体が望ましい関係性を構築するための方途を探求する（久米, 2011）ことを標榜する多文化関係学のこれまでの流れの中で、あまり光が当てられてこなかったとみられる側面の一つが、多文化状況を構成する単位としての多様な文化背景をもつ個人や個々の集団の文化的枠組みの形成と、そうした文化間の相互作用を通じもたらされる関係性の構築にあたり、我々の身体がどのような意味と役割をもつのかという点であろう。本稿では、文化と身体の関係性に着目し、身体が文化的枠組みの生成といかに関わり、いかに異文化間の関係構築に関与しうるのかを考察する。具体的には、集団固有の文化を生み出す主体としての身体、および個人や集団間の相互作用を通じ異文化間を架橋する主体たりうる身体のはたらきを措定し、我々の身体が個人に内在する文化的枠組みとしての意味空間（箕浦, 1990）の形成においてどのような役割をもちうるのかを論じたうえで、多文化状況において身体がいかに架橋的役割を果たし、文化的多様性の保持を前提とした多文化間での包括的な社会的文脈性の生成に寄与しうるのかについての試論を提示する。

　久米（2011）が指摘するように、多文化関係学を含む文化および文化間の関係のあり方を問う研究・実践領域において、文化概念、さらに異なる文化間の関係性の諸相に関する理解が交錯するなか、「多文化共生」のあるべき姿についてもその統一した概念形成に向けた議論の不十分さは、同指摘がなされて十

年たった時点においても解消されているとはいえない。実際、日本における「多文化共生」の意味解釈をめぐっては、同概念の国および自治体の政策への取り込みが行われることでかえってその多義性を増す（山田, 2018）とともに、共生をめぐる課題やあるべき取り組みについての社会的合意形成に多大な影響をもつとされるマスメディアによる同概念の扱いも、文化的多様性を肯定的に捉える視座に欠ける傾向があるとの指摘がなされている（八幡, 2020）。一方で、多文化主義を掲げながら結果的にはかえって文化集団間の分断を煽るに至った欧米各国同様、題目と実態の乖離が著しい点では、岩渕（2010）のいう「多文化共生」というスローガンのもつ「うさんくささ」は、現在においても残存しているといわざるをえないであろう。

　「多文化」性や「共生」をめぐる実質的な理解が根づかない背景には、それらの概念によって表される事態が何により規定され、その顕現たる具体的な社会状況がどのように構成されるのかが、われわれの生活実感に即した形で語られてこなかった事実があるのではないだろうか。この生活と密着した文化的要素の理解には、概念で概念を理解させるような主知主義的なアプローチではなく、我々の日々の営為である具体的行為としての文化実践（箕浦, 2003）[1]と連動した自他の文化についての認識が必要となるはずである。本稿では、そうした実践の主体たる個々の人間による行為を通じた文化的要素の生成と認知を支える身体のあり方を論じることで、身体性からみた我々の文化的枠組みおよび多文化性の認識と、文化的境界を越えた関係構築のあり方を探る。

12.2　知的理解にもとづく文化的枠組み認識の限界

　これまで筆者は、異文化間コミュニケーション研究および多文化関係学の学術的、実践的意義を高唱しながら、日々の教育・研究活動の中で、「異文化」「多文化共生」「文化混淆」といった概念の扱いをめぐってしばしば葛藤に陥ってきた。ある集団固有の文化を所与の実在と見立て、その特質を、「高・低コン

1　箕浦（2003）は、文化実践を「文化的意味の受け渡しが行われる場での人々の観察可能な行為」（p. 314）と定義したうえで、これが習慣的に身体化されるとともに集団に共有されることで、個人の文化的アイデンティティの形成と保持に深く関わっていることを示唆している。

テクスト」や「独立的・協調的自己観」といった（しばしば二元論的に適用される）概念尺度を使って述定したうえで、それらの差異をもとに文化間の線引きをし、そうしたずれから生じるコミュニケーション上の問題の要因とその打開策、さらに文化間の架橋の方策を探るという手法に、どこか違和感を抱いてきたのである。

　その主な原因は、個々の集団固有の文化的特質なるものを同定する際に常用される、文化を仕分けるための尺度がしばしば恣意的に案出され、概念モデルの形をとってこれといった批判的省察なしに適用されてきた事実にあるように思われる。形をもった表象文化を支える、形のない内なる文化としてのいわゆる主観文化（Triandis, 1972）のモデル化は、規範意識や価値観といったつかみにくい見えざる文化を、文化的属性に関する比喩や、個々の文化に物差し上の相対的な位置どりを割り当てることで、わかりやすい形で提示することに成功した。その典型は、よく知られたホフステッド（Hofstede, 1991）の「文化の次元（cultural dimension）」概念である。IBM というグローバル企業の各国の社員を対象とした大規模な量的調査にもとづく比較分析にあたり彼が用いた、権力格差（power distance）、集団主義（collectivism）・個人主義（individualism）、不確実性回避傾向（uncertainty avoidance）などの概念尺度は、今日でも学術界と実践分野の理論的基盤として重用されている。だが、彼の示した国民文化や組織文化ごとの文化的特質が、基本的に彼のいう「メンタル・プログラム」にもとづいて形成されたものだとしても、その分析上の指標が依拠する因子は多分に恣意的に案出され、偏ったサンプリングにより設定されたもので、それらが当該の文化集団の特質を表したものとはいえないとの批判がなされている（Heine & Lehman, 2002；佐藤，2008；高野・櫻坂，1997）。

　見えざる文化を〈測る〉うえでのこの恣意性の侵入は、できる限り固定的文化観を排し、文化のダイナミズムに密着することでその実相を捉えようとした構成主義者も逃れおおせてはいない。動態的文化観のもと社会構成主義[2]の旗頭となったバーガーとルックマン（Berger & Luckmann, 1966［山口 訳，2003］）は、他者と共有される社会的現実とは人々の相互作用を通じて構成されるのだとし、

　2　本稿では、いわゆる「構築主義」についても、これまで「構成主義」と訳されてきた（千田，2001）経緯に沿って、構成主義として記載する。

その初原的段階として対面状況における「内省以前的」な社会的相互作用を措定しながら、それが包括的な所与としての現実として制度化されるためには、言語による概念化とその共有が必要となるとする[3]。彼らは、日常生活の現実は客観化されたさまざまな事物によってのみ存在可能となるとしたうえで、次のように言う。

> 日常生活において客観化された共通の事物は、なによりもまず言語による意味づけによって維持されている。日常生活とはなによりもまず私が他の仲間たちと共有していることばを伴った、そしてまたことばという手段を通じての、生活である。それゆえ、ことばを理解することは日常生活の現実を理解するうえで必要不可欠な条件となっている（Berger & Luckmann, 1966［山口 訳，2003］p. 57）。

　つまり、社会的現実とは、言語による概念化というプロセスを経てはじめて客観的な存在として認知されうる要件が整うこととなるというのである。だが、文化の生成プロセスや構成要素の言語による概念化は、文化現象一般の概略的共通理解にむけての道標を提供するという長所と引き替えに、個々の生活実践に根ざした実感を伴った文化的営為の理解からは遠ざかる効果も生むこととなった[4]。
　こうしたもっぱら記号を介した知的解釈に依拠した文化認識に欠けているのは、我々が日々営む生活実践の中に息づく、生き生きとした主観的世界認識や実際の社会行為を通じた（異）文化的要素の認知へのまなざしであろう。我々が郷土の料理を味わうとき、世の倣いに沿って営まれる折節のイベントに臨むとき、関心や志を同じくする仲間との濃密なコミュニケーションを図るとき、我々は自分たちを含むある人々に独自な仕方で共有される世界の見えを経験す

3　バーガーらは、音声言語としての「ことば」の運用、すなわち対面状況でのパロールとしての発話行為には、その相互性による直接的な間主観的意味構成の契機の存在を認めながら、これと「ことば」を含む記号による客観化による共通の意味構成、およびそうした営為の類型化による制度化との間に、方法上明確な線引きをする。
4　たとえば荻野（2001）は、スコットによるジェンダー理論における「言語論的転回」に対して、女性史における言語や「意味」の偏重が、かえって女性たちがいかに障害や苦難に立ち向かったかを叙述する「血の通った」歴史を書くことを不可能にしてしまうとする批判があることに言及している。

る。また、初めて訪れる地では、新たな物質的環境への異質感に加え、人々の物腰、言葉の響き、互いの距離の推しはかり方に、解釈以前の新味と奇矯を感じ取る。それは、すでになじみのあるものか否かを問わず、反省的認知以前の直接的な体感あるいは感応の形をとって我々を包み込む。

　この暗黙知を通じた文化的要素の認知の場には、感覚し行為する我々の身体が常に存在している。このとき、身体は我々の内省や対象の解釈に先立って、独自な世界認識を生成、再現する材料を提供し、他者とのあいだに共通の状況認知と協働の基盤としての社会的文脈を敷いているのである。そうして構築された共通の世界認識は、それを共有する者の間に同胞意識を生みこれを強化するとともに、別な世界認識をもつ他の集団とのあいだに境界線を引く契機となる。そうした身体のはたらきは、箕浦（2003）のいうように、状況や行為に埋め込まれた意味と一体となった「文化実践」の形をとることで、再帰的に文化的アイデンティティの保持を確かなものにする。さらに身体は、異文化との接触の場においては、生きた身体としてそこに居合わせるまさにそのことにより、文化的差異の認知の起点となる（山口, 2002）。この、身体を起点とする文化的枠組みと境界の認知の基底には、文化現象の構成要素を概念化し分類することで個々の集団の文化的特質を理解し他との差異化を図るという作業とは明らかに異なる、我々の恣意的関与の及ばぬ領域にはたらく、いわば自律的な文化的ゲシュタルトの生成および認知の作用が存在していると考えられる。

　我々が日々当たり前のように経験する、我々の意識に先んじて自他文化の固有性の認知を支えるこの身体のはたらきとはいかなるものなのか。次節以降では、現象学派を中心とする身体論を手がかりに、その実相の描出と、文化的枠組みとしての社会的文脈性の形成における身体の果たす機能と役割の考察を試みる。

12.3　身体による世界への意味づけ

12.3.1　心身二元論からの脱却と生きられた身体
　社会的現実としての文化的枠組みの構築にあたり身体が担う役割を論じるに先立って、小論における「身体」の意味を整理しておきたい。精神と身体を二

つの実在として区別し、身体は物体としての「ひろがり」はもつものの、「考えるもの」ではないとみなすデカルト的心身二元論における機械論的身体観に対し、我々の存在は異なる存在原理に立つ精神と身体の合一からなる統一体ではなく、両者は一つの生の別々な態様として理解されるべきもので、我々の生とは、精神とも身体とも呼びうる一つの可変的構造を基本的な存在形態とするものであるとしたのが、20世紀からの現象学的身体論の流れであった。そのなかでも重要な位置を占めるメルロ゠ポンティ（Merleau-Ponty, M.）は、精神と物質、あるいは心と身体は異質な実体ではなく、二つの異なったゲシュタルトにほかならないとし、心（精神）と身体の概念は、いずれも存在論上同一の実在の異なる側面として相対的に理解されるべきものであるとした。

　そこでの身体とは、生理学・解剖学的に可視化され、それぞれ固有の機能を担う器官の物理的集合体ではなく、我々の主観とは切り離せない仕方で実際に我々の生活の中で生きてはたらき、ものや他者との関係の中で間主観的世界を構成していく主体となるような、「生きられた」身体である。それはときに「幻影肢」や道具を仲だちとした「媒介された身体」にみられるような習慣的身体空間をつくりだし、さらには、他者との関係において生成する対他的な身体空間としての社会的身体を構成する（市川, 1992）。精神と肉体を統合し世界にむけて自己を開いていく、こうしたいわば「はたらき」としての身体観は、現代の思想家に受け継がれ、デカルト的心身二元論を脱却した関係論的身体論のパラダイムを形づくっている。

12.3.2　身体による自律的意味生成と「身」

　上述のように、世界に開かれた心身のはたらきの諸相としての身体を、世界との関わりの中で自らと世界への意味づけを担う一つの「主体」と位置づける現象学的な身体へのアプローチのうち、日本においては市川浩の身体論が、議論の包括性と関連領域への影響力の大きさで際立っている。メルロ゠ポンティ、ヴァレリー、ヤスパースなどの影響を受け、生きられた身体の実相を論じる市川は、我々の身体を、対象化され客体視される以前に、認識と行動の基体として我々とともに現前する、すなわち「この身体として生きている」ような「私である身体」（市川, 1992, p.71）を「主体としての身体」と呼ぶ。この主体と

しての身体は、皮膚で区切られた物理的境界を超えて広がる可変的な身体空間
をその一部としてもち、上でふれたように、道具によって仲立ちされるような
媒介され拡大された身体空間や、他者との関係において生成する対他的な社会
的身体空間を我々の意識的な働きかけを介さずにつくりだす。この、一定した
形をもたないながらも、状況に応じた対他的関係を自律的に取り結びながら、
我々の世界認識に根源的な作用を及ぼす主体となっている身体は、いわば「は
たらきとしての身体」(p.77) であると市川は言う。

　はたらきとしての身体は、目の不自由な人にとっての杖や医者にとってのゾ
ンデ[5]のように、使い慣れた道具を我々の感覚器官の一部として身体に統合し
たり、動物同様に人間にあっても定席など習慣的に使用する空間やいわゆる
パーソナルスペース (Hall, 1966) を一種の縄張りとして認識させ、そこへの他
者など異物の侵入を身体への侵犯と感じさせる。さらに、はたらきとしての身
体は、こうした習慣的な身体空間だけでなく、個別の状況に応じた可変的身体
空間も生みだす。斜塔を見る人、あるいはカーブにさしかかるドライバーの身
体は、その感覚を塔やカーブの形状に沿って延伸させ、それらの可能的な形を
なぞるように素描している。それは、単なる感覚器による刺激の受容ではなく、
対象への問いかけにより応答を引き出す営為である[6]。これを市川は次のよう
に説明する。

　　われわれは、対象からの刺激を単に受容するのではなく、対象に問いかけ
　　予測し、対象の応答に答える。そのような能動的な対話によって、はたら
　　きとしての身体は、対象と入り交い、その内面的地平をさぐるのである (市
　　川，1992，p. 82)。

ところで、理性による知的了解とは別な位相で外界の認知を支えるはたらき
をもつこうした身体は、自らの状態に即して世界を切り分け、我々の世界への
意味づけそのものに関与しているのだと市川 (1992) はいう。生体と環境とは
相互に切り離しえない関係性にあるが、生体にとっての環境の「意味」とは、

5　体腔・臓器・組織などの中に挿入し、診断・治療に用いる管状の器具。
6　このことについては、Gibson (1979) などの生態心理学でも実証的研究がなされている。

生体か環境のいずれかによってのみ規定されるものではなく、「生体が環境にあたえるものであると同時に、環境によって生体にあたえられるものでもある」(p. 126)。

　先述の現象学的身体論の流れを汲み、市川は、一般に「精神」と「身体」として言及されるものは、はたらきとしての身体が状況に応じあるレベルの統合を達成する際の活動の局面を指すものであり、両者はいずれも同一の人間的現実につけられた二つの名前に他ならないとする。そのうえで、この「単なる身体でもなければ、精神でもなく (…) 精神である身体、あるいは身体である精神」(市川，2001，p. 9) という現実の態様を最も的確に表すのが日本語の「身」の概念であるとする。この、生き身としての「身」は、たえず外部の環境との相互作用をもちながら、我々の意識の及ばぬいわば前意識的レベルで自己組織する固有のシステムである。環境との関係において起きる身の自己組織化には、ホメオスタシス（自律的平衡作用）のような生理的レベルのものから、他者とのさまざまな社会関係のなかで意識的行為を交えながら自らの再組織化を行う社会的志向を伴うレベルのものまであるが、共通するのは、自己組織する身が志向する環境の意味や価値は、身が環境に与えるものであるものであるとともに、環境により身に与えられるものでもある点である。たとえば、我々はその時々の「気分」に応じ、世界が異なって見えるといった経験を日常的にもつ一方、天気など外界の状況により気分も影響される。こうして、身は世界と関わりながら行うはたらきの中で、世界＝環境を分節化する一方、自らを意味的に分節化している。市川によれば、身が身で世界を切り分けることと、身が世界により切り分けられることは、一つの共起的出来事である[7]。この、身が自らを分節しながら外界への認知を構成していく過程を、市川は「身分け」と呼ぶ。

　こうして、はたらく身体としての身は、我々の知的理解や恣意的関与とは別な原理で世界と関わり合いながら、文脈依存的に世界により意味づけされ、同時に世界に意味づけしているが、この、世界との相互分節化である身分けを通じ世界と交わりながら自己組織する身は、先にふれたように社会的環境にま

　7　このことは、我々が手でものに触れることが、ものの固さや冷たさを感じとると同時に、我々の手を柔らかく暖かいものとして捉えることを意味するように、対他的な働きかけが身自身の分節化と並立していることに表される（市川，2001，p. 12）。

で浸潤して、「文化的世界を受け入れつつ、それを再分節化」（市川，2001，p. 9）しているという[8]。

12.4　生活実践における身による文化的意味生成

　では、意識下で行われるこの身分けによる文化的世界の認識とは、具体的にどのような形をとるのだろうか。身をとりまく世界は、文化的環境を含んでいるため、「身は文化を介して身分けされていると同時に、文化そのものが身分けの表現」（市川，2001，p. 68）でもある。つまり、身は文化的環境に即して分節されるため、表象としての文化とはそうした身の自己分節化のあり方を映したものとなるというのである。こうした文化的身分けが形をとったものが、文化固有の行動・生活様式、言語・非言語行動であると市川はいう。たとえば、ピアノを弾く者は鍵盤を自己の身体のダイナミックな全体像としての身体図式のうちに組み込み、曲の解釈、演奏法の伝統までも潜在的な身の統合の一部として保持している。そうした身体は、生理的側面とあわせて文化や歴史を自らのうちに沈殿させ構造化した文化的身体となっている。つまり、「身体は文化を内蔵する」（市川，1993，p. 58）のである。

　文化的環境としての言語使用と、身体的機能の分化との相関[9]を表す例として、市川は角田（1978）による、使用言語と脳内における音処理の分化との関係を明らかにした研究に言及している。日本語話者のある意味で特異な音処理のあり方を示したものとしてよく知られた本研究で、日本語を第一言語として使う環境で育った者と、西欧語の環境で育った者とでは、持続母音が処理される脳の部位が異なるのを明らかにしたことなどをうけ、市川（2001）は、これが言語使用にもとづく音環境が下意識レベルで身により分節されるとともに、

8　身体性を通じた社会的行為への文化的意味づけを説明する概念の一つに、ブルデュー（Bourdieu, 1980［今村 他訳，2001］）の提唱する、ある集団や階級に特有な習慣的行為を通じ、個人の中に知覚、思考、行為の図式として身体化された傾向としての「ハビトゥス」があるが、田辺（2003）は、ブルデューのハビトゥス論は、構造としてのハビトゥスが身体において再生産された結果のみが強調され、その身体化と実践への接合プロセスの分析に欠けると批判する。

9　市川（2001）は、身が言語などの記号を介し事象を体得するとともに、そのことを通じ身自身のあり方を把握する（「身知り」）場合であっても、その基底には意識下の分節作用がはたらいており、単なる知的理解とは異なるとする。

身自身が文化的環境としての言語使用により分節されていることを示す例であると述べる[10]。

　文化的環境と身体との相互分節関係を示す他の研究事例として、Lee（2000）による在日コリアン一世の食をめぐる営みと彼／彼女らの文化的アイデンティティの関係性を論じたものがある。Lee が記した民族誌の中では、在日コリアン一世の高齢者がキムチに対するかつての味覚の喪失を文化的真正性の喪失として嘆き、あるいは胃炎を患い医者から止められてもなお辛みの強いキムチを食そうとする事例が紹介される。彼／彼女らがそこまで郷土の味にこだわる背景として Lee は、味覚が単に感覚のあり方に関わるものではなく、特定の食材の調理と共有を通じて個人に刻み込まれた社会的文脈と意味に深く関わっていることを挙げている。箕浦（2003）のいうように、食べ物とは、文化的アイデンティティ生成の象徴資本であると同時に、社会的実践の重要な媒体である。すなわち、こうした食の実践を通じ、個人は社会・文化的経験の象徴的形態である「身体的記憶（bodily memory）」を呼び覚ますとともに、それを再び刻み込むというのである。このプロセスに大きく関わるのが、身による食をめぐる諸感覚（この中には、においや食感を含む味覚以外にも、その食材が供される状況が触発する情意を伴う感覚も含まれるであろう）や行為の意味の分節化と、食の文化実践における身自身の分節化であるといえよう。

　では、この環境と身体の相互分節化である身分けとは、どのようなメカニズムと構造をもつのだろうか。市川（1992, 1993）によれば、身とは関係的存在であり、固定した実体的統一ではない。むしろ、身の統合とは、他なるものとしての物や他者との関わりによりなされるのであり、多重的かつ可変的な関係性のなかに生成する動的な存在形態をもつ。その初次的段階は、「いま、ここ」にある「私」の身体と環境を起点として構成された身の状態を指す「中心化」である。これはすなわち、純粋に我が身と環境との間の相互分節化であり、気分に示されるような、外界の状況が自己の状態に反映されるとともに、自己の状態が外界の意味を規定するプロセスを指す。まずこの自己をとりまく直近の

10　これらのほかに、使用言語が認識を規定するとしたサピア＝ウォーフの仮説が知られているが、今日までその正否をめぐり議論が続いている（今井，2010）ことから、本稿では取り上げない。

環境的要素を取り入れながら自己組織した身は、そうした自己を中心とする
パースペクティブから世界と関わり、これを分節化する。この時点で身はすで
に文化的環境の中におかれており、自らにそれを受け入れつつ「文化的分節を
集合的に再分節化」（市川，1993, p. 90）する。この意味で「中心化」は関係化
の一形態である。

　これに続く段階が、「いま、ここ」から仮設的に自己の立場を移してみるこ
とを指す「脱中心化」である。これは、たとえば「人の身になる」というよう
な対他的な関係も含むパースペクティブの置き換えにあたるが、この自己の位
置づけの相対化により、身は社会的には他者との関係の中で自己を再組織化し
再中心化することで、より高次の身分けを行うことになる。ちょうど羞恥の感
覚が芽生えることで、他者に対する意識だけでなく自己意識も鋭敏となるよう
に、「自己は他者の把握を通して自覚され、他者は自己の自覚につれて明瞭に
分化される」（市川，1992, p. 158）のである。この脱中心化は、感覚・運動的レ
ベルだけでなく、言語を含む表象を介した知的プロセス[11]による社会的経験も
可能とし、自他の人称や役割の交換可能性を認識させるとともに、まさにその
ことにより「いま、ここ」にある我が身の交換不可能性の自覚をもたらすことで、
社会的関係性の力学を取り込んだより高いレベルの自己の統合へとつながって
いく。

　こうして、身は自らのおかれた文化的環境の中で、文化的表象や他者の存在
も取り込みながら自ら文化的存在として分節化され、同時にそうした文化的存
在としての自己を起点とする世界の再分節化を通じて、恣意的な関与とは異な
る次元で世界への意味づけを行いながら、文化的世界を構成する主体となって
いくのである。このように身体論的視座から文化のあり方を見ていくと、文化
的枠組みの認知と形成には、社会行為や表象に対する我々の知的理解とは別な
位相ではたらく身体の自律的分節作用が深く関わっていること、さらには、そ
うした身体のはたらきは、言語などの記号を媒体とする我々の文化的表象行為
の基底にあって、それらの象徴的営為を支えるものとなっていることが了解で
きる[12]。

11　たとえば想像による表象的な経験などはこれに相当する。
12　先の注釈でも示したように、社会的文脈に沿って獲得される身体図式に関しては、モース

　ところで、文化性を帯びた身体は、どのように他の身体と文化的要素を共有していくのだろうか。それは一般にいう模倣とは異なる原理によるのか。次節では、この点について、同じく市川の身の概念との関連から考察してみたい。

12.5　文化の共有と身体

　環境との動的関係性にもとづく自己分節化を基本的存在様態とする身は、別な文化的環境への移行に伴って、自らもそれに沿うように変容する。構造としての身体がある社会文化的文脈性に相即する形で変容し、新たな身体図式を獲得する過程を詳細に記述した記録として、ヘリゲル（Herrigel, E., 1948［魚住 訳, 2015]）による、日本の弓道における技の獲得に向けた自身の修行の経緯を記した『弓と禅』がよく知られている。同書はドイツの哲学者であるヘリゲルが、弓道の修行によって「無心」の境地を経験することでその奥義に近づく顛末を綴っているが、彼がその会得に困難を極めた、引き絞った弓の弦を離す「離れ」の本質が、自己を無としあらゆる意図を排してひたすら呼吸に集中することにあることの感得までの経緯が、弓道の師である阿波研造とのやりとりを交えて描かれている。その境地をヘリゲルは、「すべては完全に自己を忘れ無心の出来事に適応する」（p. 107）ことと描写するが、そこに至る唯一の方法が、礼法を含む一連の師の実演を「まねる」形でひたすら反復することにある点を強調する。ヘリゲルはこれを自覚的に行う模倣と区別し、修行では自立心によるいっさいの問いや工夫に期待することなく、生活の基本的な結びつきである師匠と弟子との関係の中で、師匠がやってみせることを誠実にまねることのみにより「目覚め、熟するのを待つ」（p. 107）以外の道はないと述べる。「型」の習得に表される日本の諸道の教授形式が、この無心に「まねる」ことを重視する点で、彼が育ったヨーロッパ的な学習観とはまったく異なる原理で成り立っていることを、師との日々の濃厚な言語的・非言語的コミュニケーションを通じヘリゲルは身をもって認識し、それに則った修行を積むことにより自らの身体図式の

（Mauss, M.）やブルデュー（Bourdieu, P.）により、社会的に習得された身体技法の型、および日常の思考や行為を方向付ける身体化された性向のシステムとしての「ハビトゥス」の概念にも示されているが、市川の身の議論において特筆すべきは、身体が社会文化的世界と交わり、またその再構成を行うメカニズムを明確にした点である。

文化的変容を果たしたわけである。

　固有の社会文化的環境における実践の場の共有を通じた身の文化的変容の別な例として、前川 (2011) による、開業助産所での後進助産師たちの助産の「わざ」の習得プロセスの記述がある。前川は、後進の助産師たちが助産の「わざ」を学ぶうえで、助産所という職場環境に身をおくことが決定的な意味をもつことを強調する。見習いの助産師たちは、熟練助産師と職場をともにしていることで、日常的な動きを含めて必要な動きがわかるようになり、わざを「身体で『自然に憶えてしまう』」(p. 153)。そこで身につく知識は、「目の前で自分が意図的に探ろうとはしなくても展開」(p. 153) されていくという。

　助産学の教育・研究者である村上 (2011) は、こうした後進助産師の学びの様子を自身へのインタビューの中で語っている。村上は、後進助産師は熟練助産師が産婦や赤ちゃんに接する際などの姿勢や態度を見ると同時に助産をめぐるさまざまな役割を現場で担うことで、それらの要素とお産のわざとの関連を次第に感じ取れるようになるのであり、現場では具体的に「ああしろ、こうしろ」といった指示はしないのだと述べる。それは、画像や言葉による説明だけでは、「その裏に潜んでいる何か」(p. 346) が伝わらないため、わざは伝えきれないためである。同氏によれば、熟練助産師はわざを伝えているという意識をもっているわけではなく、むしろ、助産に際し熟練助産師が「自分自身を道具として使っている」(p. 350) 様子を見せることで、分娩にまつわる価値観、助産師としての信念、覚悟、責任といった主観的要素を伝えることに重点をおいている。後進助産師は、こうした実践を重ねることで、自分自身の助産の型を獲得するとともに、自信をもってそれが「○○助産所のお産です」と言えるようになるという。前川 (2011) は、そうした知識や能力とは、個人に内在するというより、臨床の現場における関係性、文化、風土、雰囲気などの社会的文脈に関わる力として経験されると述べる。そうした知は、「相互主観的で相互行為的な交流そのもの、ないしはそのメッセージの理解」(p. 154) である。

　前節で述べたとおり、社会文化的に統合される身は、中心化、脱中心化のいずれのプロセスにおいても同じく自己組織する他の主体との関係性を前提として構成される。主体間のこの関係を取り結ぶ原理を、市川 (1992) は「同調」の概念を用いて説明する。同調とは、はたらきとしての身体が構造的に同調し

合うことを指し、他者と同じ身体的志向をとろうとする「同型的同調」と、互いの志向を補い合ったり、相手に応答する形をとる「相補的同調」の二つのタイプがある。前者は、たとえば他者の悲しい表情を見た子供が知らずに同様の表情を示すことなどにあたるのに対し、後者は前者が内面化された結果、たとえばスポーツの試合に臨む他者の動きをなぞりながら、その先の潜在的な動きを構えとしてとるといった反応を指す。これらは対象の志向そのものに感応し、その動作を先取りする形で予期的になされる点で、単なる模倣ではない[13]。この二つの同調により、複数の身のあいだには個別の状況に応じた間身体図式が構成される。市川によれば、これが音楽のアンサンブルや対話などの高度な共同行為が可能となるゆえんである。

> このとき、他者の演奏、他者の言葉、他者の行為は、私の演奏、私の言葉、私の行為によって完成され、またその逆でもある（市川，1992, p. 182）。

こうして同型的同調と相補的同調が、潜在的レベルと顕在的レベルで折り合わされながら進むことで、複数の身は個としての固有性は保持しつつも、構造的に同調し合いながら集合的な表現を生み出している。

　ここで重要なのは、一連の同調のプロセスは、意識的な模倣や協力、あるいは感情移入による共感ではなく、恣意的関与を介しない直接的コミュニケーションを通じた身体による自律的関係生成により起きるとされている点である。市川（1992）は、こうした身体レベルでの感応的コミュニケーションの素地として、新生児にみられるような自己と他なるものが未分化な「原初的共生」（p. 158）ともいいうる身体の様態が作用していることを示唆している。この、いわば匿名的身体性ともいいうる身のあり方は、危険の存在に反射的に生じる身体の緊張とそれに伴い発する情動反応が、ある種の構えとして瞬時に人間や動物の群れに共有され（佐々木，1987）たり、もらい泣きなどに見られる他者の情意が直接的に伝染する現象（山口，2002）にも表れている。このように身は

13　我々が他者の行為を予期的に下意識レベルで素描する事実は、近年「ミラーニューロン」の存在の発見（Rizzolatti and Sinigaglia, 2006［柴田 訳，2009]）により、他者の行動の観察の際に観察者側の脳の同じ行動に関わる部位が行動以前に活性化することが明らかにされたことによっても裏づけられている。

他者の身体との原初的一体性を関係生成の基盤として、他方で中心化による個としての存在形態を保持しながら、他の身と共振、同調し、「共同主観的な場」（市川，1992，p.162）を生成するのである。こうして我々は主体としての身体を起点として、「共同作業の絶えず進展する全体的ゲシュタルトを完成し、維持する」（市川，1992，p.276）営為に関わっている。

　この、関係的存在である身が共同的に生み出す集合的表現は、規模と持続時間の差はあれ、その集団固有の生成と発展の歴史を反映した社会的文脈性として、先に示した身と（社会的）環境との相互分節化を通じ成員の思考や行動の型に反映される。さらに、そうした文脈性が集団への新たな参入者にも共有され、独自の表象行為を集合的に生み出す基体となることは十分に想定可能である。上に示したヘリゲルと前川による学習と協働の現場における「型」や「わざ」という身体知の獲得プロセスの描写は、現場に身をおいた実践を通じて間主観的に感得され、共有された社会文化的要素が、学習者の身のありようの変容として現出すると同時に、個人による実践共同体への参加としての学習（Lave & Wenger, 1991）を通じた集合的な文脈性の再生産と共有につながりうることを示したものといえる。こうして身と環境との相互分節的意味生成作用と身どうしの相互同調作用によって自律的に生成された集団固有の社会的文脈性と、それが共有資源としての表象行為に与える指向性を、共同体の文化的枠組みとみなすことにさして不都合はないと思われる。

　むろん、文化的行為や表象の生成には、言語使用をはじめとする象徴的行為や、特定の利害や権力関係におかれた主体間の離合集散の経緯など、身体性のみでは説明しきれない要素が絡んでいることも事実である。だが、対他的な関係生成への指向を本質的にもつ身体による間主観的な関係生成があればこそ、我々は他者を他者として認識し、互いのおかれた状況に応じて固有の関係性と社会文化的文脈を構築していくのではないか。先にふれたように、我々の記号や道具を仲立ちとする世界や他者の認識の基底には、自他未分化な対他身体のはたらきがその根源的原理として常に作用していると市川（1992）はいう。ことに、対他身体を介して生成される相互主観的な認識と関係性とは、相手との調和・同調的なものだけではなく、互いに相克的な形もとりうる。いずれの場合にも、身体によって設定された潜在的な社交空間は「明瞭に意識されたコミュ

ニケーション、ことに言語的なコミュニケーションを可能にする基盤」（市川,
1992, p.106）となって、表象の記号的意味を補うようにはたらいていることも
事実であろう。

12.6　超文化的枠組みとしての「場」と身体性

　本節では、小論における新たな多文化関係学的視座の提示の試みとして、こ
れまでに示した、自他を結び新たな社会的文脈としての文化的枠組みを形成す
る身体のはたらきを通じ、個々の構成員の多様な文化的背景を保持しながら、
それらを包摂し超越する新たな文化的枠組みの協働的創出への可能性について、
清水博の「場」の理論を引きながら試論として提示したい。

　議論に入る前に、「場」を論じるうえでの文化の位置づけを明確にするため、
あらためて本稿における文化、文化的多様性、および多文化状況の理解を述べ
ておきたい。文化をある集団において共有された意味体系およびそこから派生
する思考や行為のパターンとして捉える見方自体には筆者も首肯するものでは
あるが、それらは社会的に構成されるものであり、構成員間の相互作用および
環境的要因の変化とともに転変するものとする構成主義的立場を本稿ではとっ
ている。そうした集団の文化的枠組みは、歴史的に受け継がれた所与の心的志
向やその表象を構成要素としてもちながらも、新たな要素の取り込みにより枠
組み全体の意味的構造の変容も含む文化変容が起きうることが想定される。こ
のことから、本稿では文化を、変容を前提としながらも一定の期間持続する集
団固有の社会的文脈性と捉え、固有の文脈性を（暫定的にであれ）共有する集団
を文化集団としたうえで、そうした集団が併存する状況を多文化状況と、また、
ある集団内に異なる文脈性を認知および行動上の潜在的志向として保持する個
人や小集団が存在する様態を文化的多様性として捉える。

　ところで、こうした多文化状況および文化的多様性のもとにおかれた個人間
および文化集団間には、特段の障壁がない限り（権力的差異はあれ）何らかの交
流が生まれ、それに伴って全体を包摂する新たな文化的枠組みが生成する可能
性が考えられる。具体的には、そうした接触や交流は表象においても政治的力
学においてもある種の中間的領域を作りだすとする見方から、その構造を見る

パースペクティブに応じて、文化的混淆姓としてのハイブリディティ（Bhabha, 1994［本橋 他訳, 2005］）や、ジェンダー、階層、宗教などさまざまなアイデンティティに関わるカテゴリーが相互に絡み合う交錯（河合, 2016）などの、多様な構成員および文化的構成要素が多面的、多層的、多義的に影響し合う状況として主に論じられている。多文化関係学の分野においても、道具などの人工物を媒介とした活動システム間の結びつきによる新たな社会的文脈の拡張的形成についての議論（稲葉, 2010）はみられるが、活動ユニットとしての個人や集団を包摂する原理に言及した論考は見当たらない。

　本節では、異なる文化的背景をもつ個人・集団間に自律的に生成する包括的（マクロ）な秩序としての文化的文脈性を措定し、その生成原理と身体性との関連を「場」の概念を用いて提示したい。河合（2016）が述べるように、多文化共生とは安直に設定された境界概念で仕分けられた表層的な文化的差異の理解にもとづいてなされるべきものではなく、文化混淆のプロセスは各集団間と集団内に存する権力構造など、ポリティカルな側面の理解なしには語ることはできない。一方で、生体としての我々は、身のあり方で論じたように元来関係志向的存在であり、互いに異質な要素をもつ者の身と結びついて身体レベルでの共同性を生み出し、それにもとづいた社会的文脈性を形成する潜在的能力をもつことを示唆する知見が存在する。この、身体の関係生成能力から間文化的あるいは超文化的な関係構築を構想することは可能だろうか。

　筆者は、これまで個人の恣意的関与によらない、いわば個人間に自然に生起する関係性と社会的文脈性の存在を仮定し、これを説明しうるものとして清水博の生命科学の知見にもとづく「場」の理論に依拠しつつ、その異文化間接触のコンテクストへの応用可能性について考察を行ってきた（河野, 2017, 2018）。本稿でいう「場」とは、次に示す清水の「場」の概念に則り、生体の集団内に自己組織されるマクロな秩序を生み出す原理ないしはそれにより生成される成員間の関係性の枠組みを指す（河野, 2010, 2022）。清水（1996, 2000）によれば、あらゆる生命要素には、他の要素との動的協力性により、集団としてのマクロな表現（秩序）を構築すべく互いに整合的（コヒーレント）な関係性を自己組織する能力と傾向が備わっている。これは、ミクロな単位では、細胞が脳などの上位器官からの指令なしに協働して形態形成や器官の再生をなしうる事実に見

てとれるが、同様に人間の集団でも、特定の統率者の指揮によらず、自律的に集団としての実践の方向性と表現を創出していく現象は、個々のプレーヤーの自由度の高い集団競技や、音楽のセッションなどではごく当たり前に見られる。清水（1996）は、この即興劇的になされる集団としての表現である集合的文脈性の共創の原理を、成員による「場」の情報の共有と、それに即した集団的表現のシナリオを協働的に創っていくための相互に整合的な関係性のはたらきに求めている。この「場」の情報により、個々の成員は全体の文脈性を把握しながら、自己と他のプレーヤーの振る舞いがその文脈に沿ったものとなるよう互いの間合いをはかりつつ、即興劇のように一つのストーリー（文脈）を全体の表現として創っていくのである。このことは特殊な技芸のみに関わるものではなく、我々の日々の協働的実践や組織運営、さらに広くは社会形成一般に当てはまることを清水は示唆している。

　この「場」を介した共創において主要な情報授受の主体となっているのが身体であると清水は言う。具体的には、上で述べたように個人は「場」の情報の共有にもとづいて共創が行われる場所（状況）[14] についての共通理解を得るが、ここで重要なのが、この場所を構成する要素にはその集団の成員である自己が含まれている点である。つまり、「場」の情報にもとづく場所の状態の把握には、自分自身を含む状況全体の記述が必要となる[15]。清水（1996）によれば、自己の存する場所の状態とは、「場」の情報により自己の内に「映し出された」場所の状態として記述されるべきものである。この「場」の情報を伝える媒体となっているのが我々の身体であるとして、清水は次のようにいう。

　　対象化できない情報は自覚という形でしか捉えることができません。そのために情報の起源を捉えようとすれば、自己の内側を見るしか方法がないのです。それは自己の身体を内側から見るということですから、結局、対象化できない情報とは自分の身体を内側から見ることによって得られる情報ということになります（清水，1996，p. 69）。

14　清水は共創に関わる物理的空間、集団の成員を含む状況全体を指す「場所」と、共創の原理としての「場」を明確に区別する。
15　このとき、自己を対象化した記述を無理にしようとすると自己言及のパラドックスに陥ることになり、正しい状況の記述と理解にはならない。「私は嘘つきである」がその例である。

　つまり、清水によれば、「場」の情報とは、自己と切り離して客体化するのではなく、場所の状態を感取した身体が、自身の有り様として意識に上らせる形でのみ捉えられるものであるというのである。こうして、身体は、「場所の媒介者として、場所の一部になって場の情報を意識に伝えている」(p. 69) のだが、この「場」の情報はいわゆる暗黙知のような暗在的情報の形をとり、非記号的な認知[16]を通じて場所の状態を個人に伝達している。こうして伝達された場所の状態とは、具体的にはその場所の印象や雰囲気といった主観的要素を帯びた心象として自覚されるものであることを清水は指摘している。こうした非記号的情報は、文字通り記号を媒体とせずいわば意識下レベルで前反省的に授受、統合されるとともに、感覚、情意、直感といった認知領域に関わるものである点で、多分に身体的要素を含んでいる。

　さらに、共創に参画する個人間の整合的な関係生成とそれにもとづく協働を通じた創発においても、身体は機能上の根幹をなすことが、清水をはじめとする「場」理論の論者により指摘されている（河野，2011；2022；三輪，2000；野中・紺野，2000；清水，1996；2000）。先に示したとおり、「場」を介した共創においては、「場」の情報を共有する個人が互いに整合した振る舞いを行うことで集団全体としての表現を創出していくのだが、そうした個人間の行為のあいだには、意味上の整合だけでなく、時間・空間的にも「間」が合っている必要がある。これは個々人による表現の相互関係を分析し、それにもとづいて全体の表現の調整をはかるといった知的理解にもとづく関与ではなしえないことは容易に理解できるであろう。

　清水 (2000) は、我々を含む生命要素による共創が起きる原理は科学的には完全には解明されていないとしながら、共創を行う身体間には異なる個性をもつ個体間に整合的な関係を生む共振作用がはたらいているとし、これを相互の生体リズムの引き込み (entrainment) 現象として説明している。これは、個人としての存在形態である「局在的自己」とは別な、他者と共有される自他非分離的な「遍在的自己」(p. 148) としての「場」のはたらきを示すものであると清水はいう[17]。この共振する身体とは、市川のいう同調作用を可能とする自他

　16　ここでは、感覚、情意、直観のような、言語などの記号を媒介としない認知型式を非記号的認知とする。

未分化な身のあり方の一局面と見てよいであろう。

　こうして、身体は個人のあいだに「場」を生成、共有する媒体であるとともに、我々の意識的振る舞いとは別な原理で主体間を結んでいる。このとき身体は、それぞれの歴史的背景をもつ個人の独自性を損なうことなく、その状況の意味を伝える「場」の情報を共有することで集団全体の振る舞いのあるべき方向性を把握するとともに、それに沿った文脈を共創すべく、互いの間合いをはかりながら共創にふさわしい関係を構築する主体となっているのである。くり返すが、この過程では記号を媒介とする恣意的な相互への関与は、副次的には付加されうるものではあっても、一義的な関係生成原理とはなっていない。この意味で、身体を介した「場」の生成を通じた集団的文脈形成とは、多文化集団による音楽演奏、スポーツ、イノベーションなどの現場で日々みられるような、言語をはじめとする固有の記号体系に縛られない、所与の文化的枠組みを超えた協働と創発の基盤となりうるのである。本稿の「場」とは、いまだ仮説的概念ではあるが、生命科学や組織経営学からの「場」をめぐる知見は、多様な個をまとめ上げマクロな秩序としての集合的文脈性とそうした多様性の内包に根ざした新たな知識や価値を共創していく力を、我々の身体が本質的にもっていることを示唆している。

12.7　身体的視座からの文化現象の記述のあり方

　最後に、これまで論じてきた、文化的枠組みの生成と認知、文化的要素の共有、および間・超文化的な社会的文脈形成の主体としての身体のはたらきとその効果を記述するにあたり、そのパースペクティブとして一人称的視座が必要となることを、その理由とともに記しておきたい。一般に、社会科学における文化的現象の記述には、近代哲学・科学思想の基本理念である主客二元論にもとづいて、思惟する自我により客体視された対象をまなざすという視座が、特に実証的な学理知を追求するうえでの前提とされてきた（西原, 2010）。一方で、

17　清水（2000）は生命要素の存在は、個体を中心とした「局在的自己」と共同体としての生命である「遍在的自己」の二重構造をもち、後者は環境や要素間の関係に応じて形態を変えるものであるとしている。

個別の生活場面における人間の営みや、それに関わる個人相互の関係性といっ
た、当事者にとっての出来事の意味や価値を問う研究では、出来事をその内部
からまなざし自らが主観で捉え感受した経験的事実（アクチュアリティ）を記述
していくことが不可欠となるとの指摘が、いわゆる人間科学に携わる識者から
寄せられている（小林，2015；鯨岡，2013）。出来事のそうした記述には、何らか
の客観的尺度に照らした現象の特質の同定や観察された事例にみる法則性の探
求ではなく、鯨岡（2013）が強調するように、自らを代替不可能な固有の主体
として位置づける視座からの現象の記述が必要となる。

　身体を通じて認識される文化的世界や「場」を介した関係生成を含む社会的
現象の相貌も、経験の場に臨む当事者としての観察者にとっての出来事の意味
が問題となる点で、自己と切り離された対象として捉えた客観的記述では描き
きれない。むしろ、観察者自身が感じ取った現場の生き生きとした様子や、人
と人との接面に立ち現れる生の実相（鯨岡，2005）を間主観的事実としてつか
みとり、これらを文脈に即した形で描写していくことで、客観主義的意味とは
異なる新たな明証性（鯨岡，2013）をもった記述として提示することが可能と
なると考えられる。身体はまさにそれ自体が「独立して意味を生成する認識の
舞台」（佐々木，1987，p. 5）であり、この身体を通じて感じ取った世界の様相こ
そが、客観的記述では表しきれなかった生活の場としての世界の実相といえる
のではないだろうか。

12.8　おわりに

　本稿では、文化の認知、文化的枠組みの形成と共有、さらに文化をつなぎ、
文化的差異を越えた新たな関係性の構築をとりもつ媒体としての身体のはたら
きに着目し、文化間の関係性を扱う多文化関係学において、身体性の概念が与
えうる研究上の新たな視座の提示を試みた。これら文化をめぐる議論に身体性
の概念を導入することの意義とは、冒頭でもふれたとおり、身体の自律的なは
たらきによる文化的要素の認知と共有、および間文化的関係構築の契機創出の
可能性を示唆できる点にあるといえる。

　文化および文化間の関係性という抽象度の高い対象を扱ううえで、我々研究

者はそれらを何とか可視化し、議論の共約可能性を担保すべく、さまざまな概念の案出と提示を通じて、理論と実践の両面から共通の土俵の構築を図ってきた。一方で、そうした概念装置は、ともすると個人や学派ごとの概念体系内でのみ完結する論理のもと、対象への偏った接近手法や方法論上のトートロジーへと陥る危険性も孕んでいる。ことに、文化現象の説明にあたっては、その客観的明証性を重要視するあまり、可視化されそれゆえに何らかの尺度のもと測定可能な現象の側面にのみ着目するよう、研究者は誘導されてはいないだろうか。その結果、我々の日々の文化実践の主体たる個々の人間の行為とその意味が生成する場所である身体のありようは、その捉えどころのなさゆえに、研究の対象から捨象されてきたように思われる。

　文化をめぐる出来事、現象を認知し、文化間をつなぎうるチャンネルとしての身体のあり方を問うことで、身体という厳然たる実存と身体がもつ機能の自律性を土台とした、いわば我々の恣意的関与の及ばぬ領域で展開する世界認識への研究上の地平がひらかれるとともに、我々の生活実感に根ざした現象の理解にむけた視座が提供されるものと考える。

引用文献

Berger, P. & Lookmannm, T. (1966). *The social construction of Reality: A treatise in the sociology of knowledge*. Doubleday. ［バーガー, P.・ルックマン, T.（2003）. 山口節郎 訳『現実の社会的構成』新曜社］

Bhabha, H. K. (1994). *The location of culture*. Routledge. ［ホミ・バーバ（2005）. 本橋哲哉・正木恒夫・外岡尚美・阪本留美 訳『文化の場所：ポストコロニアリズムの位相』法政大学出版局］

Bourdieu, P. (1980). *Le sens pratique*. Les Éditions de Minuit. ［ブルデュー, P.（2001）. 今村仁司 他訳『実践感覚』1、2、みすず書房］

Gibson, J. J. (1979). *The ecological approach to visual perception*. Houghton Mifflin.

萩野美穂（2001）.「歴史学における構築主義」上野千鶴子 編『構築主義とは何か』（pp. 139-158）勁草書房 .

Hall, E. T. (1966). *The hidden dimension*. Doubleday.

Heine, S J. & D. R. Lehman. (2002). "What's wrong with cross-cultural comparisons of subjective likert scales?: The reference-group effect". *Journal of Personality and Social Psychology*, 82 (6), 903-918.

Herrigel, E. (1951). *Zen in der Kunst des Bogenschiessens*. Otto Wilhelm Barth Verlag. ［オイゲン・

ヘリゲル（2015）. 魚住孝至 訳『弓と禅』角川学芸出版］

Hofstede, G. (1991). *Cultures and organizations: Software of the mind.* McGraw-Hill.

市川浩（1992）.『精神としての身体』講談社 .

市川浩（1993）.『〈身〉の構造：身体論を超えて』講談社 .

市川浩（2001）. 中村雄二郎 編『身体論集成』岩波書店 .

今井むつみ（2010）.『言葉と思考』岩波書店 .

稲葉光行（2010）.「活動のつながりと文化の創造」『多文化関係学』7, 1-22.

岩渕功一（2010）.「多文化社会・日本における〈文化〉の問い」岩渕功一 編著『多文化社会の〈文化〉を問う』(pp. 9-34) 青弓社 .

河合優子（2016）.「多文化社会と異文化コミュニケーションを捉える視点としての「交錯」」河合優子 編『交錯する多文化社会』(pp. 1-27) ナカニシヤ出版 .

小林隆児（2015）.「精神療法におけるエヴィデンスとは何か」小林隆児 編著『人間科学におけるエヴィデンスとは何か：現象学と実践をつなぐ』(pp. 229-271) 新曜社 .

河野秀樹（2010）.「〈場〉とはなにか：主要な理論と関連する概念についての学際的考察」『目白大学人文学研究』6, 39-60.

河野秀樹（2011）.「共空間内〈場〉の生成過程における身体性の性格と機能についての理論的考察」『目白大学人文学研究』7, 37-59.

河野秀樹（2017）.「「場」による関係生成プロセスの記述における一人称的記述としての「エピソード記述」の 有用性に関する考察」『異文化コミュニケーション』20, 187-198.

河野秀樹（2018）.「集団参加型イベントにおける「場」の原理による関係生成様態：一人称的記述の実践事例からの考察」『異文化コミュニケーション論集』16, 65-81.

河野秀樹（2022）.「「場」における身体性とコミュニケーション」岡智之・井出祥子・大塚正之・櫻井千佳子 編『場と言語・コミュニケーション』（シリーズ 文化と言語使用 3）(pp. 225-253) ひつじ書房 .

鯨岡峻（2013）.『なぜエピソード記述なのか：「接面」の心理学のために』東京大学出版会 .

鯨岡峻（2005）.『エピソード記述入門：実践と質的研究のために』東京大学出版会 .

久米昭元（2011）.「多文化社会としての日本」多文化関係学会 編『多文化社会日本の課題：多文化関係学からのアプローチ』(pp. 9-15) 明石書店 .

Lave, J. & Wenger, E. (1991). *Situated learning: Legitimate peripheral participation.* Cambridge University Press.

Lee, S. S. (2000). Dys-appearing tongues and bodily memories: The aging of first-generation resident Koreans in Japan. *Ethos*, 28 (2), 198–223.

前川幸子（2011）.「「わざ言語」が促す看護実践の感覚的世界」生田久美子・北村勝朗 編著『わざ言語：感覚の共有を通しての「学び」へ』(pp. 135-162) 慶應義塾大学出版会 .

箕浦康子（1990）.『文化のなかの子ども』東京大学出版会 .

箕浦康子（2003）.「子供の異文化体験 増補改訂版：人格形成過程の心理人類学的研究 新思想社 .

三輪敬之（2000）.「共創における生命的コミュニケーション」清水博 編『場と共創』(pp. 273-397) NTT 出版 .

村上明美（2011）.「「生命誕生の場」における感覚の共有」生田久美子・北村勝朗 編著『わ ざ言語：感覚の共有を通しての「学び」へ』（pp. 335-361）慶應義塾大学出版会.

西原和久（2010）.『間主観性の社会学理論：国家を超える社会の可能性』[1] 新泉社 .

野中郁次郎・紺野登（2000）.「場の動態と知識創造：ダイナミックな組織知に向けて」伊 丹敬之・西口敏宏・野中郁次郎 編『場のダイナミズムと企業』（pp. 45-64）東洋経済新 報社 .

Rizzolatti, G. & C. Sinigaglia (2006). *So quel che fai. Il cervello che agisce e i neuroni specchio.* Raffaello Cortina Editore. ［リゾラッティ，G.・シニガリア，C.（2009）. 柴田裕之 訳『ミ ラーニューロン』紀伊國屋書店］

佐々木正人（1987）.『からだ：認識の原点』東京大学出版会 .

佐藤悠一（2008）.「国民文化と組織文化：Hofstede は何を測定したのか？」『赤門マネジ メント・レビュー』7 (11), 821-832.

千田有紀（2001）.「構築主義の系譜学」上野千鶴子 編『構築主義とは何か』（pp. 1-42）勁 草書房 .

清水博（1996）.『生命知としての場の論理：柳生新陰流に見る共創の理』中央公論社 .

清水博（2000）.「共創と場所：創造的共同体論」 清水博 編『場と共創』（pp. 23-178） NTT 出版 .

高野陽太郎・櫻坂英子（1997）.「"日本人の集団主義"と"アメリカ人の個人主義"：通 説の再検討」『心理学研究』68 (4), 312-327.

田辺繁治（2003）.『生き方の人類学：実践とは何か』講談社 .

Triandis, H. C. (1972). *The analysis of subjective culture: An approach to cross-cultural social psychology.* Wiley.

角田忠信（1978）.『日本人の脳』大修館 .

山田泉（2018）.「「多文化共生」再考」松尾慎 編著『多文化共生　人が変わる、社会を変 える』（pp. 3-50）凡人社 .

山口一郎（2002）.『現象学ことはじめ：日常に目覚めること』日本評論社 .

八幡耕一（2020）.「メディアアジェンダとしての「多文化共生」の変遷：毎日新聞におけ る記事数の分析から」『多文化関係学』17, 3-18.

終章

これからの多文化関係学
独自理論の構築に向けて

田崎勝也（青山学院大学）

1　はじめに

　2019 年末に急拡大した新型コロナウイルス感染症の世界的流行は、我々の日常を一夜にして一変させてしまった。人との接触が制限され、不要不急の外出の禁止、ワクチン確保に向けた各国の攻防や改めて浮かび上がった南北の格差、マスク着用やワクチン接種をめぐる社会的義務と「着けない」「打たない」といった個人の権利など、コロナウイルスがもたらしたインパクトは劇的なものだった。国際・異文化交流も例外ではない。水際対策としての国境閉鎖によって、国際的な人の流れは制限され、ビジネス関係者の往来はなくなった。インバウンド需要に支えられていた日本経済は観光客の激減によって大きな打撃を受け、さらに高等教育機関では留学プログラムの相次ぐ延期や中止の措置により、国際交流自体の意義を含めて、再定義を余儀なくされている。コロナウイルス感染症の拡大は、現代社会を生きる我々は国内外を問わずさまざまな人と人とのつながりによって支えられていること、さらにそれなくしては我々の生活が成り立たないほどに関係を深めていることに直面する機会となった。

　地球規模で高まる相互依存やグローバル社会の諸問題を考えるとき、本学会に課せられた役割や期待は大きい。多文化関係学会は 2002 年 6 月に人間と文化の関係に関して、文化人類学、心理学、社会学、言語学、異文化コミュニケーション学、地域研究、国際関係論など多様な研究領域から研究者や教育者、または実務家が集い創立された学会である。その設立趣旨や目的に関して、本学会元学会長である久米昭元氏は以下のように述べている。

地域社会における多様な文化間の相互作用とそこから生じるさまざまな問題や課題に対して多面的かつ動的に考察し、それぞれの社会において文化的背景を異にする人々が互いにとって望ましい関係性を構築するための方途を探求する（久米，2010，p.9）。

日本コミュニケーション学会、異文化コミュニケーション学会（SIETAR Japan）、異文化間教育学会などの諸学会からは後発となる本学会は、文化をスタティックな対象として捉えるのではなく、人間と文化のダイナミックな関係性や多文化社会における文化の役割について、より高い次元の目標を掲げて設立されたことが読み取れる。他方で、多文化関係学の学術的基盤の確立に関してはまだ道半ばにある。特に理論構築に向けては、多文化関係学研究の哲学的価値を踏まえたうえで、理論が依拠する存在論や認識論を明らかにし、個々の研究のレベルを上げて行かなければならない。

20周年記念出版となる本書の終章として、今後10年の研究指針となる本学会が解決すべき課題や研究の方向性について述べてみたい。

2 多文化関係学の理論化に向けて

多文化関係学会の今後の10年の目標として、まず多文化関係学独自の理論の構築を挙げる。人文・社会科学の研究全般に言えることではあるが、各々の研究が多文化関係学の学術的発展にどのように資するかといった点に関しては問題意識が低いように思われる。学会誌『多文化関係学』に投稿される論文や年次大会で発表される研究の動向を見ると、異文化コミュニケーション・文化・教育に関する研究、外国人の適応および受け入れに関する事例・実践報告、在日コリアンなど国内の文化的マイノリティに関する調査報告とすることができる。実際には研究動向を以上の3点にまとめるのは無理があるほどその内容は多岐にわたるが、文化の定義に関しては国籍や民族背景など、外延的な指標を用いている点には共通点が見られる。さらに研究法の観点からは、インタビュー調査やフィールドワーク研究に代表される質的手法を用いた研究が多いといった特徴がある。本書の第1章（石黒，2022）でも示されているように、たとえ

ば 2004 年の創刊号以来、多文化関係学に掲載された論文を 5 年ごとに集計すると、50％→ 77％→ 81％と質的研究が増加した。2019 年までの累計としては 79 本の掲載論文のうち、55 本は質的研究で、これは全体の 70％に相当する。

　多文化関係学会でくり広げられる研究は質的研究への偏重が見られ、こうした傾向は近年特に顕在化しているといっていい。理論構築を考えるとき、適切な研究法を使用しているのかといった点は重要な点検事項になる。社会科学における方法論は古くから科学主義 vs. 解釈主義、法則定立 vs. 個別記述など、二項対立をくり返してきた（佐藤，2012）。前者は自然科学における普遍的真理の追究を前提とした手法を、後者は人文科学における意味解釈の手法を基盤としている。特に近年の質的研究の台頭には、科学的・法則定立的な量的研究への批判が背景にあり、(a) 唯一かつ普遍的な真理があるとする存在論的信念への疑義、(b) 価値中立的な立場を装い客観性に偏重する研究者の姿勢、(c) 対象を代表値にまとめることで捨象されてしまう現実と方法論的限界、などが指摘されている（灘光・浅井・小柳，2015）。

解釈主義的研究に基づく理論化

　そもそも多文化関係学が求める理論とは、どのようなものなのだろうか。Miller（2005）によれば、広義には理論とは社会的現象を理解もしくは説明する枠組みとなる抽象概念としつつも、性質や機能はその理論が依拠する存在論（ontology）や認識論（epistemology）、哲学的価値（axiology）により変わるという。科学主義的なポスト実証主義に基づく理論は予測や説明に主眼が置かれ、ときに現象の原因となりうる外的要因（たとえば親の養育態度）の特定に注力されるのに対して、解釈主義的な立場をとる理論では現象の「理解」に主眼が置かれる。特定の状況における参加者の間主観的な意味理解のプロセスや社会的接触とその意味の解明に着目し、そこで構築される理論の妥当性を担保する要件とは正確性（accuracy）、一貫性（consistency）、範囲の妥当性（scope）、簡潔性（simplicity）、実利性（fruitfulness）を有すること、そして何よりも常識的な理解を超える深み（depth of understanding）を示せるかがカギになる（Miller，2005）。

　ところで、一般的には、質的研究は仮説生成型の研究とされ、対象に関する情報が少ないとき、予断をもたず探索的に行われる調査となる。一方で、量的

271

研究は仮説検証型の研究とされ、研究対象に対して何らかの規則性が想定されるとき、その仮説の当否を確かめることが目的となる。法則を導く、つまり理論構築といった側面からは、両者は往復の関係にあり、相互補完的といえる。法則を導くために対象に帰納法的に接近する質的調査と、法則に従ってある現象が発生しているのかを演繹的に確認する量的調査とを反復し、精緻化を図ることで法則は構造化されるからである（澤田・南，2001）。

　実際には、質的研究にもヴァリエーションがあり、その目的や特徴は研究により異なる。すべてが仮説生成型の質的研究に該当するわけではない。たとえば稀有なバックグラウンドをもつ者や特殊な社会環境下における人間関係を研究対象とした質的研究は、他に同様なケースが想定しづらく、仮説を生成したところでそれを「検証」することができない。まさに現象の理解を求めて行う唯一無二な研究といえるが、他方で質的研究の多くは必ずしも稀なケースを扱っているわけではなく、転用可能性（transferability）を追求できる可能性は十分にある。多文化関係学の研究では、留学生の適応問題などが該当するだろう。もちろん量的研究が求める法則定立とは異なり、質的研究が求める一般化は、意味理解のプロセスや社会状況に共通性に関する転用可能性の追求になる。しかしトピック自体にある程度の汎用性が見られる場合、それらの成果を理論へと昇華させることができるし、質的研究の多い多文化関係学における理論構築に際しては、検討すべき課題といえる。

転用可能性の検討

　解釈主義に基づく理論では、特定状況における意味理解と社会的接触における必要不可欠な要素をあぶり出し、その要素が他の社会状況への転用可能性の適否を検討することが必要になるが、その際、個別のケースから抽出される要素は他のケースに適応できる程度に抽象性を有する必要がある（Miller, 2005）。たとえば本学会でよく用いられる研究法、グラウンデッド・セオリー・アプローチ（Grounded Theory Approach、以下 GTA）は、インタビューなどから収集した質的データをコーディングし、さらにそれらをカテゴリー化して理論を導こうとする、仮説生成型の質的研究とされる。実証主義的な色合いの強い GTA から社会構成主義的な解釈を重視した GTA まで、さまざまでヴァリエーションが

あるが、同一のデータ内で理論化を目指すといった点で限界があり、そこで紡がれる理論は、ある事象に関して一つの「説」の域を超えない（灘光・浅井・小柳, 2015）。やはり理論化を図るためには個別の質的研究から示される結果に十分な抽象性を与え、その適否については他のデータでの擦り合わせが必要であり、多文化関係学の理論構築にはこうした「検証」プロセスは避けては通れない過程といえるだろう。

　転用可能性の検討には推測統計を駆使した量的分析法が望ましいが、まずはデータ間の共通性を観る記述統計レベルの分析でも十分価値があるし、ノンパラメトリック手法による計量的テキスト分析（河野・岡部, 2015）ができればさらによい。また質的データのデータベース化もあわせて進めるべきだろう。近年の社会科学では、各研究により蓄積される質的データをどのように扱うのかといった課題に直面しており、2021 年には社会調査協会により「質的調査データ構築の新たな挑戦」と題したシンポジウムが企画され、アーカイブ化を見据えた質的データベースの構築の取り組みが紹介された。研究の目的や手法の特性から、どうしても射程が小さくなりがちな質的研究の成果をどのようにまとめていくか、本学会でも参考になる取り組みである。

量的研究の拡充

　既述のように、質的研究と量的研究は相互補完的であり、特に理論構築に際しては双方が研究の特徴を生かしながらも、それぞれの限界を補う形で進めるのが理想的である。またこうした研究法の相互依存性は、学問的進展の視点からも指摘されている。多文化関係学の近接領域である文化心理学には二つの研究アプローチがあるとされ（増田・山岸, 2010）、ある文化で人々がもつ平均的な世界観や人間観をあぶり出す第 1 の研究と、文化と心の相互構成的な関係やその機制を解明する第 2 の研究とがある。前者は後者の研究で取り上げるべきトピックを与え、また意味体系を理解するための解釈の枠組みを提供する（増田, 2014）。設立趣旨からも明らかのように、本学会が最終的に目指す研究は第 2 の研究となるのだろうが、第 1 の文化研究は第 2 の研究を下支えする基盤となる。

　これまでに行われた最も典型的な第 1 の研究は、日米を対象にした比較文化

調査であろう。こうした研究が日本人と米国人の間の異文化コミュニケーションに一定の貢献をしたことには疑いの余地はない。他方で、米国以外の文化に関しては、十分に調査が進んでいるとはいえない状況にある。今後重要になる東アジア人の間のコミュニケーションを考えてみると、欧米からは日本、中国、韓国等の東アジア諸国は集団主義的な価値を基調とする文化として同一視される一方で、異文化コミュニケーションで問題となりうる仔細な文化差に関してはいまだ十分に検討されていない。たとえば韓国の「恨」の思想は単なる恨みや辛みを超えた悲哀感情や虚無感とされるし（千，1989）、「チャムギョン」精神は相手への信頼の証として過剰なまでに世話を焼く他者志向性とされる（Bae, 2017）。いずれも日本人には理解しづらい概念であり、こうした韓国独自の文化価値が日韓の異文化コミュニケーションに与える影響は小さくないように思われる。文化比較を通じて得られる Etic と Emic 的な要素の整理を欧米外の文化にも広げることで、より充実した第 2 の研究を展開することが可能になる。

さらに第 1 の研究の妥当性を示す文化神経科学的なエビデンスが蓄積し始めている点も近年の新たな動きとして見逃せない（本書第 11 章の叶・根橋・中原（2022）も参照）。たとえばドーパミン D4 受容遺伝子は地域ごとによってその長短が異なり、南米に住む人々は長型が多いのに対して、アジア人でこの型を持っている人は 1% 以下である（Chang *et al.*, 1996）。当該遺伝子は未知への探求心と相関性があり、歴史上移住の経験があった民族集団に長型を持っている人が多く、環境変化に対する適応力に関して遺伝子レベルの機制について議論されている（Chen *et al.*, 1999）。また別の遺伝子セロトニントランスポーターは、文化的集団主義との関連が指摘されている。この遺伝子に関しても長短 2 タイプがあり、東アジアでは短型が 8 割弱を占めるのに対して、欧州ではその割合は 4 割に落ちる（Gelernter *et al.*, 1997）。そしてこの遺伝子型の出現頻度と文化差は、ホフステッドによる個人主義 - 集団主義の指標と高い関連性が指摘されている（Chiao & Blizinsky, 2010）。

第 1 の研究で主に用いられる研究手法は、実験や質問紙調査などによる量的研究である。本学会では質的研究の興隆により印象が薄れつつある量的研究ではあるが、近年はデータサイエンスの台頭により、新しい分析手法が次々と開発されている。ここで量的研究の特徴と問題点を整理し、今後の多文化関係学

に発展に資する新しい取り組みを紹介したい。

　過去の典型的な文化比較調査では、国籍や民族背景を「文化」と定義し、集団の類似性や相違性を比較し、そこから前景化される当該集団の文化的な特徴を把握しようとしていた。それでは国籍や民族背景などの属性によって文化を定義する研究上問題はどこにあるのか。1点目は研究射程の大きさである。こうした研究では、文化の意図する範囲は大きくなり、観察されたほぼすべてを説明しうる "catch-all" 変数（Singelis & Brown, 1995）として機能する。そのため集団間の差異が何によって生じるのか、特に国籍や民族背景によって括られる個人特性およびその規定要因としての社会・文化環境のうち、どの要素が対象とする現象や集団差を生じさせているのか、十分に検討することができない。"unpackaging culture"（Whiting, 1976）、"peeling the onion"（Pootinga, van de Vijver, Joe, & van de Koppel, 1987）、"dispelling the fog of culture"（Bond & van de Vijver, 2011）などのメタファーが意図するところは、国籍や民族背景によって何に焦点を当てるのか、「文化」を細分化し研究対象との関係をより具体的に定義する必要性を示している。

　2点目は因果の同定に関する問題である。こうしたタイプの研究では、研究対象となる従属変数に対して、文化が独立変数として因果的な効力を有するのかを検討することを主たる目的としている。ところが因果関係の確認に必要な独立変数への操作を、国籍や民族背景といった個人属性に対して施すことはできない。そのため、集団間の差異が示されたとしても、調査結果に対してさまざまな解釈が可能になる。属性に関連する変数に対して無作為配分ができない準実験法の研究デザインでは、因果関係の同定の妨げになる交絡・媒介変数を見定めた仮説を設定することが肝要になる（田崎, 2008）。

　上記の問題点に対して、近年の量的研究ではどのような取り組みが行われているのだろうか。特に1点目に関連する問題として、個人と集団の関係性が挙げられている。対象となる指標を文化集団ごとにまとめ、その多寡を検討する分析の特徴は、平均値などで示される文化集団の特性が所属するすべての成員に一様に当てはまるといった文化本質主義的な印象を招きかねず、批判の対象になることも少なくなかった。事実、研究の哲学的価値を検討することなく単にデータの統計処理に傾注していた量的研究者は、こうした批判によって思考

275

停止に陥り、自らの研究の意義を見失っただけでなく、なかには研究をやめてしまう者もいた。平均値はあくまで代表値であり、また当該指標のばらつきの大きさも合わせて報告されているので、文化本質主義的批判には生態学的誤謬（ecological fallacy）[1] と呼ばれる瑕疵があり妥当ではない。ただ、文化に関連する指標に対して、個人と集団の関係性を十分に検討できなかった量的研究方法上の限界は認めざるをえない。

　社会科学で扱うデータは、個人が集団の一部として位置づけられる階層的な構造を有していることが多い。この階層性に着目し、対象概念に対する個人および集団の関与、また双方の影響力の差異を検討する分析手法としてマルチレベルモデル（multilevel model）がある。線形モデルの一種であるマルチレベル分析は、階層線形モデル（hierarchical linear model）や混合モデル（mixed model）などとも呼ばれ、社会科学での統計分析は一般的になりつつある。対象に対して個人レベルと集団レベル（社会的文脈）の要因を分けて解析することが可能なため、特に文化研究では有効な分析法とされる（van de Vijver & Leung, 2021）。

　ここでマルチレベルモデルを用いた文化研究の例を挙げておく。たとえば加藤（2012）は大阪商業大学 JGSS 研究センターから公開されている「JGSS-2008 第7回生活と意識についての国際比較調査」のデータを用いて、日本文化の特徴と考えられてきた相互協調的な人間観に関する日本国内の地域性を検証した。全体としては集団主義的な文化価値を基調とする日本社会の中にも地域差や個人差があり、たとえば北海道に住む人々の価値観は、新天地を目指して移住した祖先の志向性と無関係ではなく、北海道民の相互独立的自己観が現在でも一般的な日本人よりもむしろ米国人に近いのは、そうした背景が米国人に底流する「フロンティア精神」と類似しているためとする考察がある（Kitayama, Ishii, Imada, Takemura & Ramaswamy, 2006）。通常の線形モデルで分析の単位となる個人が、入れ子の関係にある集団との関連性の中で、対象となる変数とどういった関係性をもつのか、個人レベルの変数と集団レベルの変数の間の線形関係を整理し検討するのがマルチレベルモデルである。そこで加藤はアーカイブ

---

1 「シンプソン・パラドックス」としても知られる論理バイアスの一種。「集団などの観察から導かれた命題から、その集団を構成する個人についての命題を誤って導いてしまうこと」（竹ノ下，2012，p. 763）。

データで提供される相互協調性と関連が考えられる 2 項目（「自分の意見と違っても、多数派の人々の意見には従う方が無難である」「よい関係を保つためには、不満があっても口に出さない方がよい」）を因子得点化し、個人レベルの説明変数として年齢と学歴を、集団レベルの説明変数として平成 22 年国勢調査および 2010 年農林業センサスから得た「65 歳以上の世帯員」と「自営業者数」を取り上げた。分析の結果、集団レベルでは「65 歳以上の世帯員」との関係性が示され、高年齢世帯が多い地域では相互協調性が高まることが読み取れた。また個人レベルでは年齢、学歴とも相互協調性に有意に関連し、年齢が高まるほど協調的に、また学歴が上がるほど非協調的になることが示唆され、先行研究を支持する結果となった。他方で、集団レベルのデータのばらつきに対して、個人レベルのばらつきは相対的に大きく、日本人の相互協調性の形成に関しては、個人的な要因が大きく、地域性による影響は限定的であることが示された。アーカイブデータに用意されている文化に関連する変数は限られているため、今後は日本人の相互協調的人間観を決定づける個人レベルの要因を探索し検討することが望まれるとしている。

　また、量的調査で不可欠な測定の観点からの問題提起もある。人間の行動は特性と状況の相互作用によって生起するという心理学者クルト・レヴィン（Kurt Lewin）の相互作用理論（Interactionism）に基づき、場面や状況に即した知識と、場面や状況から影響を受けにくい心理傾向の 2 側面から測定することで、研究対象と社会・文化環境との関係をより明確にしようとする試みである（申, 2020；田崎・申, 2015；田崎・芳賀・宮原・申, 2015）。人間の行動を司るのは特性なのか状況なのかといった点に関して、これまでさまざまな分野で横断的に議論されてきた。科学哲学の絶対主義と相対主義、心理測定における一般知能（因子 G）と特殊知能（因子 Ss）、発達論からは nature vs. nurture 論争、音韻の分類から発した比較文化論では Etic と Emic などが挙げられ、射程や程度に差はあるものの、いずれも場面や状況といった環境要因から受ける影響や心的特性との相互作用について考えている。

　こうした議論に基づき、申（2020）は相互作用理論に基づく韓国語学習者のための異文化コミュニケーション能力のテスト開発を行った。これまでの開発された異文化コミュニケーション能力尺度は、異文化への態度や好奇心、また

openmindedness などを異文化コミュニケーションの「適性」と捉えて測定してきた。他方、対象となる人や場面を限定しないという利点はあるものの、適性等の心理変数からコミュニケーション行動を正確に予測するのは難しく、実際の運用場面では想定外の行動がとられることがあった（Larsen & Buss, 2020）。こうしたことから申は、状況独立的な異文化コミュニケーションの適性の測定に加え、日本とは異なる韓国社会・文化の生活様式や行動規範に関する知識を状況依存的な異文化コミュニケーション能力として測定を試みた。ここでいう社会・文化の知識とは、常識やマナー、人間関係におけるルールなどで、韓国社会で生活するうえで必要な知識である。日本・韓国の両文化に詳しい協力者にインタビュー調査を行い、そこで指摘された日本人が見落としがちな韓国社会・文化に関する事柄を設問にした。同一文化内でもヴァリエーションがあり、暗黙知である「常識」をテストにすることは簡単なことではないが、(a) 韓国語学習者の多くが留学や旅行でソウルを訪れること、(b) 全人口の約 5 割の韓国人がソウル近郊に居住すること、(c) 韓国語学習者が最も接触する年代は 20 〜 30 代であること、の 3 点をふまえて、韓国語学習者が遭逢する対象をソウル近郊に住む青年層に限定することでテストの妥当性を確保した。ソウル在住の 20 〜 30 代の一般的な韓国人約 700 名を対象にアンケート調査を複数回実施し、70％以上の協力者が安定して正答を示した設問を一般性のある項目とした。表 1 の設問 9 はあいさつ、設問 21 は外食マナーの関する設問例である。

　韓国語学習者 124 名の韓国語能力試験（TOPIK）の得点との相関を見たところ、全 27 項目からなる知識設問の正答数とは $r = 0.403$、項目反応理論を用いて推定した潜在特性値とは $r = 0.389$ と、双方とも 0.1％水準での正の関連性が示された。またこの研究では、語学に特化した異文化コミュニケーションの適性を測定する心理尺度の作成も試みており、複数のデータを用いた因子分析により「外国語の積極的使用」「異文化サバイバル力」「外国語フォービア」の 3 因子が示されている。韓国語能力を被説明変数とする重回帰分析では、韓国語能力のばらつきに対して、異文化適性を示す 3 因子で約 9％、韓国文化知識で約 12％、合計約 22％が異文化コミュニケーション力に関連する四つの説明変数によって説明されていた。また異文化への態度を示す 3 因子の中で、もっとも影響力のある因子は「外国語の積極的使用」だった（分散説明率は約 7％）。

表1　韓国社会・文化の知識設問の例

設問 9.　韓国では初雪が降ると＿＿＿＿＿＿＿＿＿が一般的である。
(a) 早く家に帰ること
(b) 友人や知人に挨拶の連絡をすること（○）
(c) 電車の運行状況を確認すること
(d) 音楽を聴くこと

設問 21.　韓国のレストランで＿＿＿＿＿＿＿＿＿は一般的に許容されない。
(a) 三人で二人前を注文すること
(b) キムチのおかわりをすること
(c) 残りものを持ち帰りたいと申し出ること
(d) 外で買ってきたものをお店で食べること（○）

この調査結果では語学力に対しては、異文化コミュニケーションの適性よりも社会・文化の知識的側面のほうがやや優勢であることが読み取れるが、長らく語り継がれてきた「ことばと文化には関連性がある」といった言説に対しても、エビデンスをもってその適否を示せた点は興味深い。

　このように心的な側面と知識的な側面の双方からアプローチすることで、研究対象に社会文化環境との関係性がより明確になる。心的な側面と知識的な側面の双方から対象にアプローチする試行は、ビジネス場面でのコミュニケーション力を測定するテスト開発でも取り入れられている（田崎・申, 2015；田崎・芳賀・宮原・申, 2015）。前述のように、質的研究と量的研究は、理論構築に関して、相互補完的な関係にある。ここで紹介した方法は個人と集団または個人と環境の関係性について検証を可能にする新しい提案だが、このほかにも潜在クラス分析などカテゴリカルデータの処理方法に関して近年目まぐるしい進展がある。量的な研究に関しても、新しい方法論を積極的に導入し、質を高めていくことで、多文化関係学の理論構築へ向けた真の複合的なアプローチが可能になるだろう。

3　内包的な文化指標の探索

　国籍や民族背景などの属性によって定義される文化の指標は、外延的指標と呼ばれる（山本, 2015）。近年の文化神経科学的な研究では、社会文化環境との

相互作用の中で獲得するその文化での平均的な世界観について、遺伝子レベル
から解明が進む（石井，2014）。他方で、外延的指標を用いた文化研究は静的で
画一的になりがちである。特に、ヒト、モノ、カネ、情報の国家間の移動が加
速度的に進む現代社会において、属性によって引かれる境界線はあいまいで流
動的になりやすい（山本，2015）。また、多文化化が進む世界では、複数の国籍
を有し、複雑な民族背景をもつ者がいるなど、個人が示す行動様式や認知傾向
を外延的な文化指標のみに関連づけて説明するのは無理がある。

　外延的指標の対局にあるのが内包的指標で（山本，2015）、個人と社会文化的
環境のダイナミックな関係性を捉えるためには、内包的な指標の積極的な活用
が求められる。内包的な文化指標とはどのような特徴をもつ指標なのか。私が
勤務する国際系の学部にはアジア諸国からの留学生が学んでいるが、彼らは幼
いころから日本のアニメやマンガ、アイドルなどに慣れ親しんでおり、それが
日本文化への興味関心、ひいては留学のきっかけとなっている。日本語でのコ
ミュニケーションに問題がないとは言い切れない留学生でも、話題が「オタク
文化」になると途端に饒舌になることがある。私にはわからない登場人物の名
称や概念、用語を駆使して、ストーリーの背景や価値観を共有する日本人学生
と意思疎通を図る彼らの姿には驚かされるばかりである。留学生と日本人学生
の意思疎通が可能になったのは、両者が同一の「スピーチコミュニティ」に所
属し、言語規範やその背景にある価値観を共有していたからである。そしてこ
の場合、スピーチコミュニティは内包的指標として、国籍や言語の壁を越えて
双方の学生のコミュニケーションを可能にする価値体系として機能する。

　文化研究ではどのような要素が内包的指標になりうるのか、今から約10年
前に『多文化関係学』において「文化と媒介性を考える」というテーマの特集
が組まれ、七つの指標が検討された。この特集では、個人と社会・文化的環境
を結びつけるキー概念として「媒介」（mediation）という機能に着目した。我々
はさまざまな道具に媒介され、日々の暮らしを営んでいる。ことばは人と人と
のコミュニケーションを可能にする代表的な心理的道具であるが、このほかに
も電車や飛行機など交通機関は短時間で遠方への移動を可能にする物理的道具
として、さらに法制度や教育制度などは秩序の維持や人材の育成のための社会
的道具として機能する。こうした種々の道具は社会的・文化的・歴史的に創造

された人工物であり、我々の限られた能力を補い、さまざまな社会的実践を可能にする、生活の中で能動的に取り入れられる媒介物である。人の社会的・文化的発達を考えるとき、道具の使用こそが、人を人と成らしめた要因であり、人工物がどのような社会的な文脈で使用され、どのような機制をもって我々の行為が媒介されるかを検討することで、社会的・文化的な検証が可能になる。

　特集で検討した媒介性をもつ人工物は「活動」(稲葉, 2010)、「道具」(抱井, 2010)、「自己概念」(田崎, 2010)、「スキーマ」(守崎, 2010)、「メタファー」(永井、2010)、「声」(小坂, 2010)、そして前出の「スピーチコミュニティ」(石黒, 2010) だった。七つの候補の特徴や媒介の機制を検討すると、外的 - 内的という軸にそれらの特徴を布置できることが明らかになった。まず「道具」や「活動」は L. S. ヴィゴツキーに端を発した「社会文化的アプローチ」や「文化 - 歴史的アプローチ」と呼ばれる領域の基本概念で、社会環境に用意された文化的道具を取り込み、それらを駆使して能動的に環境に働きかけていく過程それ自体に文化的発達を見ていた。つまり「道具」や「活動」は、我々の外側に文化を観る外的特徴を有する媒介物として考えることができる。他方「自己概念」と「スキーマ」は、知識や信念など環境から学び取った個人内特性に文化を見ていた。主に社会・認知心理学で用いられる概念であるが、社会文化的環境から構築された現実の把握様式が心的な機能を伴い、特定の行動を誘発するといった媒介プロセスが考えられる。「メタファー」「スピーチコミュニティ」「声」は特にことばと関連が深い。言語人類学などの分野で議論される「メタファー」と「スピーチコミュニティ」、文芸評論などの領域で着目される「声」は、いずれもことばには他者との意思疎通を可能にする外的機能と思考の整理や自己の認識に関わる内的機能の双方の媒介性を有していた。

　内的 - 外的を軸とする媒介と関連する議論に、知識依存型媒介と実践依存型媒介がある (北山・増田, 1997)。知識依存型プロセスが文化の中で生きることを通して、文化的な意味を取り込み、獲得された意味構造によって何らかの結果が生起するとするのに対して、実践依存型プロセスは、社会的・文化的・歴史的に紡がれてきた文化的活動で実践される行為や慣習によって何らかの結果が生起する場合をいう。内的媒介・外的媒介にせよ、知識依存型媒介・実践依存型媒介にせよ、文化的所為の起源を我々の内にみるか、外にみるか、言い換

えれば「学んだもの」とみるか、「実践されるもの」とみるかの違いとして現れている。

　もちろん内的媒介・外的媒介は同時的であり相互構成的である。ことばに関する媒介物のように、双方の機能をあわせ持つものもある。一見すると文化的所為の起点の違いでしかないように見える2種の指標にも一長一短があり、研究に際しては目的に応じて使い分ける必要がある。たとえば内的指標を用いる場合、社会環境から取り込んだ心理特性がどのような文化的な行動認知傾向を導くのか、個人差をふまえたうえで因果的な関係を検討できるという利点がある反面、社会環境と特性の関係はあいまいになりやすく、内的指標は国籍や民族背景などの属性によって操作される文化の中間/媒介変数として機能することになる。外的指標には、最近接発達領域（Vygotsky, 1978）や正統的周辺参加（Lave & Wenger, 1991）など、社会的発達における他者の役割や社会環境との接点を説明する理論が多く、社会環境と個人の関係や文化化の過程をうまく説明できる。他方で、人工物を用いた社会・文化的な営為を通して人の意識や行為が分析対象となるため、社会環境に準備された発達の「足場かけ」を所与のものとした説明になりがちであり、結果的には社会環境の違いから生じる集団間の差異、さらには我々の創造性や個性がどのようにして生まれるのかに関してはうまく説明できない。

　これまでの文化研究が十分な説得力を示せなかったのは、媒介性を議論しなかったことに原因があるというように（波多野・高橋, 1997）、媒介をキーワードとした内包的指標の導入は、文化研究における最重要課題に位置づけられる。特集号が刊行されてから約10年の時間が経過したが、残念ながら、これまで大会や研究会などで媒介性について話題に上がったことはなく、また内包的指標を用いた文化研究が発表されることもなかった。多文化関係学の学術的基盤の確立のためにも、いま一度媒介と内包的指標の役割について議論すべきである。そして内包的指標の媒介機能の範囲の検討や実践場面での示唆、また7指標以外の内包的指標についても研究を進め、媒介を理論的枠組みの中心に見据えた文化研究の可能性について、具体的な指針を練る必要がある。

4　おわりに

　本章は 20 周年記念出版の終章として、今後 10 年で本学会が取り組むべき課題を示した。多文化関係学の独自の理論構築を中心的な課題に挙げ、質的研究に基づく理論化の過程とその特徴と限界、また量的研究の積極的な活用についても、量的研究自体の質の向上とともに議論した。後半では文化研究で考えるべき視点として、約 10 年前に学会誌『多文化関係学』の特集で取り上げた内包的指標と媒介性に関して再考した。

　大学院生だったころから数えて足掛け 30 年近く文化研究に携わっているが、このタイプの研究は難しいと今でも思う。文化が実体なのか、認識なのか、虚構なのか、悩みは尽きない。他方で、異文化に邂逅した際に感じる違和感や心的葛藤、またその結果生じうる偏見や差別を考えるとき、文化が我々の精神活動を司るメタ概念として機能していることを痛感するし、国家間のヒトの移動が顕在化する現代社会において、文化研究の重要性はますます高まっているといっていい。文化の定義にまつわる哲学的な議論には枚挙にいとまがない。一方で、近年の遺伝子研究は、進化論を背景に文化研究のあらたな地平を切り拓こうとしている。さらに、自然科学に対する「文化科学」を復興し、文化研究を総合科学的な研究領域として、その方法論や研究知見を集約しようとする動きもある（田島, 2008）。今後の 10 年に向けては、本学会の設立趣旨を再確認し、質的研究と量的研究の共同研究を積極的に展開して、多文化関係学らしい理論を紡ぎ、グローバル化の進展する現代社会へ有益な研究知見を発信してほしいと思う。

引用文献

Bae. J. (2017). An Exploratory Study on Criterion and Intervention Motive of Interference or Helping Behavior. *Journal of Social Science*, 28, 261-286.

Bond, M. H., & van de Vijver, F. J. R. (2011). Making scientific sense of cultural differences in psychological outcomes: Unpackaging the Magnum Mysterium. In D. Matsumoto & F. J. R. van de Vijver (eds.), *Cross-cultural research methods in psychology* (pp. 75–100). Cambridge University Press.

Chang, F. M., Kidd, J. R., Livak, K. J., Pakstis, A. J. & Kidd, K. K. (1996). The world-wide distribution of allele frequencies at the human dopamine D4 receptor locus. *Human Genetics, 98,* 91-101.

Chen, C., Burton, M., Greenberger, F. & Dmitrieva, J. (1999). Population migration and the variation of dopamine D4 receptor (DRD4) allele frequencies around the globe. *Evaluation and Human Behavior,* 20, 309-324.

千二斗 (1989).「韓国的"恨"について──特に日本のもののあわれとの比較を中心に」『朝鮮学報』131, 95-114.

Chiao, J.Y. & Blizinsky, K.D. (2010). Culture gene coevolution of individualism-collectivism and the serotonin transporter gene. *Proceeding of the Royal Society B*, 277, 529-537.

Gelernter, J., Kranzler, H. & Cubells, J. F. (1997). Serotonin transporter protein (SLC6A4) allele and haplotype frequencies and linkage disequilibria in Africa- and European-American and Japanese populations and in alcohol-dependent subjects. *Human Genetics*, 101, 243-246.

波多野誼余夫・高橋惠子 (1997).『文化心理学入門』岩波書店.

稲葉光行 (2010).「活動のつながりと文化の創造」『多文化関係学』7, 1-22.

石井敬子 (2014).「第2章　文化神経科学」西條辰義・山岸俊男 編著『文化を実験する』(pp. 35-62) 勁草書房.

石黒武人 (2010).「スピーチコミュニティ：生成される文化をとらえる媒介物」『多文化関係学』7, 69-81.

石黒武人 (2022).「多文化関係学的アプローチの意義とその展開──20周年現在からの批判的考察と提言」多文化関係学会 編『「縁側」知の生成にむけて──多文化関係学という場の潜在力』(pp. 15-38) 明石書店.

抱井尚子 (2010).「文化にどう迫るか──「道具」の全集合としての文化」『多文化関係学』7, 23-36.

加藤雄太 (2012).「日本国内における相互協調性の分散に関する研究：マルチレベル・モデルを用いた検証」青山学院大学修士論文（未公刊）.

北山忍・増田貴彦 (1997).「社会的認識の文化的媒介モデル」柏木惠子・北山忍・東洋 編著『文化心理学』(pp. 109-127) 東京大学出版会.

Kitayama, S., Ishii, K., Imada, T., Takemura, K. & Ramaswamy, J. (2006). Voluntary settlement and the spirit of independence: Evidence from Japan's "Northern frontier". *Journal of Personality and Social Psychology*, 91, 369-384.

河野康成・岡部大祐 (2015).「計量的テキスト分析の応用」田崎勝也 編著『コミュニケーション研究のデータ解析』(pp. 203-216) ナカニシヤ出版.

小坂貴志 (2010).「文化的生成過程を媒介する「声」の役割：応答性、異質性、関係性を読み解く」『多文化関係学』7, 95-104.

久米昭元 (2010).「序章　多文化社会日本と多文化関係学的のアプローチ」「パート1　多文化社会としての日本」多文化関係学会 編『多文化社会日本の課題──多文化関係学からのアプローチ』(pp. 9-24) 明石書店.

Larsen, R. & Buss, D. (2020). *Personality psychology: Domains of knowledge about human nature.*

McGraw-Hill Publishing.

Lave, J. & Wenger, E. (1991). *Situated learning: Legitimate peripheral participation.* Cambridge University Press.

増田貴彦 (2014).「第 1 章　文化とこころ」西條辰義・山岸俊男 編著『文化を実験する』(pp. 3-33) 勁草書房 .

増田貴彦・山岸俊男 (2010).『文化心理学』［上］培風館 .

永井那和 (2010).「言語・認知・実践の結節点としてのメタファーと文化の連環：現状と展望」『多文化関係学』7, 83-94.

守崎誠一 (2010).「「スキーマ」を通して、文化はどのように我々の認知や行動に影響を与えるのか」『多文化関係学』7, 53-67.

Miller, K. (2005). *Communication theories: Perspectives, processes, and contexts.* McGraw Hill.

Poortinga, Y. H., van de Vijver, F. J. R., Joe, R. C. & van de Koppel, J. M. H. (1987). Peeling the onion called culture: A synopsis. In *Growth and progress in cross-cultural psychology* (pp. 22-34). Swets & Zeitlinger.

灘光洋子・浅井亜紀子・小柳志津 (2015).「質的研究方法について考える――グランデット・セオリー・アプローチ、ナラティブ分析、アクションリサーチを中心として」『異文化コミュニケーション論集』12, 67-84.

佐藤俊樹 (2012).「社会学方法論」大澤真幸・吉見俊哉・鷲田清一 編著『現代社会学事典』(pp. 578-580) 弘文堂 .

澤田英三・南博文 (2001).「第 2 章――観察・面接・フィールドワーク」南風原朝和・市川伸一・下山晴彦 編著『心理学研究法入門』(pp.19-46) 東京大学出版会 .

申知元 (2020).「外国語学習者のための異文化コミュニケーション能力尺度の開発：態度的側面と韓国文化知識の 2 側面からの測定」青山学院大学博士論文 .

Singelis, T. M. & Brown, W. J. (1995). Culture, self, and collectivist communication: Linking culture to individual behavior. *Human Communication Research*, 21, 354-389.

田島信元 (2008).「文化心理学の起源と潮流」田島信元 編著『文化心理学』(pp. 1-17) 朝倉書店 .

竹ノ下弘久 (2012).「生態学的誤謬」大澤真幸・吉見俊哉・鷲田清一 編著『現代社会学事典』(p. 763) 弘文堂 .

田崎勝也 (2008).『社会科学のための文化比較の方法』ナカニシヤ出版 .

田崎勝也 (2010).「自己概念の媒介性：心理学的文化研究における因果推論の観点から」『多文化関係学』7, 37-51.

田崎勝也・申知元 (2015).「ビジネス・コミュニケーション能力を測定する心理特性テストの開発」*Aoyama Journal of International Studies*, 2, 103-121.

田崎勝也・芳賀日登美・宮原哲・申知元 (2015).「ビジネス・コミュニケーション能力を測定するスキルテストの開発」*Aoyama Journal of International Studies*, 2, 123-140.

van de Vijver, F. & Leung, K. (2021). *Methods and data analysis for cross-cultural research* (2nd ed.). Sage.

Vygotsky, L. S. (1978). *Mind in society*. Harvard University Press.

Whiting, B. B. (1976). The problem of the packaged variable. In Riegel. K. A. & Meacham, J. F. (eds.), *The developing individual in a changing world* (pp. 303-309). Mouton.

山本登志哉（2015）.『文化とは何か、どこにあるのか』新曜社 .

叶尤奇・根橋玲子・中原裕之（2022）.「文化神経科学の視座から見た文化と個人との関係」多文化関係学会 編『「縁側」知の生成にむけて ── 多文化関係学という場の潜在力』(pp. 229-244）明石書店 .

執筆者紹介

岡部大祐（おかべ・だいすけ）
順天堂大学国際教養学部講師。
専門は、コミュニケーション論（ヘルス／異文化）、談話社会心理学、社会言語学。研究
テーマは、健康と病いのディスコースとアイデンティティ。
［編集委員；はじめに、第Ⅰ部リード文］

石黒武人（いしぐろ・たけと）
立教大学異文化コミュニケーション学部准教授。
専門は、異文化コミュニケーション学。研究テーマは、多文化組織における日本人リー
ダーのコミュニケーション。
［第1章］

原和也（はら・かずや）
順天堂大学国際教養学部准教授。
専門は、コミュニケーション学（異文化／対人）。研究テーマは、日本的精神文化の概念
コミュニケーション・モデル構築、日本的対人コミュニケーション能力の実証的研究。
［第2章］

海谷千波（かいや・ちなみ）
杏林大学外国語学部准教授。
専門・研究テーマは、異文化コミュニケーション、多文化共生社会。
［第2章］

藤美帆（とう・みほ）
広島修道大学人文学部講師。
専門は、日本語教育。研究テーマは、国際共修場面における異文化間葛藤。
［編集委員；第3章、第Ⅱ部リード文］

猿橋順子（さるはし・じゅんこ）
青山学院大学国際政治経済学部国際コミュニケーション学科教授。
専門は、社会言語学、言語政策研究。研究テーマは、多言語化する社会のコミュニケーション、移民の言語使用とアイデンティティ。
［第 4 章］

金本伊津子（かなもと・いつこ）
桃山学院大学大学院経営学研究科教授。
専門は、文化人類学、異文化間コミュニケーション論。研究テーマは、国際移動と老いの人類学、多文化社会におけるマイノリティ・エイジングとウェルビーイング。
［第 5 章］

田中共子（たなか・ともこ）
岡山大学社会文化科学学域教授。
専門は、異文化間心理学・健康心理学・社会心理学。研究テーマは、異文化接触の心理的動態、異文化適応、異文化間対人関係形成、異文化間教育など。
［第 6 章］

松永典子（まつなが・のりこ）
九州大学大学院比較社会文化研究院教授。
専門は日本語教育学、多文化共生教育論。研究テーマは、歴史学習・遠隔協働学習を通した平和共存のための日本語教育研究。
［第 7 章］

河野秀樹（こうの・ひでき）
目白大学外国語学部日本語・日本語教育学科准教授。
専門は、異文化間コミュニケーション。研究テーマは、「場」的原理による多様性をむすぶ関係構築。
［編集委員；第Ⅲ部リード文、第 12 章］

出口朋美（でぐち・ともみ）
近畿大学法学部法律学科教養・基礎教育部門（英語）准教授。
専門は異文化間コミュニケーション、異文化間教育、英語教育。研究テーマは、実践への参加を通した異文化学習・外国語学習。
［第 8 章］

小坂貴志（こさか・たかし）
神田外語大学外国語学部国際コミュニケーション学科教授。
専門は、異文化コミュニケーション研究、対話論、英語教育。研究テーマは、ラップシーンをはじめとする多種多様なフィールドで起こる多声性状況の対話論的読み解き。
［第 8 章］

鳥塚あゆち（とりつか・あゆち）
関西外国語大学外国語学部准教授。
専門は、文化人類学、ラテンアメリカ地域研究、牧畜文化論。研究テーマは、人と動物の関係性、ペルー先住民社会の変容。
［第 9 章］

吉田直子（よしだ・なおこ）
法政大学キャリアデザイン学部他非常勤講師。
専門・研究テーマは、他者理解の教育学、沖縄戦・戦後沖縄の記憶継承。
［第 10 章］

叶尤奇（よう・しゅうき）
神田外語大学外国語学部国際コミュニケーション学科専任講師。
専門・研究テーマは、コミュニケーション学。
［第 11 章］

根橋玲子（ねはし・れいこ）
明治大学情報コミュニケーション学部専任教授。
専門・研究テーマは、コミュニケーション学。
［第 11 章］

中原裕之（なかはら・ひろゆき）
理化学研究所脳神経科学研究センター学習理論・社会脳研究チーム チームリーダー。
専門・研究テーマは、計算論的神経科学、意思決定、学習理論、強化学習、社会知性。
［第 11 章］

田崎勝也（たさき・かつや）
青山学院大学国際政治経済学部国際コミュニケーション学科教授。
専門は（比較）文化心理学、対人・異文化コミュニケーション論、心理統計学。研究テーマは、国際・文化比較調査で問題となるバイアスの検出と補正。
［編集アドバイザー；終章］

「縁側」知の生成にむけて
──多文化関係学という場の潜在力

2022 年 10 月 15 日　初　版　第 1 刷発行

　　　編　　　　者　　多文化関係学会
　　　発　行　者　　大　江　道　雅
　　　発　行　所　　株式会社　明石書店
　　〒 101-0021 東京都千代田区外神田 6-9-5
　　　　　　　　　電話　03 (5818) 1171
　　　　　　　　　FAX 03 (5818) 1174
　　　　　　　　　振替　00100-7-24505
　　　　　　　　　https://www.akashi.co.jp/
　　　　　　装丁　　　明石書店デザイン室
　　　　印刷／製本　モリモト印刷株式会社
（定価はカバーに表示してあります）　　　　ISBN978-4-7503-5485-9

多文化社会 日本の課題

多文化関係学からのアプローチ

多文化関係学会 [編]

◎四六判／並製／280頁　◎2,400円

多様な文化・社会が関係し合う中において生じる課題の解決を志向する研究「多文化関係学」。本書はその視座から、実質的に多文化社会になったといえる日本の現実を見つめ、社会が直面している様々な課題を掘り下げ分析し、人々が今後進むべき道筋を読者と共に考える。

●内容構成

《価格は本体価格です》

新大久保に生きる人びとの生活史

多文化共生に向けた大学生による社会調査実習の軌跡

箕曲在弘 編著

■四六判／並製／272頁 ◎2500円

「韓流の街」から「多文化の街」に変貌を遂げた多国籍タウン新大久保。本書は新大久保の概要をはじめ、そこで働くネパール、インドネシア、韓国、ベトナム、中国など外国にルーツをもつ12名の当事者への大学生による聞き取り、さらには社会調査実習の授業実践ノウハウまでを収めたユニークな一冊。

● 内容構成 ●

第一章 多国籍タウン新大久保

第二章 大久保地区における在留外国人住民の多国籍化——都市部の多文化共生を考える前に

第三章 学生たちがみた新大久保

第四章 新大久保で生活する外国ルーツの人びとの生活史

補 章 新大久保をフィールドとした「社会調査および実習」の軌跡——多文化共生に向けた生活史調査の授業運営方法

横浜(koko)

「外国につながる」ではひとくくりにできない中高生の作品集

横浜インターナショナルユースフォトプロジェクト写真集編集委員会編集 Picture This Japan 監修

◎1800円

外国人の子ども白書【第2版】

権利・教育・文化・国籍と共生の視点から

荒牧重人、榎井縁、江原裕美、小島祥美、志水宏吉、南野奈津子、宮島喬、山野良一 編

◎2500円

妖術と共にあること

カメルーンの農耕民バクウェレの民族誌

山口亮太 著

◎3600円

現代アジアをつかむ

社会・経済・政治・文化 35のイシュー

佐藤史郎、石坂晋哉 編

◎2700円

自分探しするアジアの国々

揺らぐ国民意識をネット動画から見る

小川忠 著

◎2200円

変容するアジアの家族

シンガポール、台湾、ネパール、スリランカの現場から

田村慶子、佐野麻由子 編著

◎2800円

日中韓の相互イメージとポピュラー文化

国家ブランディング政策の展開

中国社会研究叢書[2] 石井健一、小針進、渡邉聡 著

◎3800円

ハワイ日系人の教育観とアイデンティティ

オーラルヒストリーから辿る「モデル・マイノリティ」への道

横山香奈 著

◎4000円

歩く・知る・対話する 琉球学

歴史・社会・文化を体験しよう

松島泰勝 編著

■四六判／並製　368頁　◎2000円

「日本」とは異なる歴史・社会・文化をもつ琉球（沖縄）を知るための琉球学事始め。最新の研究、ジャーナリズム、社会活動の最先端から書かれた文章に加え、資料館・博物館等のQRコードを収録した。修学旅行の事前・事後学習、旅行・フィールドワークに最適の一冊。

QA 歴史

琉球人の祖先について／琉球王国／薩摩の侵略と日支両属について／日本同化と沖縄差別／なぜ、沖縄戦は起きたか／日本「復帰」と日本国憲法の関係／首里城の歴史 ほか

QA 社会

沖縄の新聞とメディア／琉球独立運動／国際関係のなかの沖縄／米軍基地に反対する人びと／今もつづく〈沖縄差別〉ほか

QA 文化

琉球・沖縄研究の先駆者たち／遺骨盗掘問題／活躍するスポーツ選手たち／沖縄の音楽／島ごとに異なる文化や歴史／琉球の世界遺産 ほか

フィールドワークのすすめ

戦跡、慰霊碑、平和祈念資料館等を通じて戦没者の「死の意味」を考える／西表島エコツーリズム／伊江島での民泊による生活体験 ほか

ひと　高嶺徳明／玉城朝薫／謝花昇／大城立裕／阿波根昌鴻 ほか

「移民時代」の多文化共生論

地域の視点から

松尾知明 著

◎2200円

人の移動とエスニシティ

越境する他者と共生する社会に向けて

中坂恵美子／池田賢市 編著

◎2200円

増補 異文化接触における文化的アイデンティティのゆらぎ

外国語指導助手（ALT）のJETプログラムでの学校体験および帰国後のキャリア

浅井亜紀子 著

想像力・創造力を育む14のレッスン

◎4200円

日本華僑社会の歴史と文化

中国社会研究叢書⑧

曽士才・王維 編著

◎3800円

越境する社会運動

イスラーム・ジェンダー・スタディーズ①

長沢栄治 監修　森田豊子・小野仁美 編著

◎2500円

結婚と離婚

イスラーム・ジェンダー・スタディーズ②

長沢栄治 監修　鷹木恵子 編著

◎2500円

教育とエンパワーメント

イスラーム・ジェンダー・スタディーズ③

長沢栄治 監修　服部美奈・小林寧子 編著

◎2500円

フィールド経験からの語り

イスラーム・ジェンダー・スタディーズ④

長沢栄治 監修　鳥山純子 編著

◎2500円

〈価格は本体価格です〉

多文化クラスの授業デザイン
外国につながる子どものために

松尾知明 著

■A5判／並製／216頁 ◎2200円

2018年の入管法改正以降、移民受け入れに舵を切った日本だが、教育現場ではまだまだ外国につながる子どもを含めたすべての子どもに向けた授業デザインへの取り組みは進んでいない。言語と異文化への配慮を行い、多文化社会への扉を開く。

共生社会のためのことばの教育
自由・幸福・対話・市民性
稲垣みどり・細川英雄・金泰明・杉本篤史編著

◎2700円

コミュニティの創造と国際教育
学会創立30周年記念論集編集委員会編
佐藤千津編著《日本国際教育学会創立30周年記念論集》

◎2600円

新 多文化共生の学校づくり
横浜市の挑戦
山脇啓造・服部信雄編著
横浜市教育委員会・横浜市国際交流協会協力

◎2400円

異文化間教育事典
異文化間教育学会編著

◎3800円

現代国際理解教育事典【改訂新版】
日本国際理解教育学会編著

◎4700円

多言語化する学校と複言語教育
移民の子どものための教育支援を考える
大山万容・清田淳子・西山教行編著

◎2500円

グローバル化のなかの異文化間教育
異文化間能力の考察と文脈化の試み
西山教行・大木充編著

◎2400円

新版 日本の中の外国人学校
月刊イオ編集部編

◎1600円

〈価格は本体価格です〉

オルター・ポリティクス
批判的人類学とラディカルな想像力

ガッサン・ハージ 著
塩原良和、川端浩平 監訳
前川真裕子、稲津秀樹、高橋進之介 訳
齋藤剛 解説

他者の排除や否認へ向かうナショナリズム、レイシズム、植民地主義などの現代世界の諸相を診断。あらゆる「二元論を乗り越え、他者と共に在る」ために、所与の空間の外部をラディカルに探求する。「他者と共に在る」ために、新たな理論的地平をひらく画期的思考実践。

■四六判／並製／432頁 ◎3200円

インターカルチュラル・シティ
多様性×まちづくり
欧州・日本・韓国・豪州の実践から

山脇啓造、上野貴彦 編著

欧州評議会が呼びかけた、移住者やマイノリティの多様性を活かすまちづくりを目指す自治体のネットワーク「インターカルチュラル・シティ」には、世界の百数十都市、日本からも浜松市が参加している。国内外の執筆陣がその理論と実践を紹介する入門書。

■A5判／並製／240頁 ◎2600円

〈価格は本体価格です〉